PARA ROMPER
CON EL INSULARISMO

FORO HISPÁNICO. REVISTA HISPÁNICA DE FLANDES Y HOLANDA

núm. 29, julio de 2006

Consejo de dirección:
    Patrick Collard (Universidad de Gante)
    Nicole Delbecque (Universidad de Lovaina)
    Rita De Maeseneer (Universidad de Amberes)
    Hub. Hermans (Universidad de Groninga)
    Francisco Lasarte (Universidad de Utrecht)
    Luz Rodríguez (Universidad de Leiden)
    Maarten Steenmeijer (Universidad de Nimega)

Redacción de este número:
    Efraín Barradas y Rita De Maeseneer

Secretaria de redacción:
    María Eugenia Ocampo y Vilas
    Toda correspondencia relacionada con la redacción de la revista
    debe dirigirse a:
    T.a.v. María Eugenia Ocampo y Vilas - Foro Hispánico
    Departement Letterkunde (Romaanse Talen)
    Universiteit Antwerpen - Campus Drie Eiken
    Universiteitsplein 1
    B-2610 Wilrijk
    Bélgica

Suscripciones y administración:
    Editions Rodopi B.V.
    Toda correspondencia administrativa debe dirigirse a:
    Tijnmuiden 7
    1046 AK Amsterdam
    Países Bajos
    Tel. +31-20-6114821 Fax +31-20-4472979

Diseño y maqueta:
    Editions Rodopi

ISSN: 0925-8620

PARA ROMPER CON EL INSULARISMO
LETRAS PUERTORRIQUEÑAS EN COMPARACIÓN

Bajo la dirección de

Efraín Barradas
y
Rita De Maeseneer

Amsterdam - New York, NY 2006

All titles in the Foro Hispánico (from 2002 onwards) are available online:
See www.rodopi.nl

Electronic access is included in print subscriptions.

The paper on which this book is printed meets the requirements of "ISO 9706:1994, Information and documentation - Paper for documents - Requirements for permanence".

ISBN-10: 90-420-2079-2
ISBN-13: 978-90-420-2079-5
©Editions Rodopi B.V., Amsterdam - New York, NY 2006
Printed in The Netherlands

ÍNDICE

ESTUDIOS: Para romper con el insularismo. Letras puertorriqueñas en comparación

- Efraín Barradas y Rita De Maeseneer
  Palabras preliminares   7

- Ana María Amar Sánchez
  Héroes, vencedores y derrotados o la 'banalidad del mal' en la narrativa latinoamericana   9

- Efraín Barradas
  Juan Bosch y Emilio S. Belaval: una relación literaria, un momento histórico, un texto olvidado   27

- Soledad Bianchi
  Dos cronistas 'isleños': Edgardo Rodríguez Juliá y Pedro Lemebel   41

- Leo Cabranes-Grant
  Hiper-Teatralización e Interculturalidad: The Last Carnival *de Derek Walcott y* Quíntuples *de Luis Rafael Sánchez*   61

- Rita De Maeseneer
  Vega/Lugo Filippi 'versus' Gómez, o 'gendering (and queering)' boleros en el Caribe   79

- Juan G. Gelpí
  Retórica, subjetividad y procesos de modernización en la ensayística de Octavio Paz y René Marqués   91

- Frauke Gewecke
  Desde los trópicos 'tropicalizados': vanguardia y 'negrismo' en Luis Palés Matos y Nicolás Guillén   105

- Ignacio Rodeño
  La décima puertorriqueña y el 'bertso vasco': literatura oral e identidad   117

- Néstor E. Rodríguez
  Tránsitos intelectuales por la ciudad letrada antillana: José Luis González y Silvio Torres-Saillant   139

ANÁLISIS

- Brigitte Adriaensen
  Carajicomedia de Juan Goytisolo: entre la risa abierta y la ironía soterrada   153

RESEÑAS

- Rita De Maeseneer y An van Hecke (eds.), *El artista caribeño como guerrero de lo imaginario*
  por Nanne Timmer   167

- Luz Rodríguez-Carranza y Marilene Nagle (eds.), *Reescrituras*
  por An van Hecke   170

- Robin Lefere, *Borges entre autorretrato y automitografía*
  por Luz Rodríguez-Carranza   174

COLABORAN   179

Efraín Barradas, Universidad de Florida (Gainesville)
Rita De Maeseneer, Universiteit Antwerpen

PALABRAS PRELIMINARES

Si pensamos en el tamaño de Puerto Rico y lo comparamos con la extensión de otros países hispanoamericanos nos podría asombrar que esta isla haya podido crear una literatura de importancia que trasciende más allá de su limitado espacio (en y fuera de la Isla, ya que gran parte de la población boricua no vive en el ámbito insular) y que pueda ser comparada con la producida en países hispanoamericanos de mayor población y de situaciones políticas más claras. El estudioso de las letras hispanoamericanas probablemente conoce, al menos, una media docena de nombres de escritores puertorriqueños que forman parte ya del canon hispanoamericano: Eugenio María de Hostos, Manuel Zeno Gandía, Luis Palés Matos, Julia de Burgos, René Marqués y Luis Rafael Sánchez son posibles casos. Pero muchos otros nombres podrían y deberían estar en ese listado: Alejandro Tapia y Rivera, Tomás Blanco, Emilio S. Belaval, Nilita Vientós Gastón, José Luis González y Ana Lydia Vega son evidentes ejemplos. Ha sido esta situación de reconocimiento e ignorancia, de aceptación y rechazo, de inclusión y explusión la que nos ha llevado a editar este número de la revista *Foro Hispánico* dedicado a las letras puertorriqueñas.

Al hacérsenos la propuesta para elaborar un número dedicado a la literatura puertorriqueña, de inmediato pensamos que una forma valiosa y, sobre todo, efectiva de acercarnos a la estructuración de este número era la comparación de escritores boricuas con otros de distintos contextos literarios y no únicamente caribeños. Varias razones nos movían a enfocarlo de esta manera. Tal comparación podría servir de puente o entrada a los escritores boricuas. Así un lector conocedor de la obra de una figura hispanoamericana de renombre –pongamos por caso a Octavio Paz– podría descubrir al escritor boricua a través de esa comparación o contraste. Por Paz llegar a René Marqués, ésa es la propuesta de Juan Gelpí. Ana María Amar Sánchez parte de la figura de la banalidad del mal, el perdedor, ya presente en 'Deutsches Requiem' de Borges y recurrente en la literatura rioplatense actual, para acercarse a *Sol de medianoche* de Edgardo Rodríguez Juliá. Además el cotejo de textos podría contribuir a entender mejor a los dos escritores comparados. Ese es el caso, por ejemplo, del estudio de las crónicas por Soledad Bianchi del chileno Pedro Lemebel y las de Edgardo Rodríguez Juliá. A partir de este enfoque también se pueden revisitar determinadas ideas establecidas sobre algunos autores clave. Frauke Gewecke vuelve a discutir la otredad, el (afro)antillanismo y (afro)cubanismo, respectivamente de Luis Palés Matos y de Nicolás Guillén. Néstor Rodríguez aborda la tan comentada cuestión identitaria que fue cuestionada por José Luis González en Puerto Rico y Silvio Torres-Saillant en la República Dominicana. Leo Cabranes-Grant vuelve sobre uno de los rasgos definitorios y totalizadores del Caribe, la espectacularización en sus múltiples resonancias, en las obras de teatro *The Last Carnival* de Derek Walcott y *Quíntuples* de Luis Rafael Sánchez. Y a partir de dos textos bolerísticos, 'Vellonera de sueños' del dominicano Luis Martín Gómez y 'Cuatro selecciones por una peseta' de Ana Lydia Vega y Carmen Lugo Filippi, Rita De Maeseneer reflexiona sobre el acercamiento al género y la erotización en la literatura caribeña. Finalmente, el ejercicio de comparación permite revelar asimismo lazos poco explorados. Gracias a un texto apenas conocido del cuentista dominicano Bosch sobre Emilio Belaval, Efraín Barradas nos enseña la manera como la poética boschiana del cuento ya estaba presente en escritos tempranos del escritor quisqueyano. Aún más sorprendente es la relación elaborada por Ignacio Rodeño entre la décima puertorriqueña y el *bertso* vasco, ambas manifestaciones de la oralidad.

Este tipo de trabajo tiene que ser de equipo. Por ello hemos podido contar con la colaboración de estudiosos de las letras puertorriqueñas que compartían con nosotros el marcado interés por ese corpus literario nacional y, sobre todo, que querían verlo en el amplio contexto hispanoamericano, americano, en el amplio sentido de la palabra, y hasta trasatlántico. De forma consciente o inconsciente todos los que trabajamos en este proyecto queríamos romper las limitaciones estéticas e ideológicas del 'insularismo' que dominó por décadas las letras puertorriqueñas. Contrario al máximo exponente de esta visión –Antonio S. Pedreira (1899-1939) quien marcó la cultura boricua en 1934 con su ensayo así titulado, *Insularismo*– queremos mirar el diálogo entre un texto de la Isla y el archipiélago, Tierra Firme, y aún más allá, porque tenemos confianza en que este ejercicio nos ayudará a entender mejor nuestro objeto de estudio y le dará al mismo mayor valor al ampliar el contexto cultural e intelectual desde donde se lee.

Les damos las gracias a todos los que participaron en este número y al comité editorial de *Foro Hispánico* por habernos dado la oportunidad de presentar el resultado de nuestros propósitos. Esperamos que el mismo cumpla su función y que cualquier lector interesado en las letras hispanoamericanas y españolas –en la literatura, aun sin gentilicios– se pueda valer de estas comparaciones para entender mejor las puertorriqueñas que, por demasiado tiempo, han padecido del mal del 'insularismo'. Huelga decir que las nueve contribuciones aquí recogidas no hacen sino señalar pistas de investigación que tendrían que ser exploradas de manera aún más matizada en el futuro.

Ana María Amar Sánchez
University of California, Irvine

HÉROES, VENCEDORES Y DERROTADOS O LA 'BANALIDAD DEL MAL' EN LA NARRATIVA LATINOAMERICANA[1]

"Es importante saber distinguir entre derrota y deshonra"
Giorgio Agamben, *Medios sin fin. Notas sobre la política*

Este trabajo forma parte de una investigación que analiza, a través de la figura del perdedor los vínculos entre literatura, política y ética en la narrativa latinoamericana de los últimos cuarenta años. El artículo vincula dos novelas de Edgardo Rodríguez Juliá con textos del Cono Sur a través del análisis de las representaciones de los antihéroes, derrotados o vencedores, en coyunturas históricas específicas. El cuento de Jorge Luis Borges 'Deutsches Requiem' funciona como texto fundante que conecta entre sí a estos ambiguos 'héroes' y permite analizar el debate en torno a las opciones éticas frente a la derrota política que ponen en escena todos los relatos posteriores.

En la literatura latinoamericana abundan los perdedores; quizá podría decirse que han poblado nuestra cultura, especialmente la del Cono Sur. En el tango, claro, pueden encontrarse numerosos ejemplos, pero no es esa clase de derrotados, ni su lamento melancólico el objeto de este estudio. El 'corpus' propuesto traza una clara línea divisoria entre los perdedores o derrotados y los fracasados. Eso significa comprender la irreconciliable distancia que media entre la resignación, la aceptación o, incluso, la traición de los segundos frente a la resistencia y la capacidad de memoria de los primeros. Los derrotados no se dan por vencidos, han tomado la decisión de persistir y, tercos, se obstinan en sus convicciones. En un mundo corrupto donde los gobiernos son responsables de los crímenes y las leyes protegen a los asesinos, el triunfo siempre es sospechoso; sólo es posible cuando se ha pactado y se han aceptado connivencias con el poder. Ser un antihéroe perdedor, formar parte de los derrotados, garantiza entonces pertenecer a un grupo superior de triunfadores: el de los que han resistido y fundan su victoria en la orgullosa aceptación de la derrota. Perder resulta así una forma de triunfo que ubica a los protagonistas más allá del sistema y les proporciona otra clase de éxito. El 'corpus' analizado incluyó textos de los últimos cuarenta años del siglo XX vinculados por sus representaciones de estos héroes perdedores.[2] Es cierto que muchos de los textos considerados se refieren de alguna manera al exilio y la diáspora latinoamericana de los años 70; sin embargo el foco de mi interés está en cómo han constituido por medio de la figura de este antihéroe una metáfora de la historia. En especial, son relatos que proporcionan una respuesta, soluciones imaginarias, a la pregunta sobre cómo vivir, qué hacer cuando nuestra historia se quebró y debemos sobrevivir entre los ganadores. Es decir, son lecturas y representaciones de mundos marcados por el trauma de diversas derrotas políticas. En este sentido, mi interés no está en las llamadas 'novelas de la dictadura', aunque puede incluirse alguna eventualmente, sino en los relatos –y no sólo del Cono Sur– que luego de la derrota proponen modos de leerla y convivir con ella. De hecho, son numerosos los textos latinoamericanos cuyos protagonistas se hacen cargo de la pérdida de las ilusiones de los años 60 y de la destrucción de diversos proyectos históricos y políticos.

La figura del perdedor anuda distintas problemáticas, funciona como un núcleo que permite poner en relación el discurso narrativo con problemas de política y ética, en la medida en que representa –dramatizadas– resoluciones a conflictos debatidos y analizados por las teorías políticas y filosóficas. El perdedor es una figura atravesada por la historia, es el resultado de una coyuntura trágica y, a la vez, se constituye a sí mismo como tal por su decisión política, es decir, deviene perdedor a partir de una consciente elección de vida. La figura del antihéroe tiene entonces un doble aspecto: la 'derrota' es la dimensión de su 'triunfo' ético.[3] Aquellos que asumen el camino de los perdedores como única conducta posible, persisten en el rechazo al presente de los vencedores y triunfan sobre el olvido gracias a su resistencia a implicarse en ese mundo de ganadores.

Incluir textos que planteen otras formas de asumir o negar la derrota, que representen a los vencedores, que enfrenten héroes éticos con traidores o perdedores fracasados llevó a nuevas consideraciones. Es decir, numerosos relatos proponen al antihéroe antes mencionado y puede pensarse esa figura como la expresión de una solución textual al trauma de la derrota, pero también surgen otras versiones del perdedor. No todos los vencidos serán perdedores dignos y buscarán diferentes caminos para acomodarse a las nuevas circunstancias. La idea de adaptarse para sobrevivir propuesta por los triunfadores implica otros modos de aceptar la derrota, diversas transacciones y múltiples traiciones.

Estas variables presentan diversas alternativas: la existencia misma de los antihéroes éticos que resisten o pactan se constituye en el enfrentamiento o la diferencia con los vencedores. La literatura, ha dicho Foucault, "más que cualquier otra forma de lenguaje sigue siendo el discurso de la 'infamia', a ella le corresponde decir lo más indecible, lo peor, lo más intolerable, lo desvergonzado". (Foucault 1990: 201)[4] Si "se instaura en una decisión de no verdad y se ofrece explícitamente como artificio, pero comprometiéndose a producir efectos de verdad que son como tales perceptibles" (ibídem: 200), entonces, en ella podremos encontrar no sólo lecturas del vivir como perdedores. También estarán presentes los vencedores que, de un modo ambiguo, paradójico, se representan muchas veces como una forma especial de derrotados y surgen como las figuras del presente, siempre impunes y eternas en el ejercicio del mal.

La novela chilena *El ojo del alma* de Ramón Díaz Eterovic (2001) deja al descubierto otra 'clase' de perdedor, el traidor, en una trama de notables semejanzas con *Nunca segundas muertes* del uruguayo Omar Prego Gadea. Los dos relatos transcurren en las posdictaduras chilena y uruguaya, ambos enfrentan al perdedor ético con su contracara, el traidor, el que en algún momento optó por pasar al bando enemigo. La traición es otra forma, junto con la transacción, en que puede resolverse la pertenencia al bando perdedor.

Como ya lo ha señalado Hans Enzensberger en el capítulo 'Sobre una teoría de la traición' de su ya clásico *Política y delito,* la traición está íntimamente relacionada con el poder y por lo tanto con la política. El rol del traidor se define por su condición lábil, cualquiera puede serlo y, a la vez, nadie cree merecer ese nombre. La lógica de este concepto demuestra que "toda modificación radical de las condiciones de gobierno" puede producir un traidor:

> Para ponerse al abrigo de tan repentino cambio no queda otro recurso que abandonar inmediatamente las posturas mantenidas hasta el presente y adaptarse a las que desde ahora se ofrecen con la rapidez del rayo; quien no quiera pasar por traidor debe traicionar sin tardanza aquello que antes seguía. (Enzensberger 1968: 296)

Esta es la naturaleza de la transformación planteada en los textos, si el perdedor se define por su alejamiento del poder y su prescindencia de todo contacto con el vencedor, aquel que opta por traicionar se liga incondicionalmente al ganador y se acerca al poder gobernante. El traidor propone un vínculo con la política opuesto diametralmente a los términos que la definen como un ejercicio ético.

Las novelas se construyen como un duelo entre el perdedor y el traidor, una búsqueda del primero tras las huellas del segundo. Esto puede verse, por ejemplo, en la obsesiva exploración de la memoria que se inicia en el epígrafe de *El ojo del alma*.[5] La búsqueda se desencadena con una vieja foto del grupo de estudiantes que incluye al investigador y a un compañero repentinamente desaparecido –como en un eco inquietante del período dictatorial ya superado– y se cierra con esa misma foto rota y arrojada al río. Entre esos dos momentos el héroe confrontará la imagen del pasado con las figuras del presente, todos antiguos perdedores que han tomado caminos diversos. De algún modo, las vidas de ese conjunto de diez ex compañeros proponen las vías que luego de la derrota podrán encontrarse en las diferentes novelas de este 'corpus'. La foto produce la evocación, el regreso del terror y la muerte que han sido el origen de muchas decisiones en la vida de los allí fotografiados. De alguna manera todos han sido víctimas de las diversas formas del miedo, lo que Sloterdijk llama "el potencial más significativo del poder moderno [que] reside en la capacidad de ser creíble a la hora de amenazar". (Sloterdijk 2002: 39)

Como muchos relatos del 'corpus', puede considerarse *El ojo del alma* como otro relato de la saga policial de este autor, pero lo detectivesco queda muy pronto subordinado al verdadero objeto de la investigación. La trama policial se diluye y esto se explicita en el texto mismo: el detective Heredia, protagonista de sus novelas, admite que no sirven aquí los métodos tradicionales del género. Ha seguido los caminos normales de deducción y ése ha sido su error, "las huellas en este asunto hay que buscarlas con el ojo del alma" (Díaz Eterovic 2001: 190), es decir, es necesario despejar el polvo del encubrimiento y el olvido para revivir el horror y rescatar la memoria. Ése es el duelo que se produce al final entre el antihéroe ético y el traidor que ha permanecido en las sombras durante tantos años; un enfrentamiento a muerte entre ambas figuras antitéticas que se convierte en un 'topos' reiterado para el 'corpus'. En esta escena clave, el delator se define por un rasgo característico de otros traidores y asesinos de estos relatos: su condición dual, su lábil identidad. Como agente infiltrado, siempre es 'otro', usa máscaras, simula, finge ser, sentir, vive en una farsa en la que ya no puede reconocerse.

Entre esas dos figuras extremas, *El ojo del alma* despliega una galería en la que se pueden diferenciar perdedores y fracasados. Cada uno de los personajes de la foto han seguido un destino marcado por el desencanto, la adaptación, la resistencia; desde el desaparecido –delatado por el traidor– el único que no es tocado por ninguna de las formas del desencanto[6], hasta los 'adaptados' a las nuevas circunstancias. Son aquellos que de perdedores han pasado a fracasados en la legalidad de estos relatos, los que reniegan de la 'pérdida de tiempo' que significó ser perdedor. Un diálogo entre el investigador y uno de ellos define a muchos de los que aceptaron 'la transacción':

>-[…] Sólo me pregunto si valió la pena el esfuerzo para al final terminar en el lado de los perdedores.
>-Perdedores? Diría que supiste cambiar de tren a tiempo. Antes a eso le llamaban oportunismo, hoy creo que le dicen visión de futuro. (Díaz Eterovic 2001: 108)

La respuesta establece la distancia entre el antihéroe y uno de sus antagonistas, un traidor o quizá simplemente un complaciente acomodaticio. Es decir, otra figura opuesta al antihéroe que se define a sí mismo como un resistente: "con la ira de los rebeldes que nunca serán invitados a la mesa del banquete […] fiel a la imagen de sí mismo que veía todos los días reflejada en el espejo." (Ibídem: 247)[7]

Ese traidor oculto en pugna con el protagonista vincula el texto de Díaz Eterovic con *Nunca segundas muertes* del uruguayo Omar Prego Gadea (1995), al mismo tiempo este último lleva a pensar en otros relatos. En primer lugar, en otra novela a primera vista muy diferente como *Ni muerto has perdido tu nombre* del argentino Luis Gusmán (2002) y ésta, a su vez, remite a *Sol de medianoche* del puertorriqueño Edgardo Rodríguez Juliá. (1999) Todas ellas van dibujando diversas inflexiones de esos 'héroes' especiales.

Nunca segundas muertes y *Ni muerto has perdido tu nombre* transcurren también en coyunturas muy precisas como son las posdictaduras en el Uruguay y la Argentina. En los dos casos algunos de los protagonistas son asesinos íntimamente ligados a los períodos dictatoriales, en ambos el contrapunto entre un perdedor (la torturada sobreviviente, el exilado) y los vencedores sostiene los relatos. Los dos torturadores de *Ni muerto has perdido tu nombre* siguen de algún modo torturando y sin castigo, son figuras del presente, y de hecho uno de ellos reitera "Para mí no ha cambiado nada" (Gusmán 2002: 131), "Yo no cambié" (Ibídem: 146). Por su parte, *Nunca segundas muertes* borra las diferencias entre el tiempo pasado (el de la dictadura) y el actual en una ambigüedad en la que también para el traidor colaboracionista nada ha cambiado. Los mismos procedimientos (desapariciones, muerte, secuestros) pueden practicarse sin consecuencias: "–Le pregunté si usted pensaba que estamos en presencia de una desaparición. Supongo que comprende que de ser así se trataría de algo grave. No le parece? –Por supuesto. En los tiempos que corren, sería extremadamente grave." (Prego Gadea 1995: 19)

En un primer momento resulta imposible confirmar en qué época están hablando los personajes, a qué tiempos se refieren. El equívoco temporal se reitera, se confirma en el secuestro que sufre el protagonista (idéntico al que vivió durante la dictadura)[8] y en sus mismas palabras minutos antes de que lo tiren de un barco al Río de la Plata: "al fin y al cabo todo sigue igual, piensa, las mismas palabras u otras parecidas, siguen siendo dichas en parecidas circunstancias." (Ibídem: 50)

Es interesante considerar el incierto estatuto de estos 'vencedores', miembros de un bando desprestigiado que, sin embargo, no forman parte de una causa perdida. Esto es un punto en común con los torturadores del relato de Gusmán. Se podría recordar aquí lo que señala Reyes Mate en *La razón de los vencidos*: "Los vencedores, accidentalmente convertidos en vencidos tras la guerra, se suben al carro de los vencedores y vuelven a aparecer del otro lado de las víctimas." (Mate 991: 217) Estos personajes están vinculados a fuerzas que, aún 'derrotadas' o quebradas, resultan finalmente ganadoras, pertenecen a un sistema que de algún modo los protege y dentro del cual pueden desarrollarse y 'triunfar'. La afirmación del traidor de *Nunca segundas muertes* será desmentida por los hechos: "Terminó la guerra, *oficialmente*, esta vez con vencidos y vencedores. Sí, [...] a todos se les fue un poco la mano, pero desde hoy eso pertenece al pasado, a un pasado que debemos olvidar." (Prego Gadea 1999: 136, la bastardilla es mía). El adverbio expone la distancia entre lo expresado y las acciones del personaje.

A su vez, en *Ni muerto has perdido tu nombre*, aunque uno de los asesinos admite que "los tiempos cambiaron", la aterrada sobreviviente a la que uno de ellos extorsiona comprueba que siguen siendo impunes y "no le importa exhibirse en cualquier lado". (Gusmán 2002: 46) En realidad, los dos torturadores siguen practicando las mismas formas de intimidación, el robo y el asesinato, y no ha habido ninguna clase de castigo ni sanción de la sociedad. De la misma manera que en la novela de Prego, el tiempo no ha pasado para los vencedores como tampoco para las víctimas, la búsqueda de la verdad oculta las obliga a mirar hacia atrás y revivir continuamente el horror. Como admite un personaje, hijo de desaparecidos, "se dio cuenta de que, después de dar un rodeo, se encontraba en el mismo lugar. Como cuando caminaba sobre la cinta sinfín". (Ibídem: 86) Pasado y presente se confunden, los roles de los vencedores y vencidos mantienen su vigencia a pesar de los cambios políticos que supone la caída de las dictaduras.

Esta paradoja los sostiene como asesinos impunes al margen de toda ley y en las antípodas de las figuras éticas de los relatos mencionados al comienzo. Aquellos antihéroes se afirman en su identidad en tanto resisten y no pactan; en estos casos, por el contrario, la identidad es lábil, se roba de otro, se encubre, se borra. En la novela de Gusmán, los dos asesinos han tomado sus nombres de la orquesta *Varela Varelita* porque a uno de ellos le impresionó su parecido con uno de los músicos. Dobles entre sí por la reiteración del nombre (Varela y Varelita) y dobles de otros con cuyos nombres encubren los propios y su 'trabajo', sus caras parecen cambiar de acuerdo a esas identidades: "Creo que cuando eras Varela, hasta tenías otra cara", dice Varelita (Gusmán 2002: 130).[9] Nombres duplicados, 'nombres de guerra': indagar por la muerte de sus padres desaparecidos es para el joven protagonista rastrear entre una red de nombres e identidades falsas. De la misma manera que el polvo de la cantera próxima al lugar donde los mataron cubre las cosas y las personas haciéndolas irreconocibles y obliga a andar con la cara cubierta, así también la identidad de cada asesino se vuelve difusa.[10] En verdad, es difícil para el lector, como para los otros personajes, distinguir diferencias, sólo son dos asesinos con roles intercambiables.

A su vez, el traidor de *Nunca segundas muertes* ha fingido la suya y asumido otra identidad; muerto como militante, ha logrado protegerse como traidor (de por sí una condición doble). Es la misma situación, como se recordará, de *El ojo del alma*: el amigo, activista político se descubre como un delator encubierto y responsable de la muerte de muchos compañeros en el desenlace de la novela, luego de un duelo a muerte con el protagonista. No sorprende que se reitere este sistema en una novela del español Antonio Muñoz Molina, *Beltenebros*, estructurada como un relato de espías en el que se enfrentan el héroe, perdedor de la guerra civil convertido en un desencantado e implacable vengador, y el infiltrado, el doble agente. La identidad de este último se multiplica (del mismo modo que la de sus víctimas) bajo diferentes nombres: Valdivia, el militante, el comisario Ugarte y Beltenebros, su nombre en clave. Como en *El ojo del alma* y en *Nunca segundas muertes*, el enfrentamiento final provoca el reconocimiento de su condición de traidor. El duelo y la victoria del antihéroe producen un desenlace en el que estas novelas parecen recuperar la tradicional función consoladora del relato de aventuras o del policial de reparar con justicia en el plano imaginario la resolución imposible en la vida real. Podría pensarse *Beltenebros* como el relato más pesimista de este grupo dado que en el perdedor se diluye su condición ética; en tanto vengador, casi un sicario, se acerca a la figura del fracasado que ha perdido sus antiguas convicciones y así lo reconoce: "[y]o era nadie, un muerto prematuro que todavía no sabe lo que es, una sombra que cruzaba las ciudades..." (Muñoz Molina 2004: 153) Poco queda del antiguo resistente, su identidad se ha vuelto imprecisa hasta el punto de ser confundido con un extranjero y sonarle extraña su lengua nativa, el español. Una escena lo equipara al enemigo y señala su ambiguo estatuto ético: "cuando busqué mi cara entre las que se reflejaban en las cristaleras de la cafetería no pude encontrarla, y cuando al fin la vi, muy pequeña y lejana, extraviada, banal, me pareció la de otro, tal vez quien de verdad soy sin saberlo, el doble que viajó a Madrid." (Muñoz Molina 2004: 157) Puede contraponerse esta escena con otra similar, ya citada, de *El ojo del alma* en la que el protagonista se ve 'fiel a la imagen de sí mismo' y el lector también la recordará más adelante a propósito de *Sol de medianoche*.

Nunca segundas muertes insiste en esta condición doble del traidor desde su epígrafe (Prego Gadea 1995)[11], tomado de *El tercer hombre* de Graham Greene, relato por excelencia en torno a un infame con doble identidad que medra en medio de la posguerra alemana. En la novela de Prego, el fantasma del pasado, reconocido a través de una vidriera por el exilado al volver a su país para confrontar 'el sigiloso trabajo de la memoria', posee un ambiguo estatuto, forma parte de los vencedores repugnantes, pero también, como señala el texto, se sabe un derrotado. No es un perdedor ético como el mismo protagonista o los otros antihéroes del 'corpus', sino alguien que ha perdido su identidad y su dignidad:

> Como un actor, piensa, está en plena representación y cree verlo ensayando delante de un espejo [...] Puede verlo mientras se afeita una mañana cualquiera, mirándose con horror a los ojos, preguntándose qué hace allí, en ese infierno, vencido, derrotado, condenado a repetir unos gestos que hace mucho dejaron de tener sentido. (Ibídem: 132-135)

Se verá enseguida cómo esta escena se repite casi con exactitud en otros relatos; en todos la dificultad de reconocerse en la imagen vista en el espejo apunta a la disolución de la identidad del asesino, doble escondido en las sombras con el nombre de otro hombre. Fantasma que demuestra la vigencia de ese pasado terrible no superado, el encuentro con él hace pensar al protagonista en *Otra vuelta de tuerca*, la novela de Henry James. Su aparición genera el mismo sentimiento siniestro y producirá efectos parecidos en un mundo marcado, más allá de los cambios aparentes, por los efectos de la dictadura. El regreso final al exilio del personaje implica el abandono definitivo de un país "que se había convertido en algo irreconocible, hostil incluso, en el cual hoy vivían los fantasmas de quienes fueron sus amigos o conocidos" (Ibídem: 147). En ese espacio hay una "turbia voluntad de degradar" (Ibídem: 91) y sin duda ese residuo del pasado es la metafórica 'peste' que amenaza la ciudad.[12]

La vigencia en el presente de los 'fantasmas del pasado' nos permite vincular *Ni muerto has perdido tu nombre* y *Nunca segundas muertes* con la ya mencionada *Sol de medianoche* de Edgardo Rodríguez Juliá. En todas se dibujan con precisión algunos de estos 'héroes' especiales: ¿cómo habría que llamar a esas figuras que encarnan en el decir de Hannah Arendt la 'banalidad del mal'?

Como los textos anteriores, *Sol de medianoche* está ligada a un momento histórico bien definido. Su protagonista, nacido en 1941, es un asesino cuya vida se explica en el marco de una época, es un producto de la posguerra de Vietnam en Puerto Rico y de un momento específico del desarrollo socioeconómico de la isla y de su relación con los Estados Unidos. Ese contexto funciona como un telón de fondo en la novela, aparece siempre presente, da su razón de ser a las acciones del protagonista. Vietnam es el trasfondo –tácito o no– que resuena en cada momento de la trama del mismo modo que las dictaduras, apenas mencionadas de forma explícita en novelas como *Ni muerto has perdido tu nombre*, son omnipresentes en los relatos del sur.

Este vínculo con la coyuntura, que podría llamarse 'sesgado', se acentúa en la siguiente novela de Rodríguez Juliá. *Mujer con sombrero de Panamá* (Rodríguez Juliá 2004) continúa la saga iniciada en *Sol de medianoche*: el mismo personaje juega su rol de detective/asesino, cada vez más degradado.

A primera vista, esta novela parece menos pendiente del contexto histórico, pocas son las menciones concretas a circunstancias políticas. Sin embargo, el relato está atravesado por la escena del cruce del puente Moscoso que el protagonista realiza con su auto; el episodio escande el relato y se reitera con significativas variaciones que permiten anclarlo políticamente.[13] La novela se abre con "Aquella mañana, mientras cruzaba el puente Moscoso..." (Ibídem: 7) y continúa:

> Muy de mañana la laguna San José espejea en el escaso viento, y las banderas de Puerto Rico y Estados Unidos finalmente *se colapsan*. Entonces el puente deja de ser alegórico [...] Las banderas de Puerto Rico y yanquilandia, que cubren el largo del jodido puente, flotaban [...] *en dirección contraria*... (Ibídem: 9)
> Ahora las banderas empezaron a *soltar estrellas*, y por alguna razón [...] el restallar de aquellas franjas se me aloja en el solar plexus. Siento el corazón pesado, justo mi definición de la angustia. (Ibídem: 10)
> A esta hora las banderas del puente Moscoso comienzan a ondear [...] y me pregunto por qué *esta luz del trópico no es mía*... (Ibídem: 43).
> Luz, más luz, eso añoro cuando llego al peaje del puente Teodoro Moscoso (Ibídem: 78).
> Aquel puente era mi desfalco, mi único lujo en la vida [...] y después de pagar el maldito peaje... (Ibídem: 94).
> Cruzaron el puente Moscoso sin pagar peaje [...] *las banderas* del Estado Libre Asociado, aún no proclamado, porque estamos en 1948, *no tenían brisa* que las hiciera restallar. (Ibídem: 158; las bastardillas son mías)

Y se cierra en el último capítulo con

> De regreso por el puente Moscoso, ya restallaban las banderas al viento y las las aguas de la laguna levantaban pañuelitos [...] *las banderas restallaban furiosamente* al viento y hacia mediodía aquella tarde comenzaba a vislumbrarse luminosa. (Ibídem: 221-222; la bastardilla es mía)

Atravesar el puente, pagar o no el peaje, atender a la brisa que mueve las banderas, a la luz, al entorno, se vuelven 'el único lujo' en la vida del protagonista y señala la inserción de la trama en un debate político puertorriqueño siempre presente. El texto insiste en cómo el personaje atraviesa el puente y es, a la vez, 'atravesado' por el contexto político, su degradación corre paralela al fracaso de un proyecto histórico y económico. Una foto, descrita en bastardilla, da origen al título de la novela y refuerza la constante alusión a una época:

> Arelis-Armanda nos sonríe bajo el ala de un sombrero de panamá de cinta negra [...] muy de moda en aquella época, entre los primeros yuppies; supongo que así reaprendían un neocriollismo colonial, ahora funky, sacado del catálogo de Banana Republic. (Rodríguez Juliá 2004: 147)

La alusión política se vuelve más precisa unas páginas más adelante y queda asociada otra vez con el sombrero:

> -¿Qué llevaba puesto en la catrueca cuando peleó con Jimmy?
> -Esa es fácil...En esa época siempre llevaba un sombrero de ala ancha [...]
> -¿Un sombrero panamá?
> -Es posible, algo así [...] Ese es un sombrero de gallero, o de gente de campo, no crees?

-O de independentista... una pamela, entonces? (Ibídem: 191; la bastardilla es mía)

Es decir, el texto, como continuador de la saga iniciada con la primera novela, forma parte de un mismo proyecto estético y mantiene una fuerte articulación con la coyuntura histórica, siempre 'oblicua', de algún modo elíptica.

Si retomamos *Sol de medianoche* podemos ver que el protagonista se presenta como un fracasado, pero su fracaso parece originarse en no haber podido ir a Vietnam como su hermano gemelo y haber tenido que conformarse en ser un "burócrata militar metido a delator político". A partir de esto, todo se define por el haber o no estado allí: "Frank no regresó bien, perdió en Vietnam, de un modo aterrador, su alma [...] Por algunos años fui el ganador" (Rodríguez Juliá 1999: 15). Todos los que lo rodean se definen de igual modo: "Rafo sí estuvo en Vietnam y vive del licenciamiento por incapacidad mental cien por ciento" (Ibídem: 21), "Rafo y Tony se detestan. Uno estuvo y el otro quiso, ya se podrán imaginar la pendencia" (Ibídem: 22), "Jose fue, como Frank, artillero de helicóptero en Vietnam" (Ibídem: 23), "Bill fue boina verde [...] se trata de un veterano de la guerra de Vietnam con el alma desesperada y ansioso por usar las destrezas adquiridas en el delta del río Mekong" (Ibídem: 24). Su hermano Frank "llegó a matar ochenta y dos vietnamitas" (Ibídem: 15) y nuestro personaje logra saldar sus cuentas con él al matarlo en un estacionamiento cerca de lo que llaman "pabellón Vietnam". El fracaso –ya no la pérdida– se vuelve un elemento complejo en este relato; todos son marginales y fracasados, asesinos, producto de esa guerra y de las condiciones sociales imperantes en Puerto Rico. Sin embargo, el regreso sin gloria de su hermano no impide que el protagonista se considere un derrotado (no precisamente ético) por haber quedado excluido de esa 'gesta'. Habiendo sido siempre el perdedor en la relación con su gemelo, la muerte de éste los equipara; a partir de entonces él es también un asesino impune –'un triunfador'– y sus asesinatos no serán castigados ni descubiertos.

Si bien se trata de una guerra perdida –uno de los personajes dice "No la ganamos, Manolo, tú bien sabes bien que no la ganamos" (Ibídem: 95)[14]– y todos se encuentran destruidos, física o moralmente, no pertenecen a ejércitos perdedores o a una causa perdida. Este es un punto en común con los torturadores del relato de Gusmán o con los traidores de *Nunca segundas muertes* y *El ojo del alma*. Pertenecen a fuerzas que, aún derrotadas, han resultado finalmente ganadoras; a pesar de sus vidas marginales y su condición de fracasados están en las antípodas de los perdedores éticos. Lejos de resistir al sistema social y político, funcionan en sus márgenes y coinciden con su lógica, en este sentido se benefician con su protección o venalidad; eso explica la impunidad del protagonista, ese particular detective convertido en asesino y alcahuete.

En efecto, el narrador protagonista de *Sol de medianoche* reemplaza a su gemelo[15], ocupa su lugar, es él ahora el asesino impune, se transforma en ganador –intercambiando roles– en tanto el otro había regresado de Vietnam 'incapacitado para la vida'. Así como las derrotas producen numerosos fantasmas en el imaginario social[16], la 'sombra' del hermano asesinado se proyecta sobre el protagonista. En tanto traidor, se desdobla; él mismo se vuelve la sombra de un pasado terrible como en *El ojo del alma* y en *Nunca segundas muertes*. Su rostro se superpone al de su gemelo, se desdibuja y lo duplica, lo reemplaza y oculta a la vez, como los seudónimos a los asesinos de *Ni muerto has perdido tu nombre*. Su identidad, que nadie conoce del todo y que jamás confiesa claramente, se esconde tras la figura del detective privado en una interesante inversión de aquellos héroes de Chandler tan cercanos a los antihéroes éticos mencionados al comienzo de este artículo. Él mismo admite la diferencia: "Yo no fui ese virtuoso imprescindible, insobornable, solitario" (Rodríguez Juliá 1999: 141) en una clara alusión a la figura de Marlowe; lejos de la moral de éste, confiesa que su "vocación más profunda es la traición" (Ibídem: 41). Establece así una diferencia importante con respecto al género policial, en particular con la tradición del relato duro o negro norteamericano, cuyos antihéroes son el reverso del detective triunfador de las versiones clásicas del género.[17] Similar 'ética perdedora' une a los derrotados latinoamericanos con Marlowe, en tanto Manolo, el protagonista de *Sol de medianoche*, invierte todas las variantes detectivescas y da una vuelta de tuerca al código en la medida en que es un asesino traidor escondido tras la confiable imagen del investigador.

Como el sol de medianoche –la luna llena–, siempre hay un lado que permanece oculto aún para él mismo; es el extraño que "un día descubrí en el espejo" (Ibídem: 190), que se pregunta quién es y al que no le gusta verse reflejado. Y sólo en el cierre del texto el protagonista se mira la cara y admite:

> Pero por un momento lo vi, por un instante me reconocí en aquel rostro asesino, hasta alcancé a verlo cuando se quitaba la careta, más bien cuando ésta se le deslizaba, porque fue una secuencia extremadamente fugaz. Fue abrir los ojos y sentir que algo, o alguien, se ocultaba. Pero ya no le hice caso; a nada de esto le hice caso. (Ibídem: 194).

En la escena resuenan los ecos de otras similares de los textos antes citados.

Pero más interesante es que de modo muy similar termine un cuento de Borges, 'Deutsches requiem' (1996), en el que habla un asesino nazi. El relato se cierra con estas palabras del narrador: "Miro mi cara en el espejo para saber quién soy, para saber cómo me portaré dentro de una horas, cuando me enfrente con el fin. Mi carne puede tener miedo; yo no." (Borges 1996: 141) Este narrador asesino que se vuelve sobre su rostro y su identidad en el momento final clausura un cuento que podría considerarse fundacional para este 'corpus'. La reiterada imagen irreconocible en el espejo de estos criminales o traidores recuerda el gesto opuesto de las figuras éticas, en especial la de Heredia, ya citada, quien era "fiel a la imagen de sí mismo que veía todos los días reflejada en el espejo". (Díaz Eterovic 2001: 247)

Relato en torno a una derrota (el protagonista será fusilado por torturador y asesino), su narrador tiene como finalidad, sin embargo, demostrar el triunfo final de Alemania. Y es en este sentido que el cuento de Borges se transforma en un texto de anticipación de la historia posterior, no sólo argentina.[18] Dice el personaje de Borges: "Mañana moriré, pero soy un símbolo de las generaciones del porvenir" (Borges 1996: 130). Su mensaje funciona como un testamento victorioso para el futuro: "se cierne ahora sobre el mundo una época implacable. Nosotros la forjamos [...] Si la victoria y la injusticia y la felicidad no son para Alemania, que sean para otras naciones." (Ibídem: 140-141) Cobra así un claro sentido la nota final a la colección en la que Borges habla "del trágico destino alemán" y define al cuento como un intento de entender ese destino. (Ibídem: 272) El nazismo derrotado en realidad ganó la guerra, así lo señala el narrador quien es entonces la figura más perfecta del vencedor, del vencedor repugnante[19] que se reitera en los relatos posteriores. Se juega al porvenir, por eso no tiene miedo, de algún modo es impune y 'renace' en los textos posteriores y en sus asesinos.

Esa 'victoria final' del narrador que anticipa muchos relatos ligados a la historia latinoamericana, lo convierte en un triunfador a pesar de su aparente condición de vencido. Esta cualidad contradictoria se confronta con la de su víctima, el poeta judío David Jerusalem cuya identidad analiza el editor en una nota fundamental para concluir que se trata de "un símbolo de varios individuos" como indudablemente queda claro para el lector. También es "símbolo de una detestada zona de mi alma" para el nazi, quien mata en el poeta su propia condición humana y ejercita, a la vez, su venganza miserable. El implacable ejercicio de la violencia del militar alemán, su victoria sobre toda piedad hacia la víctima, el poeta judío cuyo genio cantaba a la felicidad, se convierte en un duelo entre vencedor y perdedor. El resultado de ese duelo determina el triunfo ético de este último "pobre de bienes de este mundo, perseguido, negado, vituperado" sobre el nazi. (Ibídem: 135) Este triunfo, como antihéroe, establece su superioridad sobre el narrador cuya victoria final es su apuesta a un terrible futuro y se debe a que, como él mismo observa lúcidamente, el mundo ha aprendido la lección de violencia y fe en las armas. El cuento de Borges recuerda a Jean Améry, citado por Enzo Traverso: "Auschwitz es el pasado, el presente y el futuro de Alemania; Auschwitz es el pasado, el presente y el futuro de la humanidad o al menos de su parte llamada 'civilización occidental'." (Traverso 2001: 193)

Y también nos recuerda a Agamben en *Medios sin fin. Notas sobre la política*:

> El nacimiento del *campo* [de concentración] en nuestro tiempo aparece [...] como un acontecimiento que marca de manera decisiva el propio espacio político de la modernidad [...] El *campo* como localización dislocante es la matriz oculta de la política en que todavía vivimos [...]. (Agamben 2001: 37-40)

Desde esta perspectiva, y a la luz de la historia, el texto de Borges anticipa nuestro presente y el triunfo de la 'banalidad del mal'. Por eso para el protagonista no hay verdadero castigo, la muerte no significa nada, ya que su 'causa' ha triunfado. Y esto vuelve actual, puro presente, toda representación de las figuras que lo repiten; son residuos del mal, aparentemente derrotados que, como escribe Hannah Arendt a propósito de Eichmann, "con su larga carrera de maldad nos ha[n] enseñado la lección de la terrible *banalidad del mal*, ante la que las palabras y el pensamiento se sienten impotentes". (Arendt 2001: p. 443; la bastardilla es de la autora)

Esta imposibilidad de representar el horror es lo que le sucede al editor en el cuento de Borges cuando no puede soportar el relato del 'campo' que comienza el narrador: "Determiné aplicar ese principio al régimen disciplinario de nuestra casa y...". La nota del editor interrumpe la descripción y aclara: "Ha sido inevitable, aquí, omitir unas líneas" (Borges 1996: 137). El cuento expone así uno de los problemas centrales en torno a la narración de los episodios relativos al nazismo: la dificultad para abordar los implícitos límites de estas representaciones plantea dilemas no sólo estéticos e intelectuales, sino también éticos. El mismo reparo para representar el horror no parece rozar al nazi cuando nos asegura haber cumplido bien su tarea: "El ejercicio de ese cargo no me fue grato; pero no pequé nunca de negligencia" (Ibídem: 134-135). Esta frase –que recuerda otra del narrador en *Sol de medianoche*[20] estructura el discurso sin culpa del protagonista y lo confronta con lo que yo llamaría la 'ética discursiva del relato'. Es decir, los dos textos plantean interesantes estrategias en tanto ambos tienen como narrador a un asesino despreciable y, sin embargo, la posición ética de la escritura –del cuento y de la novela– está en las antípodas de esos personajes. Es quizá debido a esto que el cuento de Borges ha sido frecuentemente mal leído y mal interpretado. Gómez López-Quiñones analiza en particular las notas del editor al manuscrito del nazi y señala con acierto que de la "tensión entre dos discursos y dos puntos de vista surge el verdadero y último sentido de un texto polifónico y complejo". (Gómez López-Quiñones 2004: 136) Sin duda el editor es fundamental ya que sus comentarios quiebran la confesión del narrador y sus notas agregan informaciones soslayadas por el nazi (como el dato sobre su antepasado intelectual y hebraísta). También orienta la lectura, interpreta, saca conclusiones y se niega a reproducir lo que suponemos son las descripciones del "régimen disciplinario" del campo. Esta omisión, ya comentada, es especialmente significativa porque indica una decisión y toma de partido del editor, no sólo en lo que respecta a aquello que puede o debe ser contado, sino que es índice de la repugnancia que le provoca el relato de las atrocidades cometidas.

Gómez López-Quiñones no incluye en su discusión la nota aclaratoria de Borges-autor en el final del libro, que representa una clara toma de posición y explica el porqué de la voz narrativa otorgada al nazi. El contrapunto entre los comentarios del editor y la información reticente del narrador van construyendo una evaluación ética de los acontecimientos que se completa con las declaraciones explícitas de Borges. De este modo, el relato del nazi se confronta con la nota del autor y ésta, a su vez, lo cuestiona: la frase de Borges sobre "el trágico destino alemán [...] que no supieron llorar, ni siquiera sospechar, nuestros 'germanófilos'" (Borges 1996: 272) da 'una vuelta de tuerca' y otorga todo su sentido al cuento, desde una perspectiva bien distinta a la del alemán. Se ha producido así una distancia entre la voz del narrador (quien ha tenido la posibilidad de explicitar su 'confianza' en el futuro del nazismo y confesar la ausencia de culpa y arrepentimiento) y la 'voz' del relato, sostenida por el editor y el autor de la nota final, quien firma J.L.B. e incluye lugar y fecha de su escritura (Buenos Aires, 3 de mayo de 1949). Es decir, éste se define como el autor en un espacio y un tiempo reales, posteriores a la problemática derrota del nazismo. Editor, autor y lector se encuentran en la misma postura, enfrentados el narrador gracias al cruce de discursos: cuerpo principal, notas al pie y nota final. El resultado de esa confrontación produce lo que antes he llamado la ética discursiva del relato, muy alejada de lo expreso por la voz del narrador-personaje.

Sol de medianoche sólo tiene una voz narrativa, la del asesino; sin embargo, puede rastrearse otra postura ética en contrapunto con ella gracias a varias estrategias. También su relato es reticente y engañoso al contar los momentos claves de la violencia asesina:

> Frank ya había muerto, víctima de aquella noche intransitable, la de los tres disparos, la de mi sol de medianoche [...] Quien lo hizo me dejó el revólver asesino en la mano derecha [...] sólo recordaba la noche intransitable junto a Frank. (Rodríguez Juliá 1999: 49)

La frase puede leerse como una confesión en el contexto del relato dado que está asociada a la zona oscura del personaje, esa parte de su identidad que sólo surge frente al espejo en el cierre de la novela. Confesiones parciales, paréntesis que aluden a lo ocurrido ("Nadie oyó nada... Yo oí, muy vagamente, algunas voces, perdidas en la noche...") (Ibídem: 49), narraciones fragmentadas y datos contradictorios producen 'otro relato' paralelo, un relato que persigue el lector en busca de las claves de la novela. Es interesante que ésta se plantee como un falso policial a partir del protagonista, falso detective que invierte las reglas del género matando y traicionando a su cliente. La diferencia consiste en que en esa búsqueda el lector quiere confirmar sus sospechas sobre el protagonista, lejos de ir 'con' él durante la investigación, va 'tras' él, con desconfianza y distanciado.

La ética del relato se construye en ese juego entre lo que la narración expresa y lo no dicho pero insinuado porque esa 'reticencia' genera una evaluación implícita. Los personajes son perdedores y a la vez ganadores, asesinos astutos y resentidos, con miradas sobre la guerra de Vietnam y el nazismo inaceptables para los lectores conocedores de los hechos y la historia. Lo interesante en ambos casos radica en que la autoridad que solemos darle a la voz narrativa, la confianza que depositamos en ella se encuentra aquí socavada por la naturaleza misma de sus narradores. Esta estrategia juega con la fascinación que produce seguir el pensamiento del enemigo, un tipo de vencedor siempre vigente y completamente 'repugnante'. Sorprende que, en el caso del cuento de Borges, algunos críticos lo hayan leído como un texto a favor de la Alemana nazi o al menos simpatizante con ella. Sin embargo, no conozco otro relato más aterrador, capaz de evocar el horror con tanta economía de elementos y de comprender las consecuencias de ese régimen hacia un futuro que entonces era lejano pero que se ha convertido en nuestro desdichado presente: "una época implacable" donde "rija la violencia [...] la victoria y la injusticia". (Borges 1996: 140-141)

La distinción entre derrota y deshonra, entre resistir y transigir, de las figuras antiheroicas, adquiere un especial matiz en el caso de estos vencedores, en tanto ellos también mantienen la 'fidelidad a una verdad', a su particular clase de verdad en la que se reconocen como asesinos pero sin culpa.

Nuevamente Agamben, en *Lo que queda de Auschwitz*, nos recuerda lo que él denomina "un nuevo elemento ético" que Primo Levi ha logrado aislar, la "zona gris". (Agamben 2000) Esa zona que ha desplazado la ética a un 'más acá', ha transformado la responsabilidad en algo más amplio que no se resuelve únicamente con lo jurídico, algo de lo que sólo podemos reivindicar su condición de 'inasumible'. Es interesante que el personaje de Borges vaya a morir para cumplir con el castigo que le corresponde en el plano jurídico, pero sabemos que no se arrepiente; permanece fiel a 'su verdad'[21] y el mal realizado es infinitamente superior a cualquier intento de reparación, perdura más allá, nos implica en la responsabilidad de no olvidar.

En los relatos considerados, el sistema, el poder, y por consiguiente la justicia que se imparte, no han cambiado para los aparentemente vencidos. Zygmunt Bauman afirma en *Ética posmoderna* que el malestar que dejó la guerra de Vietnam en los EE.UU. no se debió al sentimiento de culpa, sino al pesar por la derrota. (Bauman 2004) La lección de Vietnam no fue el desarrollo de una mayor conciencia ética sino la necesidad de más fuerza. Se podría entonces discutir, como ya lo plantean los textos de Borges y Rodríguez Juliá, si se trata de derrotas (de los nazis, de EE.UU., de las dictaduras latinoamericanas). No sólo no hay convicción de haber sido culpable, sino que tampoco el castigo puede paliar la inmensidad del daño; habría que hablar entonces de triunfo, puesto que la continuidad de ese mal sigue vigente. Desde esta postura, los nazis, los fascismos latinoamericanos, las invasiones imperiales no han sido 'derrotas' en la medida en que han triunfado 'a largo plazo', han tenido impunidad y protección de alguna clase de poder, es decir, han triunfado más allá de una coyuntural derrota. Este triunfo encubierto parece haber sido señalado por los textos literarios que aquí se consideran, en especial el cuento de Borges, mucho antes y más lúcidamente que por cualquier ensayo contemporáneo.

En resumen, los textos que focalizan al otro, al infame, ya sea dándole la voz o representándolo, construyen una ética del discurso que se funda en una constante tensión, muy clara en 'Deutsches requiem' en la yuxtaposición de los discursos del asesino nazi, del editor y del mismo Borges en el 'postscriptum' que cierra la colección y enmarca todos los cuentos. La ética es siempre política y en el encuentro o lucha de estas dos voces podemos confrontarnos, afirmarnos en nuestra verdad porque, si la literatura da espacio a la voz de la infamia, es para recordar su vigencia y poder resistirla. Es decir, este cuento de Borges publicado en *Sur* en 1946 e incluido en *El Aleph* en 1949 anticipa la reflexión de Agamben y narra el comienzo de "la futura historia del mundo", como dice el protagonista, quien se siente "un símbolo de las generaciones del porvenir". (Borges 1996: 130) La satisfacción, la felicidad con la que va a morir, tiene su razón de ser en la frase ya citada "se cierne *ahora* sobre el mundo una época implacable". (Ibídem: 140, la bastardilla es mía) Ese presente, esa contemporaneidad que implica el 'ahora' para el lector, nos instala en un presente de la escritura que parece ser 'nuestro' presente y que no hace más que darle la razón de un modo inquietante al narrador.

Desde entonces, una constelación de textos propone diversas alternativas: los perdedores éticos de los que se habló al comienzo, los fracasados sin honra, los vencedores, son las opciones 'imaginarias' con que la literatura ha contado nuestra historia. En la confrontación que estos relatos construyen se debaten varias imposibilidades, la primera de las cuales es la de un cambio en los roles establecidos, más allá de las alternativas que proponen la caída de las dictaduras, los nuevos espacios democráticos y las transiciones. En todos los relatos considerados, los vencedores –y el cuento de Borges es esencial para esta reflexión– bajo la aparente derrota que traen los nuevos tiempos, mantienen su condición porque no parece posible restituir la justicia o reparar el daño. Todos ponen en duda las soluciones compensatorias en una clara inversión del discurso oficial; en todos la memoria narrativa es una forma de desafío a esas versiones exitosas de la historia. La memoria del mal, entonces, forma parte de esa lucha por preservarnos del olvido; reconocer el triunfo de los vencedores es recordar su constante presencia entre nosotros.

Como Ricardo Forster dice en *Verdad y sospecha*, "un giro sobre la memoria para aprehender lo imposible del pasado nos permite pensar nuestro presente" y se pregunta "Quién puede hacerse cargo de una derrota?". (Forster 2003: p. 62) La literatura parece haberlo hecho. Los relatos considerados plantean una clara convergencia entre ética y política. Convergencia entendida como una práctica de lectura de la historia y una posición frente a ésta, en la medida en que todo discurso se define –y nos define– en una elección, nos propone opciones ético-políticas y nos enfrenta finalmente con nuestra capacidad de aceptación de la derrota. Asumir la pérdida, el camino de la resistencia y el rechazo a los vencedores y su presente es optar también por un ejercicio de memoria. Es negarse al olvido afirmando el discurso de la literatura como un espacio de debate y construcción de soluciones –imaginadas e imaginarias– para nuestros conflictos histórico-políticos.

NOTAS

1. Este trabajo forma parte de una investigación que analiza, a través de la figura del 'perdedor', los vínculos entre literatura, política y ética en la narrativa latinoamericana de los últimos cuarenta años.
2. El 'corpus' incluye, entre otros, *El jardín de al lado* de José Donoso, *El viaducto* de Darío Oses, *Alivio de luto* de Mario Delgado Aparaín, *Lo imborrable* de Juan José Saer, *Zenitram* de Juan Sasturain, *Los rojos de ultramar* de Jordi Soler, *El beneficio de la duda* de Alejandra Rojas.
3. En el análisis del antihéroe perdedor he considerado la perspectiva de Alain Badiou sobre los vínculos entre ética y política (véase especialmente 'La ética. Ensayo sobre la conciencia del mal'. Badiou 1995) No hay ética en abstracto, sostiene el filósofo francés, toda ética está en situación y se define de acuerdo a la política a la que pertenece. Si puede hablarse de una 'ética de las verdades es con respecto a los sujetos en esa situación que él llama *acontecimiento*. La ética es entonces fidelidad del sujeto a una verdad que siempre excede la opinión o el sentido común de una época. Badiou propone una ética de la convicción, y en eso consiste su noción de resistencia, en las antípodas de la capacidad de adaptación. Si el no ceder es un principio clave de la ética, podría pensarse que los protagonistas de este 'corpus', lejos de ser fracasados, son héroes éticos. Puesto que resignarse, pactar, es perder la dignidad y la identidad; la exigencia es persistir, continuar a pesar de las circunstancias adversas. Es interesante que Badiou considere el fracasar una categoría política y el ceder una categoría ética: de este modo, desde su perspectiva, el único héroe posible es aquel cuyo triunfo consiste en no haberse traicionado y no haber cedido frente a los 'vencedores'. Los que no se han resignado ni pactado, poseen lo que Badiou denomina una ética "prometeica", que, a la inversa de todo pacto con el presente, se juega por un porvenir. Por lo tanto estos

de todo pacto con el presente, se juega por un porvenir. Por lo tanto estos antihéroes encarnan, mejor que muchos ensayos teóricos, una respuesta ética y un proyecto de acción frente a las derrotas históricas latinoamericanas de las últimas décadas.
4. Foucault sostiene allí: "...ir a buscar lo que es más difícil de captar, lo más oculto, lo que cuesta más trabajo decir y mostrar, en último término lo más prohibido y lo más escandaloso. Una especie de exhortación, destinada a hacer salir la parte más nocturna y la más cotidiana de la existencia, va a trazar [...] la línea de evolución de la literatura desde el siglo XVII." (Foucault 1990: 200)
5. "Uno es heredero de la historia: es posible ejercer formas más o menos eficaces de amnesia u olvido, pero finalmente no es posible eludir los apremios de la memoria". (Díaz Eterovic 2001: epígrafe)
6. "Pablo Durán era el único que no había sido arrastrado por el agua turbia; su cuerpo, herido y ultrajado, en el lugar desconocido donde se encontraba, seguiría sonriendo con la serenidad de los que tienen sueños y luchan por ellos." (Díaz Eterovic 2001: 247)
7. El investigador Heredia se define en muchas de las novelas del ciclo. En *Los siete hijos de Simenon* lo describen como "alguien [...] que siempre se alistará en el bando de los que pierden la guerra. Un idealista sin suerte" (Ibídem: 45)
8. El protagonista se hace la misma pregunta que tantos han hecho frente a los secuestros cotidianos durante la dictadura: "se pregunta si es posible que eso que le está ocurriendo a él pueda suceder en una ciudad como Montevideo, a pleno sol, sin que nadie intervenga, sin que la policía se dé por enterada" (Prego Gadea 1999: 97)
9. A su vez, Varelita entra, al comienzo de la novela, en el café *Varela Varelita*. Esta duplicación, una 'coincidencia' sin vínculo significativo alguno con el personaje, no hace más que destacar el vacío del nombre apropiado por los asesinos.
10. La ambigüedad nominativa que imponen los asesinos arrastra a otros personajes; la sobreviviente de la tortura, por ejemplo, se siente perseguida por su 'nombre de guerra' del que no consigue desprenderse hasta el final.
11. "Me había despedido para siempre de Harry una semana antes, cuando su ataúd descendió en la helada tierra de febrero, de manera que no di crédito a mis ojos cuando lo vi pasar, sin el menor indicio de que me reconociera, entre la multitud de extraños del Strand." (Prego Gadea 1995: epígrafe)
12. Lo que se dice a propósito de la peste en las dos ciudades del relato –Buenos Aires y Montevideo– se aplica con exactitud al recuerdo de la dictadura: "Existía realmente la peste?, piensa, había un deseo inconsciente de borrarla, la gente prefería mirar para otro lado?" (Prego Gadea 1995: 48).
13. Agradezco a Efraín Barradas el haberme hecho notar la importancia política de este puente para la historia puertorriqueña.
14. Es interesante mencionar aquí el trabajo de Tom Engelhardt, *El fin de la cultura de la victoria*. (Engelhardt 1997). El libro parte del presupuesto de que el triunfalismo es un elemento constitutivo del pueblo norteamericano, pero, a la vez, el relato bélico triunfal cae con la derrota de Vietnam. No sólo eso, surge al mismo tiempo un discurso acusatorio que señala al enemigo dentro del país y se juega con la analogía: los fascistas, los nazis pueden estar en casa. Frente a la derrota que destruye "la imagen de la cultura de la victoria", se opta por "considerar la guerra como una experiencia americana de victimización". (Ibídem: 322) En el intento de reconstruir una narrativa del triunfo se produjo una extraña inversión según la cual los americanos habían quedado 'traumatizados' y estaban padeciendo el 'síndrome del Vietnam'. Habían sufrido una pérdida que se resumía en la idea corriente de perder una guerra: en el relato histórico desde entonces Vietnam será rememorado como una guerra en la que EE.UU. poco menos que había peleado contra sí mismo y había perdido. En este contexto discursivo puede leerse al personaje de Rodríguez Juliá en su ambiguo juego de perdedores/vencedores.
15. Es interesante que al gemelo que fue a Vietnam se lo llame Frank, versión norteamericana de su original Francisco, mientras que el apodo del protagonista es el muy español Manolo.
16. El fantasma, la sombra, como metáfora de la derrota o la frustración de las ilusiones políticas es frecuente en la literatura y en los ensayos sobre el tema. Se reitera en los relatos aquí tratados, incluso está presente en el título *Sombra de la sombra* de Paco Ignacio Taibo II, novela policial que gira en torno a la pérdida de las esperanzas en la revolución mexicana. (Amar Sánchez 2000: cap. II, 'El crimen a veces paga')

17. El epígrafe de *Sol de medianoche* es el título de una novela de Horace McCoy, *They Shoot Horses, don't They? (Acaso no matan a los caballos?),* un clásico del género duro norteamericano.
18. Ricardo Piglia también ha leído este cuento como un relato de anticipación. Se refiere a él en 'El último cuento de Borges': "La confesión del admirable (del aborrecible) Otto Dietrich zur Linde es en realidad una profecía, quiero decir una descripción anticipada del mundo en que vivimos." (Piglia 1999: 61-68)
19. Tomo la expresión del relato de Manuel Vázquez Montalbán 'Aquel 23 de febrero' en *Historias de política ficción*. El protagonista, un antihéroe perdedor, dice: "Los vencedores suelen ser repugnantes." (Vázquez Montalbán 1999: 162)
20. "Sintiéndome dueño del destino de los dos, fui duro e implacable." (Rodríguez Juliá 1999 104)
21. "No pretendo ser perdonado, porque no hay culpa en mí, pero quiero ser comprendido" (Borges 1996: 130).

BIBLIOGRAFÍA

Agamben, Giorgio
    2000   'El testigo.' En: *Lo que queda de Auschwitz*. Valencia: Pre-textos.
    2001   *Medios sin fin. Notas sobre la política*. Valencia: Pre-textos.
Amar Sánchez, Ana María
    2000   *Juegos de seducción y traición. Literatura y cultura de masas*. Rosario: Beatriz Viterbo.
Arendt, Hannah
    2001   *Eichmann en Jerusalén. Un estudio sobre la banalidad del mal*. Barcelona: Lumen.
Badiou, Alain
    1995   'La ética. Ensayo sobre la conciencia del mal.' En: Tomás Abraham (ed.), *Batallas éticas*. Buenos Aires: Nueva Visión.
Bauman, Zygmunt
    2004   *Ética posmoderna*. Buenos Aires: Siglo XXI.
Borges, Jorge Luis
    1996   *El Aleph*. Buenos Aires: EMECE.
Díaz Eterovic, Ramón
    2001   *El ojo del alma*. Santiago: LOM.
Engelhardt, Tom
    1997   *El fin de la cultura de la victoria*. Barcelona: Paidós.
Enzensberger, Hans M.
    1968   *Política y delito*. Barcelona: Seix Barral.
Forster, Ricardo
    2003   *Crítica y sospecha*. Buenos Aires: Paidós.
Foucault, Michel
    1990   *La vida de los hombres infames*. Madrid: La Piqueta.
Gómez López-Quiñones, Antonio
    2004   *Borges y el nazismo: Sur (1937-1946)*. Granada: Universidad de Granada.
Gusmán, Luis
    2002   *Ni muerto has perdido tu nombre*. Buenos Aires: Sudamericana.
Mate, Reyes
    1991   *La razón de los vencidos*. Barcelona: Anthropos.
Muñoz Molina, Antonio
    2004   *Beltenebros*. Madrid: Cátedra.
Piglia, Ricardo
    1999   El último cuento de Borges.' En: *Formas breves*. Buenos Aires: Temas: 61-68.
Prego Gadea, Omar
    1995   *Nunca segundas muertes*. Montevideo: Trilce.
Rodríguez Juliá, Edgardo
    1999   *Sol de medianoche*. Barcelona: Mondadori.
    2004   *Mujer con sombrero Panamá*. Barcelona: Mondadori.
Sloterdijk, Peter

2002   *El desprecio de las masas*. Valencia: Pre-textos.
Traverso, Enzo
2001   *La historia desgarrada. Ensayo sobre Auschwitz y los intelectuales*, Barcelona: Herder.
Vázquez Montalbán, Manuel
1999   'Aquel 23 de febrero.' En: *Historias de política ficción*. Barcelona: Planeta.

Efraín Barradas
University of Florida, Gainesville

JUAN BOSCH Y EMILIO S. BELAVAL: UNA RELACIÓN LITERARIA, UN MOMENTO HISTÓRICO, UN TEXTO OLVIDADO

(A Altagracia Güílamo,
Duquesa de Alba de La Romana,
Anacaona de Gainesville)

En este trabajo se recoge un texto perdido del escritor dominicano Juan Bosch sobre Emilio S. Belaval, cuentista puertorriqueño. Este texto olvidado fue el primer comentario que se hizo de Cuentos para fomentar el turismo, *la obra maestra de Belaval. Pero el ensayo también sirvió de base a Bosch para el desarrollo de su teoría del cuento. La relación entre estos dos importantes cuentistas evidencia el estrecho contacto que mantenían muchos escritores antillanos del momento y cómo éste marcó la obra de estos dos en lo ideológico y en lo estético.*

1. *Bosch, el nuestro*

En dos momentos coyunturales de su vida, Juan Bosch salió de su país natal rumbo a Puerto Rico por la vía del exilio. La primera fue en enero de 1938. Muchas veces se ha dicho que el interés de Trujillo en nombrarlo diputado fue la razón que llevó a Bosch a salir de la República Dominicana, aunque él mismo ha dicho, al menos en una ocasión, que fue "la matanza de los haitianos [lo que lo] sacó del país". (Alcántara Almánzar 2000: 135) Sea una u otra o ambas o muchas las razones para su salida, éste "[e]s el inicio de un exilio que durará 25 años". (Rosario Candelier 1992: 191) "No sabemos por qué prefirió Puerto Rico, si fue por su cercanía con la República Dominicana o porque su familia materna era puertorriqueña; no lo sabemos con exactitud." (Kury 2000: 32) Pero la experiencia se repite 25 años más tarde, en 1963: "[a] los siete meses de un ejercicio presidencial democrático, respetuoso de los derechos humanos y en defensa de la soberanía nacional, [Bosch] es derrocado por un golpe militar incruento. Es enviado el 25 de septiembre al exilio en Puerto Rico." (Rosario Candelier 1992: 193) Al llegar por segunda vez a la otra antilla se le nombra profesor visitante de la Universidad de Puerto Rico, institución con una larga tradición de acoger a muchos que se vieron obligados a transitar por el camino tortuoso del destierro.

Pero la relación de Bosch con Puerto Rico fue mucho más compleja y rica que la de la mayoría de los escritores, pintores y científicos que pasaron por la universidad puertorriqueña. Por ejemplo, su amistad con la poeta Julia de Burgos ya bastaría para probar la importancia de su estadía en la Isla. Quizás por el gran interés de Chiqui Vicioso en la obra de esta poeta puertorriqueña, interés que le ha llevado a estudiar con detenimiento y precisión la relación amorosa de ésta con Juan Isidro Jimenes Grullón y su amistad con Bosch, muchos, especialmente en la República Dominicana, tienden a identificar a Puerto Rico en la vida de Bosch con una sola persona, Julia de Burgos, a quien Vicioso, por ello mismo, llama "la nuestra". (Vicioso 2004) Pero Puerto Rico para Bosch tiene muchas caras, tantas y tan importantes que creo que también hay un Juan Bosch nuestro, un Bosch boricua al que debemos reclamar.

2. *Bosch y Puerto Rico*

Puerto Rico en la vida de Bosch –tema que pide a gritos un estudio detallado– está constituido de muchos y diversos contactos intelectuales, artísticos y políticos. En el principio y en el centro de esa relación, más allá de su familia materna, está Hostos, pensador que lo marca desde muy temprano. El mismo Bosch así lo establece: "El hecho más importante de mi vida hasta poco antes de cumplir 29 años fue mi encuentro con Eugenio María de Hostos, que tenía entonces casi 35 años de muerto..." (Kury 2000: 34) Y ese encuentro tiene una historia muy particular, íntimamente relacionada con su exilio.

Pocos días después de su llegada a Puerto Rico en 1938, Adolfo de Hostos, hijo del prócer y entonces director de la Biblioteca Carnegie en San Juan, le encarga a Bosch, quien se había presentado a esa institución en busca de empleo, la transcripción de los manuscritos inéditos y la recopilación de las obras publicadas de su padre con el propósito de organizar la edición de sus obras completas, publicación que se hacía para celebrar el centenario del natalicio del pensador. El dato es curioso y habría que investigar cómo y por qué se le asigna tal importante tarea a Bosch ya que en esos momentos dominaba el mundo intelectual insular un puertorriqueño que también se había especializado en la obra hostosiana.[1] Este era Antonio S. Pedreira, quien ya en 1932 había publicado un libro sobre pensador positivista, *Hostos, ciudadano de América*. ¿Por qué el importante encargo de la recopilación de las obras de Hostos recayó en Bosch y no en Pedreira? ¿Se debía a malas relaciones entre éste y el hijo de Hostos? ¿No consideraba Pedreira esta tarea digna de su persona? ¿Cómo reaccionó a la labor de Bosch el intelectual boricua, quien ya en 1934 había publicado *Insularismo*, libro que lo convertiría en el canonizador con poderes casi omnímodos del momento y que marcaría la interpretación de la historia y de la cultura puertorriqueñas por más de 50 años?

Todas estas dudas nos llevan a apuntar la necesidad urgente de investigar más a fondo la relación de Bosch con Puerto Rico y los puertorriqueños, relación que no se limita a su amistad con Julia de Burgos ni a su labor en la recopilación de las obras completas de Hostos. Esta relación tendrá que incluir, por ejemplo, sus productivos contactos con Jaime Benítez, el rector de la Universidad de Puerto Rico por muchas décadas; con Luis Muñoz Marín, político que entonces ascendía al poder y quien en la década de 1960 formaría una alianza con el venezolano Rómulo Betancourt y con el costarricense José Figueres en contra de Trujillo y protegería a Bosch en varias ocasiones; con Nilita Vientós Gastón[2], la directora de dos revistas que marcaron el ámbito intelectual boricua también por décadas; con José Luis González, puertorriqueño nacido en la República Dominicana, a quien muchos consideran el padre del cuento puertorriqueño moderno y quien nunca negó su gran deuda con Bosch.[3] Algo se ha dicho de la relación de Bosch con los boricuas, pero mucho más está por decirse, muchísimo más.

3. *Dos cuentistas caribeños*

Entre lo que queda en el tintero está otra relación de gran interés: la amistad y el diálogo intelectual y literario de Bosch con el gran cuentista Emilio S. Belaval (1903-1972). Por desventura la obra de éste, probablemente el mejor narrador puertorriqueño de la primera mitad del siglo XX, no se conoce ni se aprecia como merece.[4] Aunque cultivó el teatro y el ensayo, sus logros mayores se centran en tres colecciones de cuentos: *Los cuentos de la Universidad* (1935), *Cuentos para fomentar el turismo* (1946) y *Cuentos de la plaza fuerte* (1963). Entre éstas, y a pesar de los logros de madurez de la tercera, la segunda colección es su obra maestra. La publicación de la primera fue algo problemática ya que en ella trataba el tema de la sexualidad, cuestión tabú en el momento en la Isla. El tratamiento del tema, teñido por humor y con imágenes poéticas, nada tenía de escandaloso pero el atrevimiento le ganó una crítica negativa y hasta un regaño de Pedreira. Este no cree "que todos los trabajos aquí recogidos sean realmente cuentos" (Bosch 1940: 192) –juicio con el que más tarde concordará Bosch– y, peor aun, considera que el tratamiento de lo sexual en estos cuentos, tratamiento que llama "monomanía" (ibídem: 193), "rebasa los límites humanos". (Ibídem) El comentario, más que una descripción acertada de la temática en los cuentos, es una muestra del conservadurismo y la mojigatería del crítico. En general, el comentario de Pedreira descarta a Belaval como narrador de importancia aunque le reconoce ciertos méritos y le predice mayores logros.

Hay que recordar que en la década de 1930 Pedreira era la figura central en la crítica literaria y cultural puertorriqueña y que su aprobación o rechazo representaba la canonización o la marginalización, como lo prueban sus comentarios negativos de Belaval y sus elogios de *La llamarada* (1935) de Enrique Laguerre (1906-2005), obra que apareció el mismo año que la primera colección de cuentos de Belaval y que Pedreira llamó "gran novela puertorriqueña". (Pedreira 1969a: 165) Desde entonces ésta quedó entronada como tal, a pesar de sus fallas narrativas y del obvio mimetismo de las novelas de la tierra hispanoamericanas.

En el número del 20 de julio de 1940 de la revista *Puerto Rico Ilustrado*, la publicación de mayor importancia y circulación en el momento en la Isla y donde aparecieron, por esos años, varios ensayos suyos, Juan Bosch publica un artículo titulado 'Emilio S. Belaval, cuentista puertorriqueño', artículo que al pie va fechado "La Habana, junio de 1940". Recordemos que la primera estadía de Bosch en Puerto Rico fue breve ya que salió pronto hacia Cuba para supervisar la producción de las obras completas hostosianas que se publicarían en esa otra antilla. Entonces vivió en Cuba más tiempo que en Puerto Rico, pero mantuvo desde allá un estrecho contacto con los intelectuales boricuas, como lo prueban sus frecuentes colaboraciones en esta revista. Excepto este ensayo de Bosch, nada más se escribió sobre la cuentística de Belaval desde la publicación de la reseña de Pedreira sobre *Los cuentos de la Universidad* en 1935 hasta que en 1957 la gran estudiosa boricua Concha Meléndez (1895-1983) preparó una antología de cuentos puertorriqueños donde incluyó a este autor.[5] En el prólogo a ese libro Meléndez establece la importancia de *Cuentos para fomentar el turismo*, colección que Pedreira no llegó a ver, aunque de seguro leyó la mayoría de las narraciones que la componen ya que éstas fueron apareciendo en *Puerto Rico Ilustrado* ya para finales de la década de 1930, particularmente en 1938 y 1939, antes de la prematura muerte del crítico. Meléndez vaticina en el prólogo a su antología que los cuentos que componen la colección de Belaval "han de perdurar en nuestra historia literaria por su valor artístico, aun cuando la protesta que implican se haga innecesaria algún día porque se hayan resuelto los conflictos dramatizados en ellos". (Meléndez 1957: xxxi) Un repaso de la bibliografía sobre Belaval recogida en los principales estudios sobre sus cuentos, el de Luis Rafael Sánchez el de Flavia Lugo de Marichal, evidencia la escasez de textos que comentan *Cuentos para fomentar el turismo* justo tras su aparición –no conocemos reseñas coetáneas– y hasta la década siguiente cuando Meléndez incluye su obra en las dos antologías del cuento puertorriqueño que preparó y comentó en sus sendos prólogos.

En ese desierto crítico brilla, por su extrañeza y, sobre todo, por su clara visión, el artículo de Juan Bosch que se centra en los cuentos que más tarde formarán la obra maestra de Belaval, cuentos que iban apareciendo por esos años en *Puerto Rico Ilustrado* claramente identificados con el título que llevará el libro. El ensayo de Bosch no es sólo de importancia para el mejor conocimiento de Belaval –es, en verdad, el único comentario contemporáneo a la aparición de esos cuentos– sino también para entender los orígenes de la teoría del cuento boschiana. Este importante trabajo que ilumina la obra de dos autores centrales en las letras antillanas de la primera mitad del siglo XX y de toda su historia es, desafortunadamente, un texto ignorado, casi perdido. Hasta donde he podido comprobar, sólo aparece listado en la bibliografía de los libros de Lugo de Marichal y de Sánchez sobre Belaval, fuentes para mi conocimiento del mismo. Pero no aparece recogido ni en las llamadas obras completas de Bosch ni en las selecciones de textos sueltos que de este autor se han hecho.[6] Tampoco he hallado mención del mismo en los principales estudios que se han dedicado a su narrativa: ni en el de Margarite Fernández Olmo, ni el de Eugenio García Cuevas, ni el de Franklin Gutiérrez ni el de

Rosario Candelier ni en el de Cándido Gerón ni en el de Guillermo Piña-Contreras.

4. *Raíces de la teoría boschiana del cuento*

'Emilio S. Belaval, cuentista puertorriqueño' (Bosch 1940) retrata tanto al cuentista boricua como al dominicano, quien en esta ocasión desempeña la función de crítico y teórico, no de narrador.[7] Hay dos temas centrales en este breve texto: los cuentos de Belaval y la teoría del cuento de Bosch. Recordemos que el escritor dominicano es uno de los hispanoamericanos que más agudamente ha teorizado sobre este género literario. Casi todos los lectores llegamos a este ensayo de Bosch tras haber leído textos suyos posteriores donde formula su teoría sobre el cuento. Me refiero, obviamente, a su conocido 'Apuntes sobre el arte de escribir cuentos' de 1958.[8] Por ello este temprano ensayo nos vuelve a presentar a Bosch como teórico del género, aunque, si lo vemos en un sentido cronológico, el texto adelanta o avanza esas ideas que posteriormente desarrollará.

La crítica ha comentado –y Bosch mismo lo ha reconocido– que muchas de sus ideas sobre el cuento como género literario surgen de la lectura de sus maestros, Poe, Maupassant y, sobre todo, de Horacio Quiroga. Este reconocimiento no desmerece ni disminuye el aporte boschiano a la teoría del cuento en las letras hispanoamericanas. Sus constantes y agudas meditaciones sobre la naturaleza del género colocan a Bosch entre un puñado de escritores nuestros –el inevitable Quiroga, además de Cortázar, Borges y Monterroso, entre unos pocos más– que no sólo han cultivado el cuento sino que nos han dado herramientas teóricas para estudiarlo.[9] Este ensayo sobre Belaval, pues, le sirvió a Bosch como manera de comenzar a definir sus ideas sobre el género, de poner en práctica esos conceptos al aplicarlos a la obra de un cuentista en particular y, a la vez, de retratarse a sí mismo mientras habla sobre el cuentista puertorriqueño.[10]

5. *Comenzar con un cuento*

Sorprende que Bosch declare que hubiera conocido la obra de Belaval antes de su llegada a Puerto Rico, en Santo Domingo mismo y en el año 1936. Aunque sabemos que durante la década de 1930 hubo una efectiva comunicación y un fructífero intercambio entre los escritores antillanos, al menos entre los del Caribe hispánico, la aseveración con la que comienza Bosch su ensayo no encuadra con las fechas de publicación de los cuentos de Belaval que supuestamente leyó. Los que formarán la colección titulada *Cuentos para fomentar el turismo*, publicada en 1946, y los que publicó en *Puerto Rico Ilustrado* bajo ese título general, aunque no los llegó a recoger en este libro, comenzaron a aparecer en esa revista en el 1938, no en 1936. Bosch obviamente se equivoca al recordar la fecha. El primero de los cuentos que Belaval quería incluir en su colección, aunque no llegó a así hacerlo, apareció en 1933, pero sin indicación alguna de que debía ser parte de un conjunto. (¿Sería éste el cuento de Belaval que Bosch leyó antes de llegar a Puerto Rico?) En 1938 Belaval publica en la misma revista el cuento que será el segundo que incluye en la edición de *Cuentos para fomentar el turismo* que conocemos. Éste, 'La viuda del manto prieto', apareció en *Puerto Rico Ilustrado* el 26 de marzo de 1938 y se publica con el título general de 'Cuento puertorriqueño', no bajo el título general que llevan los siguientes, 'Cuentos para fomentar el turismo'. Aparece sin dedicatoria y sin la frase "Made in Puerto Rico", frase que tanto le llama la atención a Bosch. El primero de los cuentos de Belaval en el que aparece esa frase después de su firma es 'Nuestro gran hermano Che', narración que apareció en la misma revista el 10 de junio de 1939. Obviamente, pues, Bosch no pudo leer en 1936, ni en Santo Domingo ni en San Juan, un cuento de Belaval que apareciera publicado con el título general de 'Cuentos para fomentar el turismo' ni con la irónica frase "Made in Puerto Rico", a menos que hubiera tenido acceso a los manuscritos inéditos del autor, hecho que, de haber ocurrido, Bosch no menciona en su ensayo.[11] Pero lo importante del caso no es solamente que, al escribir su trabajo en La Habana en 1940, Bosch no recordara con exactitud el momento de su primera lectura de un cuento de Belaval sino que cuando en 1946 Belaval recoge los cuentos en forma de libro le dedica 'La viuda del manto prieto' a Bosch. Éste no pudo leer el primer cuento de Belaval al que alude ni en Santo Domingo ni en 1936; tuvo que leerlo más tarde, posiblemente en Cuba, donde escribe el artículo sobre Belaval. Pero lo importante es que lo leyó y lo leyó muy atinadamente. También es importante la dedicatoria de Belaval ya que ésta habla, indirecta pero elocuentemente, de la relación amistosa y las afinidades estéticas de los dos grandes cuentistas antillanos.[12]

El primer párrafo del ensayo de Bosch sobre Belaval, pues, está plagado de datos errados. Pero esas equivocaciones o esos confusos recuerdos no hay que verlos como una falla de su parte. Estos funcionan aquí como un cuento. Bosch nos narra cómo supuestamente llegó a los de Belaval y lo hace valiéndose de una treta narrativa. Si confirmamos los datos podemos decir que Bosch 'miente' o, al menos, que crea una realidad nueva. Pero esa invención hace mucho más interesantes y efectivos su descubrimiento y encuentro con Belaval. En su ensayo hay una especie de anagnórisis típica del cuento moderno, una especie de final de sorpresa: Bosch encuentra al cuentista que leyó sin recordar su nombre ya cuando éste se ha convertido en su amigo; autor estimado y nuevo amigo son una sola persona al final de ese primer párrafo: "Me alegró que fuera él, porque me gusta tener admiración por mis amigos..." (Bosch 1940: 17) Probablemente Bosch altera o se inventa el incidente que le da un desenlace feliz a ese primer párrafo que funciona perfectamente como un cuento. Esta 'mentira' literaria le sirve de entrada para explorar el carácter de las narraciones de Belaval, el autor admirado que ahora es su amigo, y para indagar, desde una perspectiva muy concreta, los cuentos del amigo que es también el autor admirado, la naturaleza del cuento y de la creación artística en general. El primer párrafo de 'Emilio S. Belaval, cuentista puertorriqueño' es, pues, una hermosa 'mentira' que le sirve a Bosch para alabar a su amigo y para explicar su teoría del cuento. De una bella 'mentira' –recalco:

los datos, las fechas, la bibliografía prueban que Bosch no pudo haber leído ese cuento en 1936 como dice en ese primer párrafo– se pasa a la verdad del arte. El cuento –la 'mentira' que se crea en ese primer párrafo– es la manera de explicar el arte, otra mentira que dice una gran verdad. En ese sentido, las ideas expuestas sobre el cuento en el resto del artículo se podrían aplicar a ese primer párrafo que definitivamente funciona como un cuento y, por ello, no tiene que atenerse a lo que llamamos 'verdad'. Bosch recuerda mal o crea una historia para atrapar a sus lectores desde el comienzo mismo de su ensayo.

6. *Cuento y nación*

Pero también es importante y central al texto lo que Bosch dice de los cuentos de Belaval. Hay aquí dos ideas medulares sobre el cuentista puertorriqueño, ideas que también moldearán el pensamiento de Bosch sobre el cuento en general. Bosch se pregunta si este género que se destaca por su brevedad puede captar la realidad nacional; también se pregunta si el escribir una narración con un idioma marcado por giros nacionales no limita la circulación y hasta el valor de la misma.[13] De estas dos ideas Bosch responde más detalladamente a la segunda y asegura que el empleo de una lengua marcadamente nacional no limita el texto, que éste puede llegar a la universalidad por lo nacional. Este tema –que más tarde, en 1955, será la base de una polémica entre los intelectuales puertorriqueños quienes tendrán que definirse como 'puertorriqueñistas' u 'occidentalistas'– ha sido central a literatura boricua que ha estado marcada por una necesidad de reafirmación nacional, especialmente dada la situación colonial del país, y un deseo de llegar a ser conocida fuera de la Isla. Autores puertorriqueños contemporáneos como Luis Rafael Sánchez, Ana Lydia Vega y Juan Antonio Ramos, entre muchos otros, se plantean en nuestros días el mismo dilema que se planteó Belaval en la década de 1930. Por esa y otras razones, se puede ver *Cuentos para fomentar el turismo* como el antecedente principal de la narrativa puertorriqueña de la segunda mitad del siglo XX.

El otro tema –el cuento como medio para captar la realidad nacional– no se explora detalladamente en el ensayo de Bosch pero recibe una respuesta indirecta pero efectiva desde el título mismo: si Emilio S. Belaval es el 'cuentista puertorriqueño', entonces sus cuentos sirven para captar esa realidad puertorriqueña y el cuento, en general, sirve para captar cualquier realidad nacional. Hay que notar que Bosch cree en la existencia de esa siquis colectiva y, aun más, que cree que "el artista logra, mucho antes que los investigadores, expresar la unidad psíquica del pueblo". (Bosch 1940: 17)

7. *Cuento y hecho*

Esta fe boschiana en el artista sirve para explorar uno de los dos temas centrales sobre el cuento como género literario que se exponen en este ensayo. Para Bosch, como para muchos teóricos marxistas, el creador parece funcionar inconscientemente y hasta a pesar suyo en un intento de captar la realidad nacional. En este ensayo Bosch adelanta ideas que desarrollará más tarde, en 1958, en sus 'Apuntes sobre el arte de escribir cuentos'. Aquí presenta al artista tomando las situaciones que narra de la realidad misma; en su ensayo posterior, el de 1958, donde culmina su meditación sobre el género, esa situación se convierte en lo que él denomina hecho. Éste es el centro del cuento, el que determina la trama, la fabulación y el estilo. Aquí, en el ensayo de 1940, establece que

> [e]l trabajo del cuentista está solamente en distribuir de tal manera los sucesos, que el desarrollo del asunto interese al lector; no está en inventar argumentos, ni mucho menos en deformar los sucesos y es claro que si no los deforma ellos conservarán las características que les hayan impuesto diversos factores que conforman, en todos sus aspectos, la vida nacional. (Bosch 1940: 17)

Más tarde, en 1958, establece que

> el arte del cuento consiste en situarse frente a un hecho y dirigirse a él resueltamente, sin darle caracteres de hecho a los sucesos que marcan el camino hacia el hecho; todos los sucesos están subordinados al hecho hacia el cual va el cuentista; él es el tema. (Bosch 1967, 1a ed. 1958: 10)

Esta nueva preponderancia del tema no se marcaba en el ensayo sobre Belaval donde Bosch establecía que éste, el tema, "da el estilo; pero especialmente en las narraciones los personajes o los ambientes son quienes determinan el estilo". (Bosch 1940: 18) De 1940 a 1958 Bosch pule, modifica y calibra sus ideas sobre el cuento como género literario y logra expresarlas de manera mucho más efectiva. Pero ya en el ensayo de 1940 sobre el narrador boricua se hallan las semillas de esa meditación, especialmente en lo referente a la necesidad absoluta del autor de seleccionar y encausar el fragmento de realidad o el hecho que selecciona como tema único de su cuento.

8. *Cuento y técnica*

Es también central al concepto boschiano del cuento el tema de la técnica. En el ensayo sobre Belaval se discute este aspecto al presentar la dicotomía de don artístico nato frente a la técnica aprendida. En 1940 el maestro dominicano parece llegar a un balance entre estas dos tendencias que parecen oponerse: "...el cuentista nace, pero necesita oficio. Ambas cosas, arte y oficio, son igualmente necesarias." (Ibídem: 18) Pero dieciocho años más tarde ese balance se pierde y Bosch recalca que el oficio o la técnica definen al cuentista:

> Por caso de adivinación, en un cuentista nato de gran poder, puede darse un cuento bueno sin seguir esta regla; pero ni aun el mismo autor podrá garantizar de antemano qué saldrá de su trabajo cuando ponga la palabra final. En cambio, otra cosa sucede si el cuentista trabaja conscientemente y organiza sus construcciones al nivel del tema que elige. (Bosch 1967, 1a ed. 1958: 13)

Por ello postula tajantemente:

> El oficio es la parte formal de la tarea, pero quien no domine ese lado formal no llegará a ser buen cuentista. Sólo el que lo domine podrá transformar el cuento, mejorarlo con una nueva modalidad, iluminarlo con el toque de su personalidad creadora. (Bosch 1967, 1a ed. 1958: 19)

En la teoría del cuento boschiana, como la conocemos a partir de sus 'Apuntes' de 1958, aunque hay un reconocimiento del talento nato es la técnica la que recibe la posición privilegiada. Este cambio se debe a que Bosch pone toda su confianza en la existencia de unas reglas que dominan el cuento: "Para el cuento hay una forma" (Ibídem: 25), dice recalcando el adjetivo singular, "una". Esta concepción del cuento como un conjunto de técnicas –que Bosch llama forma o reglas– lo lleva a descartar textos publicados como cuentos pero que para él no lo son ya que no siguen esas reglas, esas técnicas, ya que no tienen esa única forma que define, para él, el cuento moderno. Por ello en 1940 decía que "Emilio S. Belaval, cuentista nato [...] desconocía la técnica del cuento cuando escribió su primer libro; pero la conoce ahora...". (Bosch 1940: 18) Ese conocimiento de la técnica hace a Belaval para Bosch el 'cuentista puertorriqueño', uno que puede presentar orgullosamente su obra a los lectores de toda Hispanoamérica.

9. *1940, 1958, 1991*

Esa misma concepción del cuento como un conjunto de técnicas o una única forma lo lleva más tarde, en el 1991, muy tarde en su carrera, a descartar a miles de escritores que reclaman el título de cuentistas; por ello dice, por ejemplo, que "España [...] no ha dado cinco cuentistas...". (Bosch 1991: 10) Tal afirmación, como múltiples otras que aparecen en este texto tardío, sorprenden, pero son la conclusión lógica de su definición del cuento como el producto de unas reglas fijas. Recordemos que ya desde el 1940 Bosch, como seguidor de las ideas y los ideales modernos en el campo de la estética, cree en la autonomía del arte ("Toda obra de arte es sólo eso: obra de arte."). (Bosch 1940: 17) Por ello mismo en 1958 llega a concebir el arte como una estructura formada y regida por leyes: "Cada forma, en arte, es producto de una suma de reglas." (Bosch 1967, 1a ed. 1958: 21) No es de extrañarse, pues, que en 1991 llegue a una definición tan estricta del cuento.

1940, 1958, 1991: estas fechas marcan hitos en la teoría del cuento boschiana. No me cabe duda que en el texto de 1991 Bosch lleva a sus extremos las ideas que había concretado de manera efectiva y fructífera en su conocidísimo ensayo de 1958. Por ello, 'Apuntes sobre el arte de escribir cuentos' es un texto balanceado y sensato, la mejor expresión de la teoría narrativa de Bosch. Tampoco me cabe la menor duda de que las semillas de esas ideas ya se manifiestan en ese olvidado ensayo de 1940 sobre Emilio S. Belaval. Por ello y porque el mismo es un texto que vuelve a recordarnos la importante relación que tuvo Bosch con Puerto Rico hay que rescatar y releer este texto.

Este breve ensayo de Bosch sobre Belaval esconde y resume mucho sobre el cuento en las Antillas en su momento y, también, sobre la comunicación entre las islas tan defendidas y fomentadas, de forma directa e indirecta, por los dos cuentistas.[14]

NOTAS

1. Aunque en varias ocasiones el mismo Bosch ha narrado su llegada a Puerto Rico y su encuentro con Adolfo de Hostos (Kury 2000, Despradel 1979), creo que el tema de la asignación de esta importantísima tarea a Bosch va más allá de un mero encuentro fortuito y del reconocimiento con que ya contaba en la Isla como narrador e intelectual de prestigio más allá de su país natal.
2. Entre los materiales iconográficos del momento hay una foto donde aparece Bosch entre Nilita Vientós Gastón y el gran poeta puertorriqueño Luis Palés Matos. Aparecen también en la misma foto Vicente Géigel Polanco, Tomás Blanco, Margot Arce de Vázquez y Leopoldo Santiago Lavandero, la flor de la intelectualidad puertorriqueña de la década de 1930. Muchos de estos nombres aparecerán en las dedicatorias de los cuentos de Emilio S. Belaval, punto que trato más adelante. La foto, que aparece reproducida, entre otros lugares, en *Las huellas de Nilita Vientós Gastón*, es evidencia de las excelentes relaciones que tenía Bosch con los intelectuales y artistas puertorriqueños del momento. Definitivamente la misma hubiera enriquecido el valioso archivo iconográfico que se recoge en el libro de Guillermo Piña-Contreras, donde aparecen otras fotos de Bosch en Puerto Rico pero no ésta.
3. Véase el ensayo 'El arte del cuento' (González 1997), donde no sólo se nos da un excelente retrato de Bosch como su mentor sino que se retrata, de manera indirecta, el primer momento boricua del escritor dominicano.
4. Este desconocimiento de Belaval queda en evidencia en el brillante estudio de Silvio Torres-Saillant (1989) En su ensayo Torres-Saillant propone la sencilla pero acertada idea de leer la narrativa de Bosch en su contexto caribeño. Para ello apunta a escritores de todas las antillas, incluyendo las francesas e inglesas, que servirían para encuadrar la obra de Bosch en ese ámbito literario. Pero en el listado propuesto por Torres-Saillant no aparece el nombre de Belaval, quien más que ningún otro puertorriqueño ni caribeño, en general, es el escritor paralelo a Bosch por sus logros y, sobre todo, por sus principios estéticos: la conjugación del criollismo con el vanguardismo.
5. En el 1941 se recoge la reseña de Pedreira en su libro *Críticas y aclaraciones* (Pedreira 1969b) y aparecen entre 1935 y 1957 unas cinco reseñas sobre piezas teatrales de Belaval, además de un artículo general sobre el autor publicado en un diccionario de literatura puertorriqueña. La crítica se ha ocupado muy poco de este imprescindible autor, lo que hace aun más importante el texto de Bosch.
6. Las obras completas sólo recogen los libros que Bosch llegó a publicar pero no los artículos aparecidos en revistas. Algunos de éstos han aparecido posteriormente en libros. Pero en *Textos culturales y literarios* (Bosch 1988), la mayor recopilación de ensayos suyos sobre literatura que conozco, no se recoge tampoco el ensayo sobre Belaval, aunque sí aparece uno sobre el poeta puertorriqueño Luis Lloréns Torres (1878-1944) publicado originalmente en Cuba. Tampoco aparece el ensayo de Bosch sobre Belaval en otra recopilación de textos suyos, *Artículos y conferencias* (Bosch 1980) ni, más sorprendente aun, en la más completa bibliografía de Bosch que conocemos, la que se incluye en el segundo tomo del libro de Guillermo Piña-Contreras, *Juan Bosch: Imagen, trayectoria y escritura* (2000). Sorprende este hecho ya que en esa misma bibliografía se recogen otros textos de Bosch publicados en *Puerto Rico Ilustrado* el mismo año.
   En la introducción a *Textos culturales y literarios* Bosch nos ofrece una posible, aunque poco probable, clave para entender por qué en la misma no aparecen el ensayo sobre Belaval ni posiblemente otros: "De todo ese material guardaba copias en un archivo en el cual se hallaba toda la correspondencia que recibí desde mi salida de la República Dominicana y copias de todas las cartas que envié desde Puerto Rico y Cuba con mensajes políticos o personales,

y todo ello fue sustraído, según me pareció y sigo pensando así al cabo de más de cuarenta años, por agentes de la dictadura de Trujillo." (Bosch 1988: 6) ¿Estaría entre estos textos que desaparecieron de los archivos de Bosch su copia del ensayo sobre Belaval? Es raro que así sea ya que este ensayo no tiene, en verdad, implicaciones políticas. Sorprende, pues, que este esclarecedor ensayo de Bosch haya sido ignorado, haya desaparecido por tantos años.

7. Esperamos la publicación del libro de Ramón A. Figueroa, *Los equilibristas: el cuento caribeño en las décadas de 1930 a 1950* donde se estudia la obra de Bosch, Belaval y el cubano Lino Novás Calvo para entender el cuento vanguardista antillano. He compartido con el profesor Figueroa el texto de Bosch sobre Belaval que aquí estudiamos.
8. Empleo y cito por el folleto publicado en 1967 por la Universidad de los Andes en Mérida, Venezuela. Ha habido varias ediciones de este texto que a veces se presenta como tres ensayos distintos y en otras ocasiones como una sola pieza. Lauro Zavala recoge el texto con una breve introducción del mismo Bosch donde se aclara la historia del texto y algunos de sus puntos más importantes. Piña-Contreras no recoge esta edición en su bibliografía ni los ensayos originales que aparecieron en el periódico venezolano *El Nacional* a pedido de su editor, Miguel Otero Silva, íntimo amigo de Bosch.
9. En nuestros días, cuando la teoría y los estudios literarios han tomado nuevos giros y han hecho contribuciones mayores, sobre todo en el campo que llamamos narratología, los textos de Bosch sobre el cuento, especialmente sus 'Apuntes', pueden parecer anticuados o hasta ingenuos. Esta impresión se puede dar si se leen esos textos a partir de estudios como los de Barthes, Booth, Genette, Eco, entre muchos otros, quienes se acercan al cuento y la novela desde perspectivas 'científicas' o, al menos, sistemáticas. Pero hay que leer estos textos de Bosch como lo que verdaderamente son: una poética del cuento, un compendio de consejos de un autor maduro para un escritor novel. Valdría la pena, de todas formas, leerlos también desde la perspectiva de la narratología contemporánea; de así hacerse se vería que, empleando otros términos, Bosch coincide con algunos importantes principios establecidos por esos narratólogos.
10. Lo mismo ocurre con el libro de Luis Rafael Sánchez sobre Belaval. El agudo comentario de Sánchez sobre su maestro se convierte en una ingeniosa manera de hablar sobre su propia estética y sus estrategias narrativas. Para más comentarios sobre este caso, véase mi ensayo 'El retrato como autorretrato o Luis Rafael Sánchez lee a Emilio S. Belaval' donde estudio más detalladamente el tema. (Barradas 1997)
11. En su ensayo Bosch nombra de manera indirecta dos cuentos de Belaval. Cita de 'La candelaria de Juan Candelario', aparecido en *Puerto Rico Ilustrado*, 22 de julio de 1939, y de 'Don Fermín Mendoza mata a su mestizo', aparecido en la misma revista el 8 de julio de 1939. Aunque Bosch no dice que estos fueron los primeros cuentos de Belaval que leyó, las citas se vuelven a referir a cuentos aparecidos después de su estadía en la Isla.
12. Vale la pena señalar que los diez cuentos que forman la versión de *Cuentos para fomentar el turismo* que llegó a publicarse, la que apareció originalmente en 1946 y ha tenido varias ediciones sin cambios desde entonces, están dedicados a importantes personalidades culturales del momento. Además del de Bosch aparecen en las dedicatorias de los cuentos, entre otros, los nombres del dramaturgo Fernando Sierra Berdecía, del pianista Jesús María Sanromá, del poeta José Antonio Dávila y del novelista Miguel Meléndez Muñoz. Las dedicatorias de los cuentos que componen libro, que a su vez está dedicado a la madre del cuentista, puede leerse como un listado de figuras prominentes en la política y la cultura boricua de entonces. Otros cuentos no recogidos en el libro pero publicados en *Puerto Rico Ilustrado* bajo el título general de 'Cuentos para fomentar el turismo' aparecen también dedicados a otras personalidades de importancia en el mundo cultural puertorriqueño: Tomás Blanco, Clara Lair, Rafael Hernández, entre otros. Las dedicatorias pueden leerse como claves para entender la estética y la ideología de Belaval: vanguardismo, progresismo, nacionalismo, criollismo e hispanofilia. Estos, en la mayoría de los casos, son rasgos compartidos con las personas a quienes se le dedican los cuentos. Hay que apuntar también que Bosch es el único extranjero a quien Belaval le dedica un cuento de esta colección.
13. Esta pregunta sobre los cuentos de Belaval también puede verse como una reflexión sobre su propia obra narrativa. Bosch, contrario al narrador boricua, no emplea en sus cuentos un vocabulario marcado por regionalismos; su lengua tiende a ser mucho más estandarizada que la

de Belaval. Pero sí en la cuentística boschiana se plantea el mismo problema sobre la identificación de la obra como reflejo de lo nacional. Ambos narradores resuelven este problema estético e ideológico al identificar su obra con el campesino de sus respectivos países. En su narrativa domina la misma ecuación: la nación es el campesino.

14. Este trabajo apareció originalmente en la revista *Caudal: Revista Trimestral de Letras, Artes y Pensamiento*. (Barradas 2005) Dada la escasa circulación de esta publicación, aun en la República Dominicana, y dado el interés de dar a conocer la obra de los dos cuentistas caribeños que aquí se estudian, se decidió volver a publicar el mismo aunque sin ciertas limitaciones que hubo que aceptar en su primera versión. Aquí se revisa el texto en términos de estilo haciéndolo más afín con el del autor, se incluyen la bibliografía y las notas al pie de página y, además, se reproduce el ensayo de Bosch sobre Belaval con la autorización de Matías Bosch, nieto del escritor y presidente de la Fundación Juan Bosch de Santo Domingo.

Agradezco la ayuda que me prestaron las siguientes personas en la preparación de este trabajo: Flavia Lugo de Marichal y Luis Rafael Sánchez, sin saberlo y por el mero hecho de incluir en la bibliografía de sus sendos libros una misma ficha, me dieron la pista originaria para el mismo; Richard Phillips y Geraldine Slean, de la Colección Latinoamericana de la Biblioteca Smathers de la Universidad de la Florida, me ayudaron a localizar y reproducir materiales que aquí empleo; Ramón Figueroa de Millsaps College (Jackson, Mississippi) me orientó, como siempre, en cuestiones de literatura dominicana; Chiqui Vicioso y José Alcántara Almánzar, en Santo Domingo, me dieron su apoyo y me brindaron su orientación de manera directa e indirecta; Iñaki Rodeño (Xavier University, Cincinnati, Ohio) y Altagracia Güílamo, en Gainesville, por vías muy distintas, también fueron guías y puntos de apoyo y de afecto necesarios para entender a Bosch y, sobre todo, su mundo. A todos ellos les doy las gracias, pero los eximo de las fallas de este trabajo.

BIBLIOGRAFÍA

Alcántara Almánzar, José
    2000   'Juan Bosch y el arte de escribir cuentos.' En: Guillermo Piña-Contreras (comp.), *En primera persona: Entrevistas con Juan Bosch*, Santo Domingo: Comisión Permanente de la Feria del Libro: 131-136.

Barradas, Efraín
    2005   'Juan Bosch y Emilio S. Belaval: una relación literaria, un momento histórico, un texto olvidado.' En: *Caudal: Revista Trimestral de Letras, Artes y Pensamiento* (Santo Domingo) 15 (julio-septiembre): 10-20).
    1997   'El retrato como autorretrato Luis Rafael Sánchez lee a Emilio S. Belaval.' En: *Iberoamericana* 3-4: 120-132.

Belaval, Emilio S.
    1977   *Cuentos para fomentar el turismo*, Río Piedras: Editorial Cultural Inc..

Bosch, Juan
    1940   'Emilio S. Belaval, cuentista puertorriqueño.' En: *Puerto Rico Ilustrado* (San Juan), 20 de julio: 17-18.
    1967   *Teoría del cuento*. 1a ed. 1958. Mérida (Venezuela): Universidad de los Andes.
    1980   *Artículos y conferencias*, Santo Domingo, Editora Corripio.
    1988   *Textos culturales y literarios*. Santo Domingo: Editora Alfa y Omega.
    1991   'El cuento.' En: *El Siglo* (Santo Domingo), 26 de abril: 10.
    1997   'Apuntes sobre el arte de escribir cuentos.' En: Lauro Zavala (comp.), *Teorías del cuento (I): Teorías de los cuentistas*. México: UNAM: 253-281.

Despradel, Lil
    1979   'Encuentro con Juan Bosch: en busca del tiempo perdido.' En: *Artes y Letras / Listín Diario* (Santo Domingo), 30 de junio: 2-5.

Fernández Olmo, Margarite
    1982   *La cuentística de Juan Bosch, un análisis crítico-cultural*. Santo Domingo: Editora Alfa y Omega.

García Cuevas, Eugenio
    1995   *Juan Bosch: novela historia y sociedad.* San Juan: Isla Negra Editores.
Gerón, Cándido
    1993   *Juan Bosch: vida y obra narrativa.* Santo Domingo: Editora Alfa y Omega.
González, José Luis
    1997   'El arte del cuento.' En: Lauro Zavala (comp.), *Teorías del cuento (II): La escritura del cuento.* México: UNAM: 153-174.
Gutiérrez, Franklin (comp.)
    1989   *Aproximaciones a la narrativa de Juan Bosch.* Nueva York: Ediciones Alcance.
Kury, Farid
    2000   *Juan Bosch: Entre el exilio y el golpe de estado.* Santo Domingo: Cocolo Editorial.
Lugo de Marichal, Flavia
    1972   *Belaval y sus* Cuentos para fomentar el turismo. San Juan: Instituto de Cultura Puertorriqueña.
Meléndez, Concha (comp.)
    1957   *Antología de autores puertorriqueños: El cuento.* San Juan: Ediciones del Gobierno del Estado Libre Asociado de Puerto Rico.
Nieves Falcón, Luis (comp.)
    2002   *Las huellas de Nilita Vientós Gastón. Manual de lecturas y otras cosas.* San Juan: Fundación Nilita Vientós Gastón.
Pedreira, Antonio S.
    1984   *Hostos, ciudadano de América.* San Juan: Instituto de Cultura Puertorriqueña.
    1969a   '*La llamada*: gran novela puertorriqueña.' En: *Aclaraciones y crítica.* Río Piedras: Editorial Edil: 165-169.
    1969b   'Los cuentos de la Universidad.' En: A*claraciones y crítica.*' Río Piedras: Editorial Edil: 191-195.
Piña-Contreras, Guillermo
    2000   *Juan Bosch: imagen, trayectoria y escritura.* Dos tomos. Santo Domingo: Comisión Permanente de la Feria del Libro.
Rosario Candelier, Bruno
    1992   'Cronología.' En: Juan Bosch, *Cuentos selectos.* Caracas: Biblioteca Ayacucho: 187-195.
    1989   *Narrativa de Juan Bosch.* Santo Domingo: Editora Alfa y Omega.
Sánchez, Luis Rafael
    1979   *Fabulación e ideología en la cuentística de Emilio S. Belaval.* San Juan: Instituto de Cultura Puertorriqueña.
Torres-Saillant, Silvio
    1989   'La cuentística boschiana: nexo dominicano con la poética caribeña' En: Franklin Gutiérrez (comp.) 1989: 81-106.
Vicioso, Sherezada
    2004   *Julia de Burgos, la nuestra.* Santo Domingo: Dirección General Feria del Libro.
Vientós Gastón, Nilita
    1962   'Los 'puertorriqueñistas' y los 'occidentalistas'.' En: *Índice cultural.* Tomo I. Río Piedras: Ediciones de la Universidad de Puerto Rico: 145-146.

Soledad Bianchi

DOS CRONISTAS 'ISLEÑOS':
EDGARDO RODRÍGUEZ JULIÁ Y PEDRO LEMEBEL

A Mara y Juaniquilla,
por el cariño que se prolonga

"La plena se está olvidando,
¡ay bendito!,
mas yo la sigo cantando
porque ella es de Puerto Rico"

('¡Ay bendito!', *Los pleneros de Quinto Olivo*)

Este artículo intenta responder por qué y cómo el narrador puertorriqueño, Edgardo Rodríguez Juliá, y el chileno, Pedro Lemebel, llegaron a ser cronistas, con posterioridad a haber publicado novelas y cuentos, respectivamente. Enfocando tres extensas crónicas de Rodríguez Juliá, este trabajo se propone, además, comparar –por semejanza y por diferencia– algunos rasgos que recorren el quehacer literario de estos dos escritores, tan preocupados por adentrarse y explicar las características de sus países y de sus compatriotas, y los cambios –socio-políticos, urbanos, individuales y colectivos– que han experimentado, y que ellos registran en sus producciones con sarcasmo, parodia, ironía, humor, preocupación y extrañeza.

Encontrar en una librería chilena un libro editado en Puerto Rico sería un excepcional hallazgo: pocos son los autores y títulos de 'allá' que se conocen 'acá', esta casi isla, que se alarga entre mar y cordillera. Entre ellas, sólo viajes y amistades rompen aislamientos y distancias, comunican, dan a conocer, acercan. Aproximan, aunque, en ocasiones, estas mismas desaparezcan tras revueltos horizontes, pero dejando la sugerencia, el guiño, el interés, las dudas.

Así fue como hacia el año 2000, un sobre de papel transformado en 'guagua aérea', voló desde Juncos a Santiago con *El entierro de Cortijo* (1983) y *Una noche con Iris Chacón* (1986), de Edgardo Rodríguez Juliá. Al leer estas crónicas[1], la escritura de este autor comenzó a existir, para mí, y fue letra, cuerpo y universo, que se ubicaba en Borinquen y me ubicaba más en él.

Luego, estos libros me llevaron a otros de sus escritos y se (me) volvieron imagen e imágenes, y no sólo porque se complementaban con fotos; y colaboraron a que mi mirada trascendiera a Rafael Cortijo y a Iris Chacón, haciéndome ver a más personas y personajes, conocidos o no, con nombres y anónimos, nunca aislados ni silenciosos; me llevaron a advertir y ampliar espacios, y a reconocer otros; me hicieron percibir una sociedad más que una geografía o una naturaleza; me enseñaron historia; me exigieron desplazarme y participar con la colectividad, me ayudaron a oír nuevamente esa lengua y "el dejo con que se la dice". (Mistral 1978: 88) Al leerlos, coincidí con este escritor, compartí sus pesares, me molesté con él cuando lo consideré elitista, pero con mayor frecuencia admiré su honestidad para declararse desconcertado y casi excedido por la realidad de sus compatriotas, es decir, su propia realidad, que se le escapaba; que, en ocasiones, no reconocía como propia; que le dolía, que intentaba asir para escribir, que procuraba escribirla. Con estos libros de Rodríguez Juliá, observé, disfruté, callejeé, aprendí, volví a escuchar, averigüé, y *creí* entender algo más de un país donde, me parece, coexisten y se confunden, a un mismo nivel, horizontal, aún más de cuatro pisos.[2]

Entonces, cuando se trató de enfocar un autor puertorriqueño y aproximarlo a uno de Chile, no dudé en considerar ciertas crónicas de Rodríguez Juliá junto a algunas de Pedro Lemebel. Relaciones podían y pueden establecerse, sin duda, e irán apareciendo; no obstante, al regresar a *El entierro de Cortijo*, pero, en especial, al leer *Las tribulaciones de Jonás* (Rodríguez Juliá 1984a, 1a ed. 1981) y, sobre todo, *Puertorriqueños. Álbum de la sagrada familia puertorriqueña a partir de 1898* (Rodríguez Juliá 1989a, 1a ed. 1988), se me hizo evidente que *me faltaba contexto*. Por supuesto, no pienso que estos escritos pueden ser leídos sólo por nacionales, pero –al igual que la mayor parte de las crónicas de Lemebel–, su 'carga' local es tan poderosa y marcadora que sus dimensiones y muchas de sus connotaciones pueden perderse si no se dominan ciertas coordenadas particulares: históricas, culturales, lingüísticas, entre muchas.

El 'género' se encoge: la crónica como opción:[3]

Los Incontables (Pedro Lemebel 1986), un conjunto de cuentos, y la novela *La renuncia del héroe Baltasar* (Rodríguez Juliá 1974), fueron las primeras publicaciones de Pedro Mardones (hoy: Pedro Lemebel) y de Edgardo Rodríguez Juliá. Inmediatamente después, ambos realizan un giro de preferencias que es, asimismo, 'viraje' formal y estético, y editan crónicas y, hasta ahora, de cada uno han aparecido numerosos volúmenes que recogen sea muchas, sea una sola y extensa.[4] No obstante, el escritor puertorriqueño ha interrumpido en varias ocasiones esta elección, discontinuada sólo una vez por Lemebel, con su novela, *Tengo miedo torero*, del 2001.

Preguntarse las razones del abandono de esos formatos iniciales y la(s) causa(s) del cambio, llevará a conocer mejor a estos narradores y sus preocupaciones e intereses, y no sólo temáticos.

En el siglo XVIII transcurren las dos primeras novelas de Rodríguez Juliá.[5] Por cierto, la elección del momento no es casual:

> El XVIII, para mí, por un lado es el siglo de la fundación de la nacionalidad puertorriqueña. Eso lo podríamos decir también de Latinoamérica. Es el gran siglo donde se van definiendo ya nuestras nacionalidades. (Ortega 1991: 129)

Por cierto, el autor se vuelca al siglo XVIII porque le 'habla', también, del presente. No es, por lo tanto, un mundo silente ni detenido en el pasado.[6]

Para Rodríguez Juliá, "la imaginación" y "la observación" son "dos modos de acercamiento" a una realidad (Ortega 1991: 134), y estarían en la base de esas concreciones llamadas novela y crónica, respectivamente. Sabemos que deslindes tan netos no existen y ambas –imaginación y observación– se entrecruzan y conectan, y ninguna puede darse aislada. Sería, más bien, asunto de prioridades y que una aventaje a la otra... Como sea, que lleguen a fundirse es la aspiración de este narrador puertorriqueño. Y, como los datos que nos han llegado del siglo XVIII serán siempre escasos para percibir esa realidad con voz plena y sin quietud, a los antecedentes del pretérito que se conocen, de manera primordial, a través de la lectura y del estudio, es decir, de una 'observación', hay que añadirles 'imaginación'. Para completar ausencias y silencios, para hacer bullicioso y bullente un espacio que no se conoció, pero que se quiere transmitir como 'puertorriqueñamente' dieciochesco, para situarlo, para construirlo, para agitarlo y ponerlo en actividad, es decir, al proponerse elaborar una ficción, este novelista –cada novelista/cada escritor– necesita inventar "a través del tejido mismo de la lengua". (Ibídem: 127)

Por el contrario, voces y movimientos abundan en las calles que aparecen en *Las tribulaciones de Jonás* y en *El entierro de Cortijo*, donde se observan y se transmiten gestos, poses, figuras, cuerpos, seres humanos... y, muy en especial: 'rostros'. Menos activas, aunque también potentes, las imágenes de las personas y personajes 'observados' (y puestos "a la observación") en *Puertorriqueños*, quienes se muestran menos ágiles pues su movilidad ha sido detenida por la foto, por fotos (reproducidas o no) que son descritas. (INTERRUMPO: las fotografías son el punto de partida de *Puertorriqueños*. Aunque éstas existan –impresas, como tales- en los dos textos arriba mencionados, sus rápidos ritmos me hace percibirlos más próximos al video.) No obstante, para 'darles vida' a los tres escritos y hacerlos cercanos a nosotros, los lectores; para transmitir su interés y otorgárselo a situaciones o/y fotos que lo atrajeron y, quizá, para explicar su preferencia, el autor 'imagina' respecto a lo que 'observa' u 'observó': ¿cómo saber qué piensan esos hombres y mujeres?, ¿cómo conocer sus historias si no es a través de la 'imaginación' de él? Poco más o menos, conjeturo que así se fueron 'armando' y escribiendo novelas y crónicas, crónicas y novelas, aunando y fusionando 'observación' e 'imaginación', y viceversa.

REWIND: Retrocedo para revisar el itinerario de este escritor, quien después de su primera novela sintió la necesidad de escribir otros asuntos, captar directamente su contemporaneidad en lo actual, y decirla, incorporándose en ella. Recuérdese que, antes, el distante ayer –el siglo 18– le 'sirvió' para advertir, también, 'el ahora': un 'ahora' que Rodríguez Juliá marca en 1898, fecha mencionada en el título de *Puertorriqueños* para apuntar a su inicio, el momento en que la Isla deja de ser colonia española para pasar a serlo de Estados Unidos. Fue entonces, en su enfrentamiento con la actualidad, que a este narrador le hizo falta y quiso avenirse con otra manera de narrar, y sus inquietudes –de materias y materiales, de escritura, de modos de expresarse–

lo 'llevaron' a las crónicas pues lo que se propone exponer está a medio camino entre el testimonio personal, la descripción, la historia (con y sin mayúscula, como él la apunta), la reflexión, el relato, el retrato, realizados desde una cercana subjetividad o con una buscada objetividad, rara vez conseguida:

> Quizás resultó imposible mantener aquella distancia, aquel equilibrio entre la participación y la presencia, entre la admiración y el rigor. ¿Cómo era posible mantenerlo si a mi alrededor se manifestaba una solidaridad ilimitada en el amor al caudillo?, (...). (Rodríguez Juliá 1984a, 1a ed. 1981: 61)[7]

Por su parte, Pedro Lemebel podría referir un trayecto semejante ya que también contaba historias ficticias, 'imaginaciones', cuya forma de cuento se le hizo estrecha cuando quiso relatar historias que él –como los cronistas de Indias– había visto y vivido, y 'observado', o que, si se las habían contado, quería apropiárselas y decirlas de modo muy personal y subjetivo, implicándose, estando presente y participando en ellas, 'mostrándose'. (ACLARACIÓN: en él no hay nunca ese anhelo de ser distante e impersonal, que persigue a su colega puertorriqueño).

Es seguro que este narrador chileno debe haber pensado que las normas de la horma-cuento no le permitían la desenvoltura y el desparpajo que estaba necesitando. Siendo así, la crónica le sirvió más para expresar lo que quería y cómo quería hacerlo, sin respetos ni deslindes, exponiendo y exponiéndose. Pareciera que todo se dice y todo lo dicen estos escritos que aparentan no ocultar nada ni sobre los otros ni sobre Lemebel mismo. Releo sus cuentos[8], y considero que las discrepancias básicas con sus crónicas se manifiestan en el rasgo testimonial pues el autor se integra y desea explicitar sus opiniones respecto a todo lo que presenta y, muy especialmente, se empeña en querer descubrir su intimidad y opción sexual –homosexual y travesti-, y no la reduce a una elección personal y privada sino, por el contrario, la apareja con otras marginalidades y diferencias, socialmente veladas, discriminadas, vedadas, vetadas.

Mucho se ha ensalzado la crónica por su hibridez ya que posibilita la cabida no sólo de muy diversos elementos y tramas sino, asimismo, de diferentes y variables voces, tonos, ubicaciones, estilos, ritmos, miradas, lenguajes y sus procedencias y niveles (del cronista y de otros; menos discursivos que orales o al revés, etc.). Pienso que este atributo (tan singular y, al mismo tiempo, tan plural por la multiplicidad que engloba) de ser campo heterogéneo o mixto es uno de los principales atractivos de la crónica por la versatilidad a la que incita, por la creatividad que estimula, por la soltura que permite. Pienso que fue la posibilidad de introducirse y moldear esta alternativa, al modo de cada cual, en concordancia con sus intenciones, la que sedujo a estos dos escritores que, si bien habían producido una novela y unos cuentos poco homogéneos (respecto a los rasgos recién indicados), querían variar sus horizontes de percepción, conocimiento y escritura, requiriendo mayor libertad para sus nuevos proyectos, considerando que les hacía falta mucha holgura para exponer espacios poco ordenados, revueltos, nada fáciles, sin sosiego, vitales. Ahí estaban, entonces: Pedro Lemebel y Edgardo Rodríguez Juliá frente a la crónica, dispuestos a arriesgarse en el intento de transmitir con matices, vaivenes y complicidades, lo que en ese mismo momento (o cerca) estaba al alcance de sus ojos y mirada.

Por supuesto, no todo en estos autores es semejanza, y así irá surgiendo. Se diría que la más evidente y visible disparidad sea la longitud pues mientras Lemebel 'siempre' colecciona numerosos, misceláneos y, por lo general, breves escritos en una sola obra, las tres de Rodríguez Juliá, a las que volveré, están constituidas por una única y prolongada crónica, aunque podría pensarse cada capítulo de *Puertorriqueños* como una unidad y algo sugiere que algunos de ellos hayan sido publicados aislados, muchos años antes que el libro los acogiera.[9] La habitual brevedad de los textos del chileno, ya conocida en sus cuentos, responde, ahora, a que, casi siempre, o fueron impresos por primera vez en periódicos o fueron dados a conocer por la radio, como aquéllos recolectados en *De perlas y cicatrices. Crónicas radiales* (Lemebel 1998): con éstas se produce un sugestivo 'círculo' que transita de la escritura a la "oralidad secundaria"[10] al volumen, pues Lemebel las escribe para leerlas, mas, luego, algunas son editadas. No hay duda que en ambas se producen contaminaciones y mudanzas pues hay algo de oralidad 'domada' –por nombrarla de algún modo- en los escritos, pero, a la vez, éstos están impregnados por un dejo, resto o residuo oral que permanece. (En todo caso, más adelante volveré a hacer oír de la oralidad).

Pareciera que Pedro Lemebel sólo quiere que sus crónicas muestren, den a conocer, informen, mientras que la extensión y el enfoque único y pausado de algunas de las de Rodríguez Juliá las vuelve más permeables al ensayo, entendido, creo, en su doble sentido de tanteo y de reflexión. Es cierto que en algunas entrevistas, el autor rechaza este parentesco, sin embargo hay que tener presente que en *Las tribulaciones de Jonás* (Rodríguez Juliá 1984a, 1a ed. 1981: 11) y en *Puertorriqueños* (Rodríguez Juliá 1989a: 93), alude de modo reflejo a cada uno de ellos, calificándolo de "ensayo", como entregando una clave para ayudar a comprenderlos.[11]

El largo en páginas de las obras me parece inseparable de la dirección y el detenimiento de la mirada: en cada una de las tres, Rodríguez Juliá la centra en una persona: Muñoz Marín, en una situación: el entierro, y en un objeto: la foto (todos ubicados en varios lugares), y desde cada uno la desplaza a sus alrededores, dando una visión de conjunto, panorámica y abarcadora. Por su parte, los títulos de cada crónica de Lemebel corresponden a un atisbo. No obstante, en el transcurrir de ella, el cronista multiplica "la mirada que escribe" (Risco 1995: 16), que se recorta y vuelca en numerosos y rápidos puntos de vista al enfocar muchos ángulos. Mediante la suma de ellos, el lector/ su lector debe 'construir' la amplitud de la visión.

Quiero decir, también, que aunque el método de sus modos de contemplar y cómo lo expresan sean diferentes en cada uno de estos escritores, el resultado me parece similar. Incluso, en ambos, yo percibo una parecida voluntad totalizante, posiblemente porque cada uno se propone objetivos próximos y contundentes, relacionados con hacer ver y explicar la identidad nacional de sus respectivos países, y tan complicado es que en *El entierro de Cortijo*, Rodríguez Juliá lo plantea así: "¿Cómo definir este pueblo? Definirlo es fácil, pero ¡qué difícil es describirlo! Es pueblo pueblo, mi pueblo puertorriqueño en su diversidad más contradictoria (...)." (Rodríguez Juliá 1983: 18) Por supuesto, esta ardua e intrincada labor implica realizar vastos recorridos, tan extensos como 'desplazarse' entre el Gobernador Luis Muñoz Marín y el músico Rafael Cortijo; desde las proximidades de quien ostentó poder político total hasta a quien le fue otorgado 'poder' cultural y disfrutó de gran atracción en amplios sectores, más bien, populares. Entre ambos, cabe la sociedad puertorriqueña toda:

> Lo que quise hacer es quizá como un díptico: el entierro de Muñoz Marín es el momento en que concluye el Puerto Rico rural y el entierro de Cortijo da testimonio de ese momento histórico en que se comienza a perfilar el Puerto Rico urbano. (Ortega 1991: 139)

Considero sugerente el gesto del cronista pues se 'acerca' a estos dos 'personajes' en su declinación, en la decadencia de la afasia –parcial o absoluta– del político y orador, y en el ocaso de la definitiva pausa del músico: lejos del pleno esplendor que los rodeó, transformándolos en mitos, en ídolos, verdaderos 'monumentos' del mundo boricua, y símbolos, creo, para el autor. Además, este silencio los aproximaría a los héroes trágicos.[12] Me parece que observarles en su deterioro y ante el próximo –y literal– descenso (posterior a la muerte), se relaciona con la visión que Rodríguez Juliá tiene del mundo social que lo rodea y con su benjaminiano concepto de la historia como caducidad, como ruina. (Benjamin 1990: en especial 170-176; también: Benjamin 1971: 277-288)[13] ASOCIACIÓN: Pedro Lemebel ha dicho:

> (...) ya no es tan fácil hablar de la periferia. Pero mi mirada hurga y busca ese margen para dar cuenta de él. Me interesan sobre todo los lugares de pérdida en este triunfalismo neoliberal, los lugares agredidos, como son la pobreza, la homosexualidad, la mujer, la etnia, etcétera. / (...) Es como iluminar las ruinas, los deterioros. Esa ciudad que va decayendo, que va desapareciendo por sobre las torres de espejos. Iluminar los escombros, a través de este ojo escritural, que son las crónicas. (Risco 1995: 16)

Regreso a la asumida tendencia a la voluntad totalizante de estos dos escritores, que en el chileno percibo en la vastedad de sus inquietudes, inclinaciones y curiosidades: los coqueteos homosexuales en los parques y otros lugares, el 'modus vivendi' en y de los sectores populares, el fútbol, los estadios, el servicio militar, la vida en la prisión, las peluquerías de barrio, los censos, el incendio de una discoteca gay, un circo pobre y travesti, las 'guaguas' ('micros', en Chile) y sus ornamentaciones y recorridos, el sida, algunos cantantes y personajes de la 'farándula' local; la dictadura, sus partidarios, sus contrincantes; la represión y los derechos humanos, Santiago y sus vericuetos, las injusticias, las discriminaciones, el (plural) mundo gay, y podría continuar. Esta ya larga enumeración permite divisar el compromiso del cronista, real gesto político de opción, vecindad y apoyo a las minorías: a la izquierda política, los universos homosexuales, los habitantes urbanos y pobres, las marginalidades, a los que vuelve una y otra vez, sin fatiga, enriqueciéndolos siempre con y desde otra perspectiva.

Y esta ya larga enumeración permite divisar, asimismo, el rango parejo otorgado por este narrador a todo lo que él considera 'escribible' pues no hace distinciones para elegir sus materias, mirarlas y detenerse en ellas. Como señalé, a pesar de su más ceñida cantidad de preferencias, yo diría que Rodríguez Juliá también intenta una vasta apertura de su ojo a gamas y matices, y a múltiples seres humanos, lugares, calles, costumbres... Apertura reforzada, incluso, en diversidad, en los relatos de *Puertorriqueños* (Rodríguez Juliá 1989a, 1a ed. 1988), a pesar de que, a mi entender, es en este texto donde, muchas veces, las personas descritas –a partir de las fotos– pierden enjundia y adelgazan su humanidad por el énfasis en unos pocos rasgos que las vuelven estereotipadas, hasta transformarse en 'tipos', casi caricaturescas por los insuficientes trazos que las perfilan. Por su parte, cuando Lemebel 'retrata' a aquéllos con quienes no se considera afín –fundamentalmente por razones políticas– prefiere (re)presentarlos con ironía, sarcasmo, parodia: entonces, los advertimos transfigurados, grotescos y, en ocasiones, también próximos a la caricatura.

En este cronista, tampoco escasea el humor y no sólo por lo que dice sino, muy en especial, por el modo como se expresa y por su trabajo con el lenguaje; incluso, hay situaciones en que extremado en humor negro, sorprende con brutales contrastes que terminan por congelar la sonrisa: pienso, por ejemplo, en 'Coleópteros en el parabrisa', de *La esquina es mi corazón*. (Lemebel 1995)

Valiéndose de estos usos –sarcasmo, parodia, ironía, humor–, estos dos autores establecen rangos que son respuesta a sus coincidencias e identificaciones o a sus desajustes y, ahora sí, construyen las jerarquías que no existieron cuando optaron por los asuntos que deseaban tratar. Así, mientras Lemebel prioriza valores y posturas éticas e ideológicas y con ellos delinea su propia 'frontera' para aceptar o rechazar, estimo que Rodríguez Juliá se aproxima de unos o se aparta de otros, ridiculizando, muchas veces, por razones sociales. Es en estos momentos, al sentirse algo superior y atemorizado por la diferencia[14], que –como ya se vio– él quisiera distanciarse para ser 'objetivo' ante el desorden y el caos, y poder comprenderlos. Es en estos momentos, también, que se vuelven tan notorias las cursivas distanciadoras con que expone el habla de los otros.

Me he demorado en decir que recién en su última publicación, *Adiós mariquita linda*, hay un brevísimo 'Glosario del autor'. (Lemebel 2005)[15] Antes, Pedro Lemebel no se preocupaba de orientar (al lector) respecto al lenguaje que utilizaba, a pesar de ser igualmente complejo pues siempre su escritura ha re-elaborado todos los registros, desde el más popular hasta el de los sectores acomodados, respetando el 'eco' oral, y los vuelve tan cercanos que parecieran escucharse. Por su parte, con posterioridad a *Las Tribulaciones de Jonás* (Rodríguez Juliá 1984a, 1a ed. 1981), se diría que el cronista se siente en la obligación de hacer y dejar una marca señalizadora. De este modo, con bastardillas indica, fundamentalmente, fragmentos de conversaciones, escritos ajenos y anuncia palabras y giros que serían privativos de Puerto Rico. Podría pensarse que este destaque se asemejaría al que se hacía en muchos relatos latinoamericanos de comienzos del siglo XX, que finalizaban con índices de los regionalismos empleados. No obstante, la función de las cursivas actuales sería únicamente la de poner en evidencia pues el significado no se entrega en esas páginas y sólo puede encontrarse en… un diccionario, y tan especializado como el *Diccionario de voces coloquiales de Puerto Rico* (Vicente 1985)[16] o alguno similar. Entonces, estos guiños de Rodríguez Juliá no son ayuda para el receptor sino, simplemente, parecen un aviso, como si dijera: estos vocablos son los que *se hablan* en este territorio, *día a día*, y yo los incorporo porque los conozco, aunque no siempre me reconozca en este vocabulario: "*Mi pana*, ese lenguaje es como la cifra de una distancia insalvable entre mi condición y la de *ellos*", (…) constata. (Rodríguez Juliá 1983: 12)[17]

Al observar las palabras puestas en relieve y a pesar de sus declaraciones, creo percibir que Rodríguez Juliá hace una opción por la lengua escrita, aquélla menos cercana a la oralidad y los coloquialismos, marcados por las bastardillas, innecesarias, desde mi punto de vista. Aunque cumple una función diferente, considero, asimismo, inútil el agregado actual colocado por Lemebel como para facilitar la lectura, pues pienso que claves y significados deberían surgir del 'cuerpo' textual. Además, tengo la certeza de que ambos narradores saben, sin vacilaciones, que el idioma que utilizan con todas sus variantes es el único apropiado para mostrar los mundos que elaboran y quieren hacer ver en su trabajo de cronistas, dispuestos, por lo demás, a oír e, incluso, motivarse con los chismes, llámese "bembeteo", en el Caribe (a "Radio Bemba", refería Celia Cruz) o "copucha" o "pelambre", en el país del sur. Incluso, con orgullo, en *De perlas y cicatrices*, el chileno llega a referir a su "ojo copuchento"[18] como fuente y medio de su escritura. Y es tanta la importancia de esta actividad que, incluso, se me ocurre trasladar uno de los fragmentos de 'Presagio dorado para un Santiago otoñal', de este mismo volumen, y avecindarlo a la elocuencia y al modo como este autor anuda cada una de sus crónicas, y pensarlo como una metáfora de su quehacer:

> (…), pareciera entonces que el tejido colectivo de mujeres urdiendo al sol, en la puerta de sus casas, cumpliera otros propósitos además del fin práctico del chaleco, la bufanda o los guantes. Es una organización que hilvana experiencias y dolores al traqueteo de los palillos, al *baile sin censura de la lengua que transmite el pelambre informativo de la cuadra*. (Lemebel 1998: 200. El subrayado es mío)

Por lo demás, es constante que estos dos narradores dejen rastros del proceso de elaboración de sus escritos en estos mismos, y que hagan "ostentación de la factura"[19] (Benjamin 1990: 172) mediante directas o laterales alusiones meta-literarias: desde explicar cómo llegaron a escribir y desde qué lugar(es) lo han hecho, hasta dar a conocer cómo y cuánto ha influido esa elección en sus vidas; sin olvidar, por cierto, las reflexiones sobre la escritura (la deseada y la concreta: la precisa que se realiza en ese momento, el de la enunciación) y el ordenamiento de sus propias obras, los problemas que se les presentan, los logros que creen alcanzar. Así, Rodríguez Juliá revela: "(…) ese desclasamiento ["resultante de la movilidad implantada por el desarrollismo muñocista"] me obligó a imaginar y observar; he ahí la semilla de mi vocación literaria…" (Rodríguez Juliá 1983: 16)

Genealogías:

Y ya que estamos casi en los orígenes, recordemos el 'auto-bautismo' de Pedro Lemebel, quien, al nacer, 'obedecía' al nombre civil de Pedro Mardones. En este gesto se hace patente su deseo de inventarse una filiación. Quiero volver al comienzo, a los comienzos: el nombre. Pues Lemebel-escritor disfrazó su apelativo primero que no es Lemebel. Pedro, fundador, se bautizó y eligió el apellido de su progenitora –aquél que (casi) siempre queda borrado–, disimulando, entonces, la línea paterna: "En el gesto de cambiar mi apellido -dice-, no rechazo la experiencia con mi padre. El lo entiende por el amor que le tiene a mi madre." (Álvarez et al. 1996: 219). ¿En el nombre del padre? No, en el nombre de la madre. ¿En el nombre del padre? No, en el nombre del Pedro, quien partió con un nombre, pero parió otro, travistiendo su origen, demasiado adscrito a la marca del macho, demasiado enclaustrador en una condición de macho. Creo entender este camuflaje como una seña, como un coqueteo con la femineidad, con la fragilidad de la postergación. La libertad de Lemebel para decidir su propio apelativo es un acto de rebeldía que no se detiene ahí y que, junto con evidenciar un desafío a la norma, podría conectarse tanto con su repulsa a etiquetas, conductas o criterios definitivos, como con un placer suyo de aceptar movilidades o deslices que redundan en el cuestionamiento de roles sexuales fijos y establecidos, y en su opción por la identidad travesti.

Y 'nombre' remite a 'familia'… De inmediato, entonces, se viene a la memoria el subtítulo del ya mencionado *Puertorriqueños* (Rodríguez Juliá 1989a, 1a ed. 1988), ideado –según su autor– a partir de 'Álbum de Familia', exposición de dibujos realizada por Antonio Martorell, en 1978. (Rodríguez Juliá 1989c) Y este *Álbum de la Sagrada Familia puertorriqueña a partir de 1898* puede aproximarse a uno similar, aunque no se nomine 'álbum', aunque no sea tan ordenado ni metódico, aunque esté compuesto sólo por trece fotos, de las que poco se dice pues casi carecen de leyenda, a pesar que algunas son la 'ilustración' de ciertas crónicas: pienso en la sección 'Relicario', del ya nombrado *De perlas y cicatrices*, de Pedro Lemebel (1998).

En el *Álbum de la Sagrada Familia puertorriqueña a partir de 1898*, en cambio, Rodríguez Juliá une fotografías y textos. Prácticamente todos éstos son suyos, salvo unos escasos comentarios ajenos: dedicatorias o breves mensajes que, en su momento, acompañaron las imágenes. Además, este narrador intenta constituir y establecer un linaje: en ocasiones, libre y rizomático; en ocasiones, lineal y demasiado vecino al árbol genealógico, verdadero o inventado; en ocasiones son fotos y leyendas de y sobre la (supuesta) "familia" vasta y amplia, que integraría junto a sus compatriotas; en ocasiones son fotos y leyendas de y sobre su familia sanguínea e inmediata.

Extensa familia 'verdadera' tiene este autor. Posiblemente, de quien se sienta más parecido sea de su tío abuelo, don Ramón Juliá Marín. Su simpatía linda con la identificación, al percibir al novelista como "fiel cronista de una época volcada en la confusión y sacudida por el cambio". ¿Cómo no creer que Rodríguez Juliá alude a su propio tiempo y, con toda seguridad, a él mismo, cuando puntualiza sobre su pariente?:

> El ojo del novelista es implacable y certero cuando destaca las contradicciones de una sociedad en proceso de transformación (...), lo único que le importa es narrar el misterio de un mundo que muere, describir el asombro ante un engendro acabado de nacer." (Rodríguez Juliá 1989a, 1a ed. 1988: 31 y 33)[20]

Volvamos al subtítulo que, sin duda, tiene rasgos de ironía y no sólo por volver a utilizar, al igual que en las crónicas anteriores, esa anquilosada imagen de la nación como una 'familia' (terminología también muy al uso entre los políticos de Chile, ¡y del Chile del 2005, en curso!)[21] sino, asimismo, porque hay un adjetivo –"sagrada"- que la cambia y califica: se trata, entonces, de "la Sagrada Familia" (así, con mayúsculas), es decir, aquella constituida por Jesús, el hijo de Dios, y sus padres en la tierra: María y José. Igualmente, "la Sagrada Familia" debe aludir al escrito homónimo de Carlos Marx y Federico Engels, con lo que se añade otra connotación política.

Hay sarcasmo y reproche, es cierto, pero estimo que hay ocasiones en que Rodríguez Juliá añora esa idea de la comunidad como una 'familia' de semejantes e, incluso, se diría que hasta intenta rescatar y construir 'parentesco':

> ¿Qué hace ese negro manco en el Álbum de Familia? ¿Por qué aparece ahí? ¿De quién es abuelo ese mandinga? (...) Aparte que *es el abuelo negro de todos nosotros*, Martín aparece como un intruso (...) (Rodríguez Juliá 1989a 1a ed. 1988: 28. Soy yo la que destaco.)[22]

> Estos dolores de parto de la modernidad puertorriqueña provocan un ánimo de restauración. *Recuperemos la / familia y la comunidad; a pesar de todo, muy a pesar de todo, estamos a tiempo*. Ese parece ser el grito callado que anima tantos gestos (...) (Rodríguez Juliá 1989a, 1a ed. 1988: 170-171. Las cursivas son mías.)[23]

Ya señalé que este narrador considera el año de 1898 –momento de "la llegada de los blondos torpes" (Rodríguez Juliá 1989a, 1a ed. 1988: 35) -, el hito que marca tanto el comienzo de su *álbum* como el inicio del Puerto Rico contemporáneo; el otro tiempo, aquél ligado a España, no 'aparece' ni en esta crónica ni en las otras sino en sus primeras novelas.

¿Debo decir que me resultó algo monótono el procedimiento que sigue el autor? Es que a partir de las fotografías (reproducidas o no), y después de describirlas, una y otra vez, recuerda, imagina, reflexiona, elabora, diverga, une "lo permanente y lo fugaz" (Rodríguez Juliá 1989a, 1a ed. 1988: 79-80) y es frecuente que pretenda trascender la apariencia y a los individuos para deducir, generalizar y sacar conclusiones, sobre la historia de Puerto Rico, la comunidad puertorriqueña, su identidad colectiva: "(...) transformarse / en motivo de conocimiento histórico y social. He ahí la aspiración y el sentido último de esta crónica hecha de fotos." (Rodríguez Juliá 1989a, 1a ed. 1988: 80-81)

Creo que basándose en la historia puertorriqueña, desde 1898, este escritor quiere construir otra historia patria, con especial énfasis en las pérdidas y variaciones de las costumbres y de los modos de relacionarse.[24] Observo, además, que en *Puertorriqueños*, la concepción de la identidad nacional y el modo como es tratada se han vuelto menos dúctiles y más estrechos. "(...) ¿Familia puertorriqueña o país de muchas tribus?..." (Rodríguez Juliá 1983: 90)[25], se preguntaba el cronista en *El entierro de Cortijo*, después que en *Las tribulaciones de Jonás* había reconocido "el misterio de nuestro pueblo" y su "demencial variedad" (Rodríguez Juliá 1984a, 1a ed. 1981: 11 y 76; también alude a "misterio" en: 58 y 73, por lo menos), rescatando, así, la diferencia o priorizando la duda. En cambio, en este otro volumen habría más certezas: como cuando el rasgo de la 'puertorriqueñidad' se esencializa y se vuelve definición, o/y cuando llega a suponerse la existencia de "*la* clave de un pueblo" o la de "una cultura *verdaderamente* nacional" (Rodríguez Juliá 1989a, 1a ed. 1988: 43. Soy yo la que destaco.)[26], si bien –y hay que reconocerlo– no es infrecuente que el autor desconcierte al quebrar fáciles dicotomías que, en otras instancias e instantes, él mismo había instalado.

(PARÉNTESIS: 'El entierro' es el nombre de la 'tercera parte' de *Las tribulaciones de Jonás*, dedicado al del 'Patriarca' o el 'Viejo' Muñoz Marín; *El entierro de Cortijo*, ya lo sabemos, es el directo título de la publicación posterior. Por enfocar cortejos fúnebres, ambas son nominadas "crónicas mortuorias" por María Elena Rodríguez Castro. (Rodríguez Castro 1992: 65-92)[27]

A pesar de la exactitud del vocablo 'entierro' y de sus acotados referentes, propongo una traslación, un desplazamiento, ya que más que a él y al 'reposo', definitivo y callado, estos polifónicos textos me parecen más próximos a un estado y estadio anterior, una situación ambigua, que el mismo cronista se encarga de explicar:

> Si el entierro es el fin de la vida –en él se cumple la distancia definitiva entre el muerto y los deudos– *el velorio es el reino de las emociones conflictivas*, el espacio donde el desordenado tiempo interior no se decide entre acatar la muerte o negarla, ello por la engañosa estadía de este muerto que aún no se ha convertido en recuerdo; *un cadáver* de cuerpo presente *es una presencia inquietante, precisamente por el hecho de que la ausencia no acaba de cumplirse del todo*. (Rodríguez Juliá 1983: 11. El destaque es mío)

"Cada persona, cada cosa, cada relación puede significar otra cualquiera.", aclara Walter Benjamin sobre la "alegoría": "(...) única y poderosa diversión que se le ofrece al melancólico." (Benjamin 1990: 167, 179. Leer, especialmente, toda la parte dedicada a: 'Alegoría y *Trauerspiel*': 151-233) Siendo así, imagino este primer párrafo como base y punto de mira del escritor y de su lugar, sea respecto al acontecimiento que enfrenta o ha enfrentado, sea respecto al material que le interesa re-elaborar, y no sólo en estas dos narraciones. Luego, sugiero pensar *Puertorriqueños*, igualmente desde la alegoría de 'el velorio'[28] pues, por lo menos, en estos tres volúmenes, el autor se situaría en ese "reino de las emociones conflictivas" desde donde 've', percibe y siente la realidad de Puerto Rico y de sus habitantes y sus identidades como "presencia(s) inquietante(s)" que le permiten analizar, impresionarse, alterarse, enternecerse, molestarse, escribir... Si no fuera de este modo, si Rodríguez Juliá las enfrentara como si fueran cadáveres ya marchitos y enterrados, no habría "presencia(s) inquietante(s)" que contemplar y no se justificaría ni su pasión –"(...) casi siempre soy imprudentemente apasionado", ha reconocido (Rodríguez Juliá 1984a, 1a ed. 1981: 100)– ni su empeño en comprender las mudanzas y la vital efervescencia que lo rodea ni su deseo y necesidad de transmitir lo que percibe.

Es cierto, ya no existen ni Muñoz Marín ni Cortijo, mas sus "ausencia[s] no acaba[n] de cumplirse del todo" y siguen provocando "emociones conflictivas", tanto en quien mira y registra como en el "pueblo" que los acompañó y que tanto desasosiega al narrador, que se relaciona con él también ambigüamente ya que, según sean las situaciones, de modo simultáneo lo siente cercano y distante o, sin transición, puede tanto identificarse como considerarse otro y distinto de la "multitud", de la "muchedumbre".

Y no es que este cronista se contradiga (¿y por qué no podría hacerlo?) sino que al intentar captar y reproducir esa "presencia inquietante" tan compleja y por ser, según sus propias palabras, "liberal impenitente" (Rodríguez Juliá 1983: 17), no puede tener una sola perspectiva puesto que ser simplista le impediría advertir la sociedad a la que pertenece y acercarse a la ebullición que lo desconcierta: pretender mostrar ese "reino de (...) emociones conflictivas" es, evidentemente, complicado, confuso y pleno de tensiones.

Esta misma actitud y similares sentimientos son los experimentados y expuestos ante las fotos de *Puertorriqueños*, "presencia(s) inquietante(s)". Y son "presencia(s) inquietante(s)" al (a)parecer como imágenes de seres vivientes, no obstante sólo son simulacros de tales pues o evidencian un mundo que ya no existe o patentizan uno nuevo –ajeno, para el autor- que se está imponiendo implacable sobre las ruinas del anterior, o hacen ver realidades y características que están dejando de existir, pero que aún perduran, debilitadas. Por esto, hay tramos de los textos de Rodríguez Juliá, que podríamos leer como verdaderos 'ubi sunt': "¡Qué calles más desiertas! *¿Dónde está* ahí mi pueblo bullanguero, mi gente novelera que vive balcones afuera? *¿Dónde está* esa comadre que *chacharea* de balcón a balcón, pidiendo un diente de ajo de ventana a ventana." (Rodríguez Juliá 1989a, 1a ed. 1988: 35. Las cursivas son mías)[29]

En su novela, *Todos los nombres*, José Saramago sostiene: "(...) las viejas fotografías engañan mucho, nos dan la ilusión de que estamos vivos en ellas, y no es cierto, la persona a quien estamos mirando ya no existe, y ella, si pudiese vernos, no se reconocería en nosotros." (Saramago 2004: 209) "Todas las fotografías son *memento mori* –considera Susan Sontag–. Tomar una fotografía es participar de la mortalidad, vulnerabilidad, mutabilidad de otra persona o cosa. Precisamente porque seccionan un momento y lo congelan, todas las fotografías atestiguan el paso despiadado del tiempo." (Sontag 1989: 25. Cursivas en el original)

Cada foto de *Puertorriqueños* puede examinarse, entonces, como un velorio ya que en cada una de ellas "(...) un cadáver *de cuerpo presente* es una presencia inquietante, precisamente por el hecho de que la ausencia no acaba de cumplirse del todo". (Rodríguez Juliá 1983: 11) FIN DEL PARÉNTESIS.)

Vuelta de hoja:

Una fotografía colectiva es el punto de partida de 'La noche de los visones (o la última fiesta de la Unidad Popular)', que abre *Loco Afán. Crónicas de sidario*. Este texto se organiza en torno a una muy ágil y, durante buena parte, chispeante descripción. No obstante, y a pesar de que por sus puntos de vista y disposición, muchas de las crónicas de Lemebel pudieran hacer pensar en fotos, este abordaje –desde una de ellas– es un caso aislado. Por su parte, diferente resulta la aludida sección 'Relicario', en *De perlas y cicatrices* (Lemebel 1998), pues preferir en exclusiva fotografías significa una novedad en un volumen constituido sólo por escritos. Pienso que la suma de éstos y de las trece imágenes componen una suerte de álbum (aunque –como se dijo– nunca se mencione este nombre), un álbum de 'familia' de la época de la dictadura y la postdictadura chilenas (1973-1989 / 1990-hasta hoy). Un álbum que, cuando se abre, se mira y se lee, exhibe varios mapas –urbanos y de personas– de estos períodos, 'revelados'[30] y desarrollados desde el "ojo copuchento" del autor.

Retratos individuales, de conjunto; particulares y grupales; paisajes humanos y de la ciudad, son las fotos de los libros de ambos autores y, también, sus narraciones, cuyas historias se ubican en la historia de cada uno de los dos países, para que muchos sepan, para que nadie ignore ni olvide. Como en todo álbum de familia hay tomas mejores y otras infames, y hay algunas queridas y otras que incomodan... Finalmente, la producción de estos cronistas equivale a una extensa panorámica... de la sociedad puertorriqueña, desde hace más de un siglo, y de la chilena de las últimas décadas.

Estos escritores consideran que su deber *moral* es dar a conocer, hacer recordar, presentar, mostrar, y lo hacen con humor, rabia, sensibilidad, dudas, dolor, sátira, sarcasmo, con comprensión e incomprensión, distancia, seguridades, confusiones, cercanía, ... memoria. Para lograrlo, ambos comprometen sus impresiones y sus sentimientos, tan profundamente que, a veces, llegan al re-sentimiento: así, Lemebel reconoce "atesora[r] una memoria resentida en su porfía". (Lemebel 1998: 18) Trascendiendo su persona, Rodríguez Juliá considera que en la "historia de América": "El *resentimiento* (...) [es] resultado de la humillación que implica la pérdida de la memoria, y la extremosa explotación del cuerpo en tanto conversión en objeto (esclavitud), sólo produce efímeros, casi "orgásmicos", espacios de libertad". (Ortega 1991: 156. Ver también: 155)

¿Final o apertura?:

"(...) ¿cómo conciliar tanto extravío con tanta ternura?" (Rodríguez Juliá 1983: 96), es el abierto cierre de *El entierro de Cortijo*. Sin duda, en esta pregunta hay una buscada ambigüedad pues junto a ser aplicable a las conductas de los asistentes al sepelio del músico, puede pensarse como una interrogante refleja que se realiza el escritor, cuestionándose cómo narrar. "Hay que inventar nuevas categorías para definir esto" (ibídem: 85)[31], proclama, insistente, Rodríguez Juliá, quien, sin duda, dio con la crónica como respuesta: "En mi obra cronística –dice-, mi preocupación fundamental es tratar de entender cómo nos hemos transformado los puertorriqueños, (...)" (Ortega 1991: 126) Y nada casual es que con un dejo de ironía titule "Nos mudamos", al último capítulo de *Puertorriqueños* (...) (y el eco repite: "mudamos").

También Pedro Lemebel alude a cambios colectivos, que no siempre acepta, que no siempre quiere, que no siempre comprende... Muchas de esas variaciones son semejantes a las que Rodríguez Juliá experimentó desde niño, cuando Puerto Rico se modernizaba, con el "desarrollismo muñocista". Hoy, a casi cincuenta años de distancia, en Chile se produce una "movilidad social" semejante, en una sociedad donde la modernización parece imponerse a la modernidad.[32]

NOTAS

1. *Una noche con Iris Chacón* recopila: 'Llegó el obispo de Roma', 'El cerro Maravilla (octubre-noviembre de 1983)' y 'Una noche con Iris Chacón'.
2. Es evidente que estoy aludiendo al ensayo de José Luis González (2001): 'El país de cuatro pisos (Notas para una definición de la cultura puertorriqueña).' A causa de las manifiestas mezclas, fusiones y confusiones, y de las heterogeneidades, también reconocidas por González, me atrevo a quitar la regularidad del orden vertical de su imagen y percibir Puerto Rico como una coexistencia horizontal de diversidades.
3. En esta parte sobre la crónica, mis principales ayudas fueron: *Desencuentros de la modernidad en América Latina. Literatura y política en el siglo XIX* (Julio Ramos 1989); *La invención de la crónica* (Susana Rotker 1992) y *A ustedes les consta. Antología de la crónica en México* (Carlos Monsiváis 1991).
4. Sin pretender la exhaustividad, de Rodríguez Juliá pueden mencionarse: *El cruce de la Bahía de Guánica (cinco crónicas playeras y un ensayo)* (1989b); *Peloteros* (1997); *Caribeños* (2002). Todos los libros de crónica de Pedro Lemebel, son: *La esquina es mi corazón. Crónica urbana* (1995a); *Loco Afán. Crónicas de Sidario.* (1996); *De perlas y cicatrices. Crónicas radiales* (1998); *Zanjón de la Aguada* (2003); *Adiós mariquita linda* (2004).
5. Se trata de la ya mencionada: *La renuncia del héroe Baltasar* (Rodríguez Juliá 1974), y de *La noche oscura del niño Avilés*. (Rodríguez Juliá 1984b) Esto significa que con posterioridad a sus dos primeros libros de crónica sobre Muñoz Marín y sobre Cortijo –de 1981 y 1983, respectivamente-, Rodríguez Juliá vuelve a la novela.

6. Ni sólo para esta parte ni únicamente para este trabajo, han sido fundamentales, imprescindibles y bienvenidos, y más penetrantes y sutiles de lo que aquí aparece, los impecables e implacables comentarios y las generosas sugerencias de Lilian Santiago-Ramos.
7. Por el contrario, en sus declaraciones, Rodríguez Juliá tiene la certeza absoluta de su calidad de "testigo ardiente" y nada distanciado de lo que ocurre y de lo que narra. (Ortega 1991: 138)
8. *Los incontables* (Lemebel 1986) reúne siete cuentos. Tuve acceso, además, a: 'Gaspar' (Lemebel s.f.) y 'El Wilson'. (Lemebel ¿1989?)
9. La 'Serie-Álbum Familiar', numerada del 'I' al 'XXIV', apareció entre el 5 y el 31 de marzo de 1984, en *'Viva'. El Reportero*. Desgraciadamente, no tuve acceso a este material que se editó día a día, con sólo tres descansos, acaso dominicales. De los 24 artículos, once títulos se corresponden, de modo exacto o parcial, con los que tienen ciertos capítulos en *Puertorriqueños*. Tomé el dato de la 'Bibliografía' de Ivonne Sanavitis en *Las tribulaciones de Juliá* (Sanavitis 1992).
10. Dice Walter J. Ong: "... llamo 'oralidad primaria' a la oralidad de una cultura que carece de todo conocimiento de la escritura o de la impresión. Es 'primaria' por el contraste con la 'oralidad secundaria' de la actual cultura de la alta tecnología, en la cual se mantiene una nueva oralidad mediante el teléfono, la radio, la televisión y otros aparatos electrónicos que para su existencia y funcionamiento dependen de la escritura y la impresión." (Ong 1987: 20)
11. En el inicio de su artículo 'Multitud y tradición en *El entierro de Cortijo*', Juan [Ramón] Duchesne califica este texto de "ensayo narrativo". (Duchesne 1988: 171) Aurea María Sotomayor considera que *Puertorriqueños* es un "ensayo de interpretación nacional" (Sotomayor 1992: 120).
12. "El héroe trágico sólo dispone de un lenguaje que le sea perfectamente adecuado: precisamente el silencio", dice Walter Benjamin, citando a Franz Rosenzweig. (Benjamin 1990: 96)
13. En entrevistas, Rodríguez Juliá ha aludido a la concepción que Benjamin tiene de la historia a través de la referencia que el pensador alemán hace al 'Ángelus Novus', el cuadro de Klee, descrito en la novena de sus 'Tesis sobre la filosofía de la historia', que, por lo demás, casi completa constituye el epígrafe de *Caribeños*. (Rodríguez Juliá 2002)
14. "El 'otro' no está nunca afuera o más allá de nosotros; emerge necesariamente en el discurso cultural, cuando *pensamos* que hablamos más íntimamente y autóctonamente 'entre nosotros'." (Homi K. Bhabha 2000: 216)
15. "Fue exclusivamente un requerimiento editorial [incluir un glosario], porque el libro va a salir en Argentina, México y España.", aclara el narrador. (Álvaro Matus 2005: 6)
16. El *Diccionario de voces coloquiales de Puerto Rico* me resultó una ayuda imprescindible. (Vicente 1985) Sus "Más de 8.500 voces / Más de 1.700 dichos / Más de 560 refranes" resolvieron casi todas las dudas léxicas que se me presentaban página a página, incluso sobrepasando aquellos muchos términos indicados por Rodríguez Juliá.
17. En numerosas ocasiones, Rodríguez Juliá ha explicitado su deseo de "retratar cómo la gente habla", y su preocupación e interés por el lenguaje hablado en Puerto Rico. (Ortega 1991: 126, entre otras) A propósito de esta misma cita, María Elena Rodríguez Castro concluye: "El lenguaje de 'ellos' se le presenta como un código secreto incapaz de ser descifrado por el profesional de la literatura." (Rodríguez Castro 1992: 87) Por su parte, Juan Gelpí relaciona el "uso obsesivo de las bastardillas" con el "paternalismo literario latinoamericano", e infiere: "El cronista, entonces, pasa a ser un padre figurado que manipula y, hasta cierto punto, subordina la oralidad 'bastarda' del otro." (Gelpí 1992: 111. Ver también 112)
18. "Me crié escuchando *conversaciones de adultos* y *fijándome* en todo (...)" "Siempre aprecié estar en medio del exclamativo *bembeteo de las mujeres*, (...)" (Rodríguez Juliá 1989a, 1a ed. 1988: 116. Cursivas en el original)
19. Expresión de Benjamin para aludir a uno de los rasgos característicos de los escritos barrocos y, en especial, aquéllos de Calderón de la Barca, donde, según el filósofo alemán: "(...) la ostentación de la factura, (...) se deja ver igual que la labor de albañilería en la pared de un edificio cuyo revestimiento se ha desprendido." (Benjamin 1990: 172)
20. Aludiendo a estas mismas citas, Carolina Sancholuz señala: "El narrador se escribe a sí mismo en ese otro yo condensado en la figura del tío escritor; se inscribe en una genealogía

literaria que legitima otro autor, Enrique Laguerre, y opera en el presente, como lo hiciera en su tiempo su antepasado (...)" (Sancholuz 2002: 74; al respecto, ver también: 73)
21. Entre otras menciones: Rodríguez Juliá 1984a, 1a ed. 1981: 66, 67, 68, 85, 100, 130; Rodríguez Juliá 1983: 90, 93.
22. Aurea María Sotomayor alude, también, a esta interrogante. (Sotomayor 1992: 135 y 153)
23. Carolina Sancholuz acude a esta misma cita. (Sancholuz 2002: 75) A propósito de la petición de Rodríguez Juliá, puede recordarse esta idea, tan distinta, de Zygmunt Bauman: "Parece una observación corriente hasta el punto de ser trivial: una vez 'deshecha', una comunidad no puede volver a recomponerse, a diferencia del fénix con su capacidad mágica de elevarse sobre sus cenizas. Si surge, no será en la forma que se preserva en la memoria (o, expresándolo de modo más preciso, en la forma que conjura una imaginación espoleada cotidianamente por la inseguridad perpetua), la única forma que la hace tan deseable como una inmejorable solución de conjunto a todas las preocupaciones terrenales. Todo esto parece bastante / obvio, pero la lógica y los sueños humanos rara vez recorren los mismos caminos, si es que lo hacen alguna vez. Y existen buenas razones, como veremos más adelante, para que sus caminos nunca converjan durante demasiado tiempo." (Bauman 2003: 21-22)
24. Para A.M. Sotomayor, en *Puertorriqueños*: "*El verbo no acota la imagen, más bien la agota.*" (Sotomayor 1992: 137) Más adelante, agrega: "*Puertorriqueños* es sobre todo, más ficción que historia. Es también una iconografía general con visos de antropología cultural de nuestro ser y es el intento de configurar o *construir la memoria histórica a partir de la memoria visual.*" (Sotomayor 1992: 148. La autora destaca)
25. Rodríguez Castro 1992: 75, 87-90.
26. Refiere además a "(...) una de las claves definitorias de *la puertorriqueñidad*: la cultura de la mirada vuelve obsesivamente sobre el objeto de la valía (...)", y a "(...) *la clave de un pueblo* [el puertorriqueño] atrapado entre la inocente sonrisa y la cruel histeria". (Rodríguez Juliá 1989a, 1a ed. 1988: 121 y157. Las cursivas son mías) Similar constatación, hace María Elena Rodríguez: "Se trata, también, del abandono del cronista perplejo de las crónicas mortuorias por el cronista distanciado y cómodamente instalado en la mirada paternalista de las crónicas posteriores." (Rodríguez Castro 1992: 92) En cambio, para Aurea María Sotomayor: "(...) sólo hay respuestas [pues] [l]a indagación sobre la realidad puertorriqueña ha cesado [y] Rodríguez Juliá es ya el testigo convencido con una tesis resuelta.", recién en las crónicas posteriores a las tres primeras. (Sotomayor 1992: 133)
27. Para, A.M. Sotomayor, "*Puertorriqueños* es la tercera crónica mortuoria de nuestro autor; el cadáver que se expone aquí es la familia." (Ibídem: 152)
28. Carolina Sancholuz apunta a un "proceso de *alegorización*" que se daría sólo en las dos primeras obras de Rodríguez Juliá. Lo relaciona, en exclusiva, con la muerte. (Sancholuz 2002: 71) Y concluye: "La escritura de las crónicas tendría entonces para su autor la función de finalizar el duelo, el propio y el colectivo, inscribiendo el dolor de manera individualizada y diferenciada –una escritura propia, con sus marcas personales–, en la práctica de la literatura." (Ibídem: 72) Para Juan Duchesne, la alegoría de *Cortijo* sería "la multitud". (Duchesne 1988: 182) Mientras, para A.M. Sotomayor: "Es imposible obviar la metáfora que sostiene el libro [*Puertorriqueños*]. *El álbum es urna funeraria y urna estética.*" (Sotomayor 1992: 143; destacado, de la autora).
29. Más adelante, otra foto le hace preguntarse: "*¿Quiénes son? ¿Quiénes fueron? ¿Qué será de la vida de esa gente?*" (Rodríguez Juliá 1989a, 1ª ed. 1988: 143. Las cursivas son del autor) En *Jonás*, refiriendo a la obra de Muñoz Marín, se interroga: "Pero… ¿dónde está el jíbaro? Ese campesino que él redimió hasta hacerlo desaparecer..." (Rodríguez Juliá 1984a, 1a ed. 1981: 51) Mientras en *Cortijo*, señala: "Hasta el Gran Combo ya se ha vuelto venerable; pasa el tiempo, y al recordar la Taberna India del 1954 se nos escapa un *ubi sunt* más desgarrador que justiciero. ¿Dónde está Roy Rosario? No lo he visto en el entierro, tiene que estar aquí, ¿o será que el tiempo le habrá mudado el traje al negrito del papazo saltarín y guarachero?" (Rodríguez Juliá 1983: 76. Cursiva en el original) Y después, agrega: "¿Dónde se perdió la coherencia de los gestos? ¿Dónde zozobró esa memoria de las cosas y los gestos que es la tradición? ¿Por dónde anda un pueblo que apenas puede conciliar sus actos con sus sentimientos, o aquéllos con el rito?" (Ibídem: 95)
30. Sin desconocer que puede prestarse a equívocos, uso voluntariamente este verbo por adscribirse a la familia semántica de la fotografía.

31. En Ortega, Rodríguez Juliá señala: "(...) la búsqueda de nuevas formas para expresar contenidos sociales nuevos, (...) la búsqueda de un nuevo decir." (Ortega 1991: 123) Y agrega: "Quizá hay que desarrollar nuevas formas para expresar nuevas realidades sociales." (Ibídem: 146) A este respecto, considero oportuno recordar que: "En la articulación del vínculo entre cultura y nacionalismo tuvieron un papel central los intelectuales, que fueron quienes primero establecieron, con la ayuda de la filología, el valor de la lengua y *de ciertos géneros literarios* como la poesía y las leyendas populares en la definición de la identidad nacional en Europa." (Fernández Bravo 2000, 'Introducción': 14. Yo destaco.). (Ver también Anderson 1993: en especial 102-122, 'Lenguas antiguas, modelos nuevos')
32. En las tres primeras crónicas de Rodríguez Juliá, las referencias a estas dos expresiones son muy numerosas.

BIBLIOGRAFÍA

Álvarez, Mauricio, Pilar Sánchez y Gilda Luongo
    1996   'La teatralización de Pedro Lemebel: el 'voyeur' invertido sobre sí mismo.' En: AAVV *Anuario del Programa de Género y Cultura*. Santiago: Facultad de Filosofía y Humanidades: 211-225.
Anderson, Benedict
    1993   *Comunidades Imaginadas. Reflexiones sobre el origen y la difusión del nacionalismo*. [1ª ed. en inglés: 1983]. México: FCE (Colección Popular 498).
Bauman, Zygmunt
    2003   *Comunidad. En busca de seguridad en un mundo hostil*. [1a ed. en inglés: 2001]. Madrid: Siglo XXI de España Editores.
Benjamin, Walter
    1971   'Thèses sur la philosophie de l'histoire.' En: *2. Poésie et Révolution*. Paris: Denoël, (Dossiers des Lettres Nouvelles), 277-288.
    1990   *El origen del drama barroco alemán*. Versión castellana de José Muñoz Millanes. Madrid: Taurus (Taurus Humanidades-Teoría y Crítica Literaria).
Bhabha, Homi K.
    2000   'Narrando la nación.' En: A. Fernández Bravo (comp.) 2000: 211-219.
Catálogo de
    Exposición del 'Album de Familia' y obra gráfica 1974-1978, de Antonio Martorell. Sala de Exposiciones del Convento de Santo Domingo. 12 de mayo a fines de junio 1978.
Duchesne, Juan [Ramón]
    1988   'Multitud y tradición en *El entierro de Cortijo*.' En: Mario A. Rojas y Roberto Hozven (eds.). *Pedro Lastra o la erudición compartida*. Estudios de literatura dedicados a Pedro Lastra. Puebla [México]: Premiá Editora, (La red de Jonás. Estudios 29): 171-190.
Duchesne Winter, Juan (editor-compilador)
    1992   *Las tribulaciones de Juliá*. San Juan de Puerto Rico: Editorial del Instituto de Cultura Puertorriqueña.
Fernández Bravo, Alvaro (comp.)
    2000   *La invención de la nación. Lecturas de la identidad de Herder a Homi Bhabha*. Buenos Aires: Manantial.
González, José Luis
    2001   'El país de cuatro pisos (Notas para una definición de la cultura puertorriqueña).' En: *El país de cuatro pisos y otros ensayos*. 9ª ed. [1ª ed. 1980]. Río Piedras (Puerto Rico): Ediciones Huracán.
Gelpí, Juan
    1992   '*Las tribulaciones de Jonás* ante el paternalismo literario.' En: Duchesne Winter (ed.-comp.) 1992: 95-115.
Lemebel, Pedro
    s.f.   'Gaspar.' *Ergo Sum*. Santiago: Ediciones Ergo Sum.
    1986   *Los Incontables*. Santiago: Ergo Sum.

¿1989? 'El Wilson.' En: *Cuando no se puede vivir del cuento*. Antologado por Juan Carlos Lértora. Nueva York: Skidmore College.
1995 *La esquina es mi corazón. Crónica urbana*. Santiago: Editorial Cuarto Propio, (Serie Narrativa).
1996 *Loco Afán. Crónicas de Sidario*. Santiago: LOM Ediciones, (Colección Entre Mares).
1998 *De perlas y cicatrices. Crónicas radiales*. Santiago: LOM, (Colección Entre Mares).
2001 *Tengo miedo torero*. Santiago: Planeta-Seix Barral (Biblioteca Breve).
2003 *Zanjón de la Aguada*. Santiago: Planeta (Biblioteca Breve).
2005 *Adiós mariquita linda*. Santiago: Editorial Sudamericana (Señales).

Matus, Álvaro
2005 'Pedro Lemebel. Juego de máscaras.' entrevista de Álvaro Matus En: *El Mercurio* (Santiago), 'Revista de Libros' 849, viernes 12 de agosto: 6.

Mistral, Gabriela
1979 'Elogio de la isla de Puerto Rico.' En: *Materias*. Santiago, Editorial Universitaria: 76-88.

Monsiváis, Carlos
1991 *A ustedes les consta. Antología de la crónica en México*, 5ª reimpresión [1ª ed. 1980]. México: Ediciones Era (Biblioteca Era-Serie Crónicas).

Ong, Walter
1987 *Oralidad y escritura. Tecnologías de la palabra*. 1ª ed. en inglés. Traducción de Angélica Scherp. México: FCE.

Ortega, Julio
1991 'Edgardo Rodríguez Juliá.' En: *Reapropiaciones (Cultura y nueva escritura en Puerto Rico)*. Río Piedras: Editorial de la Universidad de Puerto Rico.

Ramos, Julio
1989 *Desencuentros de la modernidad en América Latina. Literatura y política en el siglo XIX*. México: FCE (Tierra Firme).

Risco, Ana María
1995 'Escrito sobre ruinas.' Entrevista de Ana María Risco a Pedro Lemebel. En: *La Nación* (Santiago), domingo 18 de junio: 16-17.

Rodríguez Castro, María Elena
1992 'Memorias conjeturales: las crónicas mortuorias.' En: Duchesne Winter (ed.-comp.) 1992: 65-92.

Rodríguez Juliá, Edgardo
1974 *La renuncia del héroe Baltasar*. Río Piedras: Editorial Cultural.
1983 *El entierro de Cortijo*. Río Piedras: Ediciones Huracán, 6 de octubre.
1984a *Las tribulaciones de Jonás*. 2ª ed. [1ª ed. 1981]. Río Piedras, Ediciones Huracán.
1984b *La noche oscura del niño Avilés*. Río Piedras, Huracán.
1986 *Una noche con Iris Chacón*. Virginia: Editorial Antillana.
1989a *Puertorriqueños. Álbum de la sagrada familia puertorriqueña a partir de 1898*. 2ª ed. [1ª ed. 1988]. Madrid: Playor (Biblioteca de Autores de Puerto Rico).
1989b *El cruce de la Bahía de Guánica (cinco crónicas playeras y un ensayo)*. Río Piedras: Editorial Cultural.
1989c 'Como escribí *Puertorriqueños*.' En: *El Nuevo Día*, 'Domingo', 19 de marzo: 18-20.
1997 *Peloteros*. Reimpresión. [1 ed. enero]. San Juan: Editorial de la Universidad de Puerto Rico (septiembre).
2002 *Caribeños*. San Juan: Editorial del Instituto de Cultura Puertorriqueña.

Rotker, Susana
1992 *La invención de la crónica*. Buenos Aires: Ediciones Letra Buena.

Sanavitis, Ivonne
1992 'Bibliografía.' En: Duchesne Winter (ed.-comp.) 1992: 175-177.

Sancholuz, Carolina
 2002 'Puerto Rico en cuestión: identidad nacional y escritura en crónicas de Edgardo Rodríguez Juliá.' En: *Iberoamericana* 6 (junio): 67-82.
Saramago, José
 2004 *Todos los nombres*. 6ª reimpresión. [1ª ed. española de 1998]. Buenos Aires: Alfaguara.
Sontag, Susan
 1989 *Sobre la fotografía*. 2ª reimpresión. [1ª ed. en inglés de 1973). Barcelona: Edhasa.
Sotomayor, Aurea María
 1992 'Escribir la mirada.' En: Duchesne Winter (ed.-comp.) 1992: 119-167.
Vicente Maura, Gabriel (recop.)
 1985 *Diccionario de voces coloquiales de Puerto Rico*. San Juan de Puerto Rico: Editorial Zemí.

Leo Cabranes-Grant
University of California, Santa Barbara

HIPER-TEATRALIZACIÓN E INTERCULTURALIDAD: *THE LAST CARNIVAL* DE DEREK WALCOTT Y *QUÍNTUPLES* DE LUIS RAFAEL SÁNCHEZ

La cultura caribeña ha contenido siempre un material semiótico de extremada densidad donde múltiples discursos étnicos, estéticos, y políticos se relacionan continuamente. Derek Walcott y Luis Rafael Sánchez ejemplifican una de las maneras en que el teatro ha intentado enfrentar y matizar esta complejidad. Walcott, en The Last Carnival *(1983), y Sánchez, en* Quíntuples *(1984) proponen una poética de hiper-teatralización en la que lo performativo se vuelca sobre sí mismo, produciendo una crisis de la mímesis dramática. El resultado de esta estrategia es un tipo de teatro que cuestiona y desmantela las premisas del 'gestus' brechtiano, naturalizando al máximo los efectos de mediación con que el teatro épico aspiraba a crear una reacción crítica.*

1.

Todas las demografías del Caribe son el producto de culturas transplantadas. La desaparición de los habitantes indígenas ha marcado profundamente el entorno antropológico de las islas, traumatizando en múltiples maneras el desarrollo de una visión autóctona de la región. Tanto África como Europa y Asia han tenido que elaborar allí lo que, en otro contexto, José Lezama Lima ha glosado como la transformación de la naturaleza en paisaje. (Lezama Lima 1993: 167-170) La urgencia de establecer una proxémica de apropiación -la necesidad de convertir el espacio en lugar, en topografía, en 'habitus' - es una de las constantes históricas que aún en nuestros días configuran la radical interculturalidad del archipiélago. Este tipo de esfuerzo no es, claro está, privativo del Caribe, pero en el caso de las Antillas su presencia constituye un rasgo fundacional, un tropo articulativo: el reto de la heterogeneidad es un punto de partida obligado para cualquier discusión de las identidades insulares.

Siendo en sí mismo la consecuencia de un impulso diaspórico, el Caribe es también un propulsor incesante de emigraciones e inmigraciones, desplazamientos poblacionales que han alterado el mapa existencial de Inglaterra, Francia, Holanda, India, España, o los Estados Unidos. Antonio Benítez Rojo (1998) ha clasificado el resultado de estas interacciones –nótese el oxímoron–

como una post-modernidad 'avant la lettre'. Edouard Glissant (1997) ha elaborado una poética relacional atenta a las variantes lingüísticas y afectivas de la historia caribeña, centrada en el concepto de 'métissage'. Para Richard D.E. Burton (1997), el Caribe es un continuo proceso de transferencia en el que tanto los grupos subalternos como los grupos hegemónicos re-codifican sus materiales en variantes inesperadas. También se ha leído el Caribe performativamente, desde la idea de que la región manifiesta sus peculiaridades por medio de la intrínseca teatralidad de los rituales de posesión o los espectáculos carnavalescos, como lo sugieren Katherine J. Hagedorn (2001) o John Cowley (1996).

Todo análisis del Caribe está destinado a simplificarlo. Las alternativas que acabamos de mencionar contienen serias limitaciones, ya sea una tendencia al esencialismo (Benítez Rojo), una dependencia de categorías racializadas (Glissant) o un excesivo uso de lo analógico (Burton). En cuanto a la carnavalización y las religiones afro-caribeñas, ya se sabe que aunque estas actividades frecuentemente asumen una posición contestataria, también colaboran con las mismas jerarquías de poder que las autorizan o constriñen. La vastedad sinergética de las islas, el acendrado pluralismo de sus historiografías excluye de antemano cualquier proyecto totalizador. Esta imposibilidad es aplicable a toda cultura, pero para muchos escritores del Caribe su reconocimiento ha sido más un axioma que un corolario. ¿Cómo escribir desde una conciencia tan acusada de la inherente vulnerabilidad de los sumarios y las conclusiones? ¿Cómo negociar el fracaso de lo homogéneo, de lo unívoco? ¿Y cómo afirmar, sin evadir su complejidad, la vitalidad de un mundo 'particularmente' caribeño?

Tales son algunas de las preguntas que Derek Walcott y Luis Rafael Sánchez han abordado en su dramaturgia. "De todas maneras fronterizo es el Caribe, de todas maneras mezclado", ha dicho Sánchez. "Hasta el extremo de que sólo una paradoja tiene la competencia dialéctica para caracterizarlo - *lo único puro en el Caribe es la impureza* ". (Sánchez 1998: 85; cursiva añadida) Por su parte, Walcott ha declarado que

> Every island in the Caribbean has its own syntactical structure: a Trinidadian is not going to understand a Jamaican the first time off. On every island there is a dialect, a patois, which can become a world of fascination for someone who may want to write, or use, or absorb it into the whole West Indian idea of language". (Baer 1996: 57) [Cada isla en el Caribe tiene su propia estructura sintáctica: una persona de Trinidad no va a entender a alguien de Jamaica inmediatamente. En cada isla hay un dialecto, un patois, que puede convertirse en un mundo fascinante para quien quiera escribirlo, o usarlo, o absorberlo para una idea completa del lenguaje de la región.]

En comparación con Walcott, Sánchez ha escrito poco teatro. Walcott, además, ha dedicado una parte primordial de su labor creativa al sustento del 'Trinidad Theatre Workshop' fundado en 1959. Sánchez ha realizado una síntesis de varios vectores estilísticos que incluyen el teatro de marionetas de Federico García Lorca, la mecanización deformadora del *esperpento* de Valle-Inclán, las técnicas épicas de Brecht, el realismo lírico de Tenesse

Williams o el melodrama patriótico de René Marqués.[1] Sánchez ha ido estableciendo a través de los años el cultivo de un léxico teatral hábilmente 'puertorriqueñizado', un vernáculo propio que fusiona los rasgos del habla popular con la dicción académica. Walcott se ha asimilado tanto la vivacidad del folclor afro-caribeño como las resonancias del verso isabelino, las modalidades festivas del Carnaval y las prácticas del teatro asiático. Ambos autores exploran los efectos del mestizaje por medio de métodos diferentes. Sánchez 'mulatiza' su lenguaje escénico pero apenas discute el tema directamente en sus obras de teatro. Walcott ha redactado personajes mestizos –como Yette en *The Haitian Earth* (1984)– cuya factura es potencialmente ambigua. En Walcott, por un lado, el mestizaje es el punto de partida para una nueva realidad; por otro, esta integración étnica polariza aún más las distinciones entre negros y blancos.

Lo que nos interesa destacar en este trabajo es cómo Sánchez y Walcott conceptualizan el Caribe como una cultura hiper-teatralizada. En *Quíntuples* (1984) y *The Last Carnival* (1983), los dos dramaturgos han establecido una visión de lo caribeño en la que lo performativo ha adquirido un valor ontológico.[2] Walcott y Sánchez entienden que las Antillas han podido negociar su activa diversidad a través de un proceso de 'mímesis' en el que diferentes identidades, al representarse unas a otras, comienzan a parecer una familia. Este parentesco es el efecto de una serie de imitaciones y parodias en las que lo gestual ha dejado de ser un efecto para irse transformando, lentamente, en una premisa. Y ambos autores llevarán esta intuición hasta su punto más extremo, sugiriendo que sus consecuencias tal vez nos exigen una revisión de nuestras inferencias estéticas y políticas. Para Sánchez y Walcott, el Caribe es una cultura altamente mediatizada donde la teatralidad ha instituido sus propias genealogías.

2.

En 1948, Agatha Willett, una mujer inglesa, ha sido contratada por Victor La Fontaine, un criollo francés rico y viudo, para que se encargue de la educación de sus dos hijos, Antoine y Clodia. Victor, quien es un pintor aficionado, ha venido a recibirla al puerto con su hermano Oswald, el administrador de Santa Rosa, una plantación de cocoa. Oswald ha traído dos domésticos negros: George, un hombre mayor de carácter religioso y sarcástico, y su joven sobrino Sydney. Después de admirar la novedad del paisaje isleño, Agatha recuerda sus experiencias durante la reciente guerra en Europa, señalando cómo las tazas de chocolate que la consolaban durante los bombardeos alemanes probablemente provenían de Trinidad. Los modales bruscos de Oswald contrastan con las finezas un tanto anacrónicas de Victor; los dos hermanos casi enseguida comienzan a competir por la atención de Agatha. La mujer, por el contrario, parece estar más interesada en ser amable con George y Sydney, los cuales son tratados de forma condescendiente –y hasta ofensiva– por Oswald.

Esta primera escena de *The Last Carnival* plantea las demarcaciones de poder que servirán de marco al desarrollo de la trama. Recién llegada de Inglaterra, Agatha describe la isla como un espacio iniciático: "The light is astonishing. So clear! All this. It's as if the world were making a fresh start". (Walcott 1986: 6) [La luz es impresionante. Tan clara! Todo esto. Es como si el mundo estuviera empezando otra vez.] Para Victor, sin embargo, el Caribe no implica un principio, sino más bien una cesación de lo cronológico; por esta razón le pide a Agatha que se deshaga de su reloj: "Your cute little watch is going to be buried at sea." (Ibídem: 7) [Ese pequeño reloj tendrá que ser sepultado en el mar.] Oswald, por otro lado, está mucho más enclavado en lo inmediato; sus acciones tienden a poner énfasis en lo práctico y lo eficiente, y su actitud denota agresividad: "You ain't exactly in some African outpost. Is a British colony; we have *some* manners left." (Ibídem: 10) [No está exactamente en un enclave africano. Es una colonia británica, nos quedan algunos modales.] Aunque Oswald se dirige a George y Sydney con evidente superioridad, su relación con ellos no excluye una dimensión lúdica. Esta elasticidad humorística no cancela la estructura jerárquica que la cimenta, pero también instaura un rasgo de irónica convivencia que denuncia los vectores de un emergente conflicto étnico-social.

Siete meses después, Agatha modela para una pintura de Victor, el cual expresa su admiración por el estilo de Watteau, especialmente su 'Embarcación para Citera': "He painted his whole culture as if it were a sunset, because all embarkation is a fantasy. You see those pilgrims in the painting? They can't move. It's like some paralyzed moment in a carnival." (Ibídem: 17) [Pintó toda su cultura como si fuera un atardecer, porque toda partida es una fantasía. Es como un momento detenido en medio del carnaval.] Agatha comparte sus observaciones sobre las mujeres negras que trabajan en la hacienda a pesar de que es sábado, la pobreza que la circunda, y hasta una novela escrita por un autor de Trinidad. Victor le aconseja que no preste mucha atención a tales detalles: "Don't read too many novels, Miss Willett. You'll look around you and all you'll see is fiction, some colorful backwater of the Empire." (Ibídem: 19) [No lea muchas novelas, Miss Willett. Mirará a su alrededor y verá que es una ficción, una zona marginal y exótica del Imperio.] Walcott aprovecha esta escena para introducir lo que tal vez sea el resorte estructural más importante en *The Last Carnival*: la acuciante función ejercida por la performatividad en el continuo proceso de posicionarse ante la realidad caribeña que todos los personajes, a su modo, confrontan. Victor utiliza a Agatha para que encarne su idealizada visión de lo francés; pero Agatha comprende que Victor también actúa para ella un rol de hacendado nostálgico: "I do rather resent your performing for me as if I were your journal." (Ibídem: 20) [Resiento que te teatralices para mí como si yo fuera tu diario] A lo largo de la obra, el concepto de representación -simbolizado por la pintura y el carnaval- ocupará un lugar prominente y problemático. La meta-teatralidad implícita de este recurso no está puesta aquí al servicio de un cuestionamiento ontológico, como sería el caso en Calderón o Pirandello. La teatralización de lo cotidiano para Walcott funciona como una puesta en escena de la eclosión de unas identidades caribeñas en las que el 'performance' es un gesto territorializador. Los personajes de Walcott toman posesión de su geografía por medio de una deliberada serie de mediaciones dramatizadas, ya sean éstas domésticas (como las pinturas de Victor) o públicas (como el carnaval).[3] Las culturas de África y Europa procuran así inculcarse en un espacio al que originalmente no pertenecen. Más adelante veremos cómo Walcott también parece indicar que esta espectacularización de la historia trae consigo perturbadoras limitaciones.

La yuxtaposición de un aria de Meyerbeer ('O Paradis', de la ópera *L'Africaine*) y el eco distante de la música de un 'steel band' sirve de trasfondo a una discusión entre Agatha y Oswald. Agatha se ha dedicado a darle a Sydney y a Jean –una sirvienta de la casa– lecciones de política y derechos civiles. Ella resiente el hecho de que Clodia, Antoine y Sydney puedan divertirse juntos durante el día, pero que al caer la noche los jóvenes duerman segregados: "When it's sunset, they go their ways: Sydney to his room in the yard, Clodia and Tony bathed and prayed and powdered up to their clean linen." (Walcott 1986: 25) [Cuando anochece, se separan: Sydney se retira a su cuarto en el traspatio, Clodia y Tony se bañan y rezan y se empolvan para meterse entre sus sábanas limpias.] Oswald se burla de sus escrúpulos, acusándola de ser "a very fragrant Communist". (Ibídem: 26) [un comunista muy fragante] Las críticas de Oswald se ven reforzadas por el miedo que Agatha siente cuando George aparece en la veranda disfrazado como "A figure, tall, made of dry leaves, masked, with a feathery headpiece". (Ibídem: 33) [una figura, muy alta, hecha de hojas secas, enmascarada, con un tope de plumas] George se sorprende ante la reacción de Agatha, pero Oswald se la explica diciendo que es "Just white people stupidness". (Ibídem) [Es la estupidez de los blancos.] Esta inversión –súbitamente Oswald parece hablar desde un punto de vista que habríamos esperado recibir de George–, se repite en la escena siguiente cuando George flagela a Sydney: el tío castigando a su sobrino como si éste fuera su esclavo. Para Walcott, estas aparentes contradicciones son índice de un grado de intimidad intercultural, en el que blancos y negros se intercambian ademanes y actitudes, refractándose unos a otros. En este sentido, cada grupo termina representando algún aspecto del otro, y esta relación simbiótica revela ya de por sí una tendencia teatralizadora, al conectar miméticamente cada etnia con su otredad.

Todos los vectores informativos que hemos venido apuntando convergen en la escena quinta del primer acto. Oswald, vestido de Toulouse-Lautrec, organiza la representación de un 'tableau' de carnaval en la hacienda de Santa Rosa. Todo el mundo lleva puesta las trazas de otra persona: Jean, con peluca y maquillaje blanco; Agatha, que imita a Jean Avril; George vistiendo de Pierrot; Sydney coronándose con un turbante; y Victor impersonando a Watteau. Agatha y Oswald, además, asumen intencionalmente el habla 'creole'. Victor quiere incluir en la fiesta la dramatización de un poema de Baudelaire pero Oswald rechaza la idea:

> Give art a rest. This ain't theatre, is Carnival, Mas! Oh, God. That is the tradition, Victor. People been driving up from Port of Spain for donkey years, now, to come to this fete. Who are you trying to impress? Willett? We can't stop the fete to put on this little play. (Walcott 1986: 42) [Déjalo por un rato. Esto no es teatro, es carnaval! Por Dios... Así es la tradición, Victor. La gente ha venido conduciendo desde Port of Spain por mucho tiempo, para unirse a esta fiesta. ¿A quién tratas de impresionar? ¿Willett? No podemos interrumpir la fiesta para montar esta obrita dramática.]

Cuando más tarde Oswald y Agatha subvierten la estilización de la pieza teatral de Victor convirtiéndola en una parodia obscena, el pintor los recrimina violentamente:

> You bitch! You little vulgar Cockney bitch! As for you, boy! Anything you see worthwhile, you think is your duty to coarsen and vulgarize, or jeer to shreds, to creolize quality, and not recognize it. (Ibídem: 44-45) [¡So puta! ¡Putilla vulgar y Cockney! ¡Y tú, muchacho! Todo lo que encuentras digno, piensas que es tu deber rebajarlo y vulgarizarlo, o romperlo en trizas, para creolizarlo, y no reconocerlo ya.]

Victor y Oswald alegorizan dos conceptualizaciones distintas de los vínculos entre historicidad y carnavalización. Para Oswald, el teatro no debe interrumpir o coartar la teatralidad del carnaval, el cual es una actividad transformativa que aúna transitoriamente las tensiones de la isla en un momento de síntesis y colaboración. Victor aspira, por el contrario, a recuperar una raigambre europea intocada por el traslado y el colonialismo:

> I am only asking for one moment of stillness, one moment of meaning in all the noise. Two minutes of silence to remind us of our origins. I ask the steel band to stop. (Ibídem: 42) [Sólo pido un momento quieto, un momento significativo en medio del ruido. Dos minutos de silencio para evocar nuestros orígenes. Pido que se detenga el steel band.]

Pero esta oposición también se ramifica en otras direcciones. Una de las mayores disyuntivas a las que se enfrenta el teatro en el Caribe, como lo ha indicado Errol Hill, es justamente el hecho de que la práctica del drama –obras como *The Last Carnival*– debe siempre competir o adaptarse a la vibrante teatralidad social del entorno antillano. (Hill 1992: 272-289) Victor no puede desligarse de una apreciación de Trinidad filtrada por los versos de Baudelaire y las pinceladas de Watteau, mientras que Oswald endosa abiertamente la algarabía del Mas, un tipo de espectacularidad más inclusiva y, en última instancia, quizá más autóctona.[4] De más está decir que casi todo el teatro de Walcott es un ajuste de cuentas con esta polarización, y que su acendrado eclecticismo estilístico, expresado cabalmente en obras tan distintas como su *Haitian Trilogy* (2002) y *Ti-Jean and his Brothers* (1958) es una respuesta directa a esta cuestión. ¿Cómo transferir al drama –una institución literaria heredada de las metrópolis europeas– la teatralidad oratórica y frecuentemente no-verbal de la fiesta, la máscara, el calipso? *The Last Carnival* enfrentará esta pregunta dos veces: en el acto primero, planteando el fracaso potencial del drama por medio de la pieza de Victor; y en el acto segundo, proponiendo que el carnaval también posee sus propias cortapisas.

3.

La escena final del primer acto se desarrolla durante el día de la Independencia de Trinidad, en agosto 31 de 1962. Victor anota cómo 'los nativos' juegan un partido de cricket (inventado en Inglaterra) al par que le ofrece a Agatha una copa de vino blanco (inventado en Francia) mientras ambos admiran las habilidades deportivas de Oswald y Sydney (inventados en Trinidad). Según Victor, ni él ni Agatha pueden celebrar nada en este día: ambos son 'colonials', ya que no han dejado en el fondo de ser europeos ni han logrado tampoco asimilarse al Caribe. Al inicio del acto segundo nos hallamos ya en 1970. Las guerrillas del 'Black Power' se encuentran en las afueras de Port of Spain, durante la celebración del carnaval; "They give us independence, and we start fighting", comenta George. (Walcott 1986: 54) [Nos dieron la independencia, y empezamos a pelear unos con otros] Brown, un periodista negro, ha venido a entrevistar a Agatha, pero ésta se ha retrasado y Clodia recibe al joven. (Aunque fueron mencionados durante la primera parte de la obra, los hijos de Victor solo aparecen en escena a partir de la parte segunda). A través de Clodia nos enteramos de que Victor se ha suicidado en Santa Rosa; la hija se mofa cruelmente de las fantasías de su padre:

> I remember him dressed in his Watteau costume. Long after Carnival was over, he would put it on, and on those days we knew he was quite off, quite off, as Aggie used to say, and put on this music, the same dammed record, it would drive us crazy, and paint to it. (Ibídem: 57) [Lo recuerdo vestido en su traje de Watteau. Mucho después de acabarse el carnaval, se lo ponía, y en esos días sabíamos que estaba lejos de nosotros, muy lejos, como decía Aggie, y también tocaba este disco, la misma maldita grabación, nos volvía locos a todos, mientras él pintaba.]

Agatha entra por fin, y Brown le explica que, en su opinión, los guerrilleros son meramente imitadores de una retórica ajena:

> They use the word 'ghettos' for what we called 'lanes' or 'alleys' The rhetoric is as imported as their revenge; it lacks direction, despite the vehemence [...] what should have been an economic protest, a march of the shirtless against urban injustice, has turned into a Black Power demostration with berets, leather jackets, another Carnival. (Ibídem: 59) [Utilizan la palabra 'ghettos' para lo que nosotros llamamos 'calles' o 'callejones'. Tanto la retórica como su venganza son importadas; ambas adolecen de objetivo, a pesar de la vehemencia [...] Lo que debió haber sido una protesta económica, una marcha de los descamisados contra la injusticia urbana, se transformó en una demostración de los Black Power, con sus boinas, sus chaquetas de cuero, otro Carnaval.]

De la misma forma que para Brown las guerrillas están 'representando' un discurso importado, Antoine y Clodia 'representarán' para éste una parodia de Victor y Agatha, imitando sus acentos y sus ademanes. Tanto la situación política como la conducta de los hermanos se añaden entonces al repertorio performativo al que ya pertenecían antes el Mas y los vestuarios rococó de Victor. Los guerrilleros, Antoine y Clodia se han rebelado contra su historia a través de una gestualidad inicialmente derivativa, prestada. Incluso cuando Clodia decide seducir a Brown, lo hace comparándose con uno de los cuadros de su padre, aduciendo que ella sí es un 'original' al poner su rostro dentro de un marco vacío. Clodia se 'vende' a Brown replicando las acciones de una subasta que es simultáneamente una parodia del mercado artístico y de las ventas de esclavos.

Antoine descubre por fin el 'instante detenido' que anhelaba su padre cuando su comparsa para el Mas –un tributo a Victor– es interrumpida por las disenciones políticas:

> The marches started and all my members backed out. Afraid of the same black people they were dancing with. This year, to honour Victor, I designed a Watteau band. Now, with this light like the fire, orange, and silks, the sunset, I see the moment of stillness Victor wanted. Because here we are, we can't move. Just like these people in the painting. Motionless... (Walcott 1986: 91) [Las comparsas empezaron y todos los de mi grupo se detuvieron. Amedrentados por los mismos negros con que estaban bailando. Este año, como un tributo a Victor, he diseñado una comparsa de Watteau. Y ahora, con esta luz hecha de fuego, anaranjada y de seda, el crepúsculo, veo por fin el momento de quietud que deseaba Victor. Porque ahora estamos aquí, sin movernos. Como las personas en aquella pintura. Detenidos...]

Y Clodia misma señala cómo Trinidad ha cambiado a Agatha, convirtiendo lo que al principio era un 'performance' en otra realidad: "She lost her accent teaching us to talk like little horseback-riding ladies and gents, and so the teacher became what she taught." (Ibídem: 89) [Ella perdió su acento enseñándonos a hablar como si fuéramos damas a caballo y aristócratas, y así la maestra se convirtió en sus lecciones.] Estas repeticiones de frases y eventos configuran un archivo gestual en el que lentamente se entrecruzan las etnias y las generaciones. La mímesis es no solo un acto de apropiación en el que se combinan y absorben materiales heterogéneos, sino también un acto de traducción que re-localiza tales materiales en un nuevo registro semántico. Como le advierte Clodia a Brown: "If I'm trying to be black, you're already white". (Ibídem: 83) [Si yo estoy tratando de hacerme negra, ya tú has logrado hacerte blanco.] Sydney, quien morirá por haberse unido a los guerrilleros, y Jean, quien se transforma en una figura política de la isla, son a su vez un eco del activismo civil de Agatha. Walcott presenta estas instancias miméticas como ejemplos de una historiografía más rizomática que lineal, una crónica dramatizada en la que la parodia es tan importante –o quizá más– que la originalidad. Brown reseña las pinturas de Victor declarando que "I think they're good, even if they're unfinished. They just can't seem to settle on one style". [Creo que son buenas, aunque estén incompletas. No se deciden por un estilo fijo.] Y a esto Clodia añade: "Like Trinidad." (Ibidem: 65) [Como Trinidad.]

La presencia de la parodia –y el 'performance' que ésta conlleva– crea en *The Last Carnival* un sentido de la historia donde la metamorfosis, el traslado de una forma a otra, sustituye el convencional desarrollo sicológico que la dramaturgia realista ha impuesto sobre los personajes. Walcott elabora sus tramas y personajes más como un alquimista que como un sicoanalista; con frecuencia sus entes dramáticos y sus escenas son el resultado de secuencias y operaciones en las que el súbito transplante de una estado a otro se salta cualquier análisis pormenorizado de impulsos internos o emocionales. Por eso sus mejores obras –*Dream on Monkey Mountain* (1967), *The Odyssey* (1992), *A Branch of the Blue Nile* (1983) o *Pantomime* (1978)– son de corte onírico o están basadas en la re-escritura de un modelo previo. Algunas de sus obras finalizan con una vuelta o re-inicio, y también con una franca aceptación de cansancio. Esta estética de lo exhausto –un post/barroquismo más que un post/modernismo, tal vez– dista de ser pesimista; se trata más de una tregua duramente ganada que de un determinismo existencial a lá Naipul. La vieja bañera de porcelana que se ennegrece al quemarse en el incendio que destruye Santa Rosa a mano de los guerrilleros es una clave poética del tipo de transacción permutativa que Walcott practica: lo europeo y lo africano, fusionados por la violencia sincrética del colonialismo y sus consecuencias. *The Last Carnival* regresa al final al mismo lugar donde había empezado: el puerto de Trinidad. Pero esta similaridad proxémica es ilusoria: Clodia no es Agatha, Brown no es Victor, y el movimiento hacia el Caribe se ha revertido en un movimiento hacia Europa, una Inglaterra que tampoco es la misma: "It'll be cold in England. It's winter. February. There're West Indians there. You can't escape us." (Walcott 1986: 101) [Estará frío en Inglaterra. Es invierno allá. Febrero. Hay caribeños allí. No puedes escaparte de nosotros.] Clodia ha declarado anteriormente que Trinidad es una

> Small island. Small war. Small men. Who'll remember ? Who'll bleed in Washington, or London, or Paris if they all die? What is Trinidad? A speck of fly shit on a map of the world." (Ibídem: 90) [Diminuta isla. Guerra diminuta. Hombres diminutos. ¿Quién nos recordará? ¿Quién sufrirá en Washington, en Londres o en París si todos ellos mueren? ¿Qué es Trinidad? Una mancha de excremento de mosca sobre el mapa del mundo.]

Pero el forzado exilio de Clodia de su país a una Inglaterra donde la espera otra versión de Trinidad incluye irónicamente una negación de este arraigado insularismo.

"When I came it was the New World, now it's the Third", observa Agatha. Brown matiza esta aseveración de inmediato: "Yes. Apparently we skipped the Second." (Ibídem: 58) [Cuando llegué esto era el Nuevo Mundo, pero ahora es el Tercero"; "Sí. Aparentemente nos saltamos el Segundo.] El Carnaval vendría a ser, en cierto modo, la actividad que ocupa esa transición entre el nuevo y el tercer mundo, el trecho histórico que media entre la colonización y el neo-imperialismo globalizante tan astutamente diagnosticado por Michael Hardt y Antonio Negri. (Hardt, Negri: 2000) ¿Pero hasta qué punto el Carnaval tiene aún la misma energía transgresora que heredó de la Emancipación? Si el Carnaval es la atracción turística más vistosa de Trinidad, el producto más importante de una industria basada en la comercialización del mismo pasado que a partir de 1962 la Independencia ha exigido superar, ¿no se habrá desvirtuado ya su potencial negociador? La influencia hegemónica que ejerce el Carnaval –nadie la ha descrito mejor que Earl Lovelace en su novela *The Dragon Can't Dance* (1979)– tal vez lo ha convertido, como diría Gramsci, más en una herramienta de consentimiento que en un instrumento para la disidencia creativa. Trinidad es una isla donde el mimetismo ha marcado profundamente la formación de una identidad nacional. En *The Last Carnival*, la cultura de la isla emerge a partir de una serie de reciclajes articulados por un persistente devenir carnavalizador. En un ambiente tan radicalmente teatralizado, donde impera la parodia y la reiteración, el acto de traducir o representar una cultura ante otra ha adquirido una centralidad hermenéutica. Las mediaciones interculturales que han moldeado a Trinidad –y, por extensión, al Caribe– se erigen aquí en un paradigma interpretativo de la historia antillana. Cualquier intento de recuperar, como Victor, un 'locus' incontaminado por tales mediaciones se revela como un proyecto destinado al fracaso. Sin embargo, aunque dista de rechazarlo, Walcott desconfía de lo carnavalesco. Tejumola Olaniyan ha probado que la actitud de Walcott ante lo carnavalesco ha sido siempre ambivalente. (Olaniyan 1995: 103) En un país donde la guerrilla de los 'Black Power' y el 'Mas' coinciden y hasta se confunden, toda acción política corre el riesgo de ser neutralizada por una óptica performativa que podría reducirla a mera espectacularidad. Tal es, en última instancia, la advertencia que Walcott ha tratado de elucidar en *The Last Carnival*:

> Trinidad is a society where Carnival is regarded as a serious matter and revolution as fun. It's the ambiguity of this view that makes life there so interesting. (Baer 1996: 20)
> [Trinidad es una sociedad donde el Carnaval es considerado algo serio y la revolución es vista como entretenimiento. Es la ambigüedad de esta visión lo que hace que la vida aquí sea tan interesante.]

4.

"Are we all gathered here to give the impression of one happy family?", exclama Clodia en el segundo acto de *The Last Carnival*. (Walcott 1986: 63) [Acaso no estamos reunidos aquí para dar la impresión de que somos una familia feliz?] Esta pregunta podría ser el subtítulo de la próxima obra que estudiaremos, *Quíntuples* (1984) de Luis Rafael Sánchez. El texto de Sánchez es una genealogía al revés: cinco intervenciones por cinco vástagos del clan Morrison (Dafne, Baby, Bianca, Mandrake, Carlota) nos preparan para la aparición de Papá Morrison, el Gran Divo. Papá Morrison llega a afirmar que "Yo salí a Dafne Morrison". (Sánchez 1985: 71) Conocemos a los Morrison en el contexto de un 'Congreso de Asuntos de la Familia' cuyo público somos nosotros. El hecho de que el padre sea el último personaje en salir a escena produce un efecto de reversibilidad cronológica: Papá Morrison se nos presenta como un 'resumen' de sus hijos, al mismo tiempo que corroboramos que éstos son indudablemente un reflejo del patriarca viudo de la familia. Sánchez ha logrado re-definir los lazos de familia en términos de un proceso basado en afinidades y oposiciones sicológicas que se mueven en ambas direcciones; el orden convencional y jerárquico de las generaciones queda así puesto en entredicho. Como veremos pronto, los miembros de esta familia se parecen unos a otros por razones 'miméticas' tanto o más que por razones genéticas. Cada de uno de los hermanos y hermanas es siempre una elusiva suma de los elementos de todos los demás miembros de la familia. La ausencia de la madre –llamada pertinentemente Soledad Niebla– introduce una variable a la que no tenemos acceso más que a través de los comentarios y las fotografías de Papá Morrison. (Tampoco sabemos mucho de la madre de Clodia y Antoine en *The Last Carnival*). Esta carencia de lo materno es compensada por Carlota Morrison, la hermana que está encinta con quíntuples y que empieza a parir durante su monólogo. La propensión de Carlota a las obsesiones sicosomáticas y su gusto por la poesía nos dan, por inferencia, un probable retrato póstumo de la madre perdida.

Los Morrison detentan lo que Sánchez llama un 'yo imperial', un ego 'superlativo' que evita que estos personajes sean fácilmente objetivados por el voyeurismo del público. En *Quíntuples* el público es muchas veces el objeto de los caracteres, quienes lo manipulan, lo usan, y lo seducen. Este afán de protagonismo de los Morrison está montado sobre una disección de la semiosis teatral. Cada monólogo investiga agresivamente el problemático nudo que enlaza la palabra con el movimiento. Dafne "repite con el gesto lo que la palabra informa en una especie de duelo de expresión histriónica". (Sánchez 1985: 3) Baby, por su parte, recalca los elementos fonéticos del lenguaje: "¿Se oye claramente? ¿Se oye con potencia? ¿Se distinguen las vocales de las consonantes? ¿Se diferencian las vocales fuertes de las vocales débiles? Papá Morrison repite que si se habla se oye. El ruido siempre se oye dice Papá Morrison." (Ibídem: 20)

Herbert Blau afirma que la distinción entre el público como audiencia y el público como espectador que nuestro lenguaje ha preservado indica la existencia de una contienda entre el logos y el cuerpo en las representaciones teatrales. (Blau 1990: 84-89) La conversión del público en un elemento participante intentaría aminorar esa fisura, y Sánchez echa mano de este recurso: "Con la discreción que procede, con el sentido común elemental, los actores deberán incorporar al público a las peripecias de la trama mediante el lenguaje visual, las sonrisas de complicidad o la búsqueda de apoyo con los gestos indicados. Dichos envolvimiento y dinámica agilizan los ritmos narrativos de los monólogos." (Sánchez 1985: xiv) La lúdica controversia entre dos formas de recepción –lo escópico y lo acústico– ha sido una constante en otras obras de Sánchez. En *La guaracha del Macho Camacho* (1976), la mirada telescópica que domina la novela es acompañada por los repiques de una canción radial. En *Los ángeles se han fatigado* (1960) "una mezcla violenta de mambo americano y melodía tropical" invade el monólogo de una prostituta. (Sánchez 1976: 182) En *Quíntuples* la estilización de este contraste ha llegado al máximo, y Dafne Morrison es ya una plástica conjunción de ambos: "el teatro inolvidable de su sonrisa"; "en la boca la promesa del resoluto sexo oral"; "las manos interpretándole una coreografía del éxtasis." (Sánchez 1985: 2-5)

Las fogosas transacciones entre el lenguaje y los gestos que organizan la presentación de los monólogos quedan enmarcados por el supuesto acto de improvisar que emprenden los personajes. Es a causa de esta premisa –la improvisación– que los hermanos y las hermanas Morrison habitan una zona liminal en las que las barreras convencionales entre lo consciente y lo inconsciente parecen vulnerarse. La tensión entre la vista y el oído que ya hemos mencionado es de por sí un signo de esta brecha, pues nos obliga a distinguir entre lo que se expone en la superficie y lo que surge desde una interioridad que sin las palabras permanecería invisible. "La improvisación corre el peligro de la dispersión", advierte Dafne. (Sánchez 1985: 6) Improvisar implica desviarse de "los libretos que habitualmente representamos", y que han sido preparados por Papá Morrison. (Ibídem) Ahora bien, si "la costumbre es una segunda naturaleza" (Ibídem: 5), nos hallamos ante una improvisación subliminalmente dirigida por los resabios de todas las representaciones anteriores de los Morrison. Por eso Dafne admite que "No hay que asombrarse. El asombro, también, pasó de moda". (Ibídem: 14) ¿Cómo pueden ser improvisadas, además, unas intervenciones cuyos referentes son con obsesiva regularidad el 'performance' de otras figuras? Mandrake

> se desenvuelve con unas formas que son, unísonamente, cortesanas y napolitanas. El napolitanismo referido es apócrifo pero válido y recorre el planeta encargado a los grandes gesticuladores del cine italiano, Vittorio Gassman, Marcelo Mastroianni, Nino Manfredi, Alberto Sordi, Giancarlo Gianinni". (Ibídem: 43-44)

Dafne vive

> instalada en la felicidad como Vanessa Williams con corona, como si fuera un cruce mejoradísimo de la Catherine Deneuve y la Sonia Braga y la Jane Fonda que enseñó los pelos en *Coming Home* y la María Féliz cuando la matrimonió el Agustín Lara y la Bette Midler que la humanidad gay idolatra y la Diana Ross en su concierto bajo la lluvia en Central Park. (Ibídem: 1)

La historia que comparten los Morrison con su público está basada en una memoria de lo performativo: el cine, la música, el ballet, la magia, el vodevil, el circo, los recitales de poesía. Es una memoria ritualizada, codificada por la mítica iconicidad de ciertos géneros de entretenimiento y de ciertas celebridades de la farándula: "¡Si se improvisa no se ensaya pero mi familia es así!" (Ibídem: 9) La otra historia –la de las efemérides y las fechas– ha sido postergada aquí a un segundo plano, y solo se asoma en el texto, como en el caso de Blanca Morrison, como un lacaniano regreso de algo que ha sido reprimido.

La posición del monólogo de Bianca Morrison –el tercero de un total de seis– es central a la obra por razones que van más allá del conteo. Es durante el monólogo de Bianca que el texto de *Quíntuples* se 'puertorriqueñiza' más concretamente:

> El nacimiento de los quíntuples Morrison fue un acontecimiento. Traspasó las barreras de la isla del encanto. Sólo el tiroteo al congreso norteamericano llevado a cabo por los nacionalistas puertorriqueños el mismo año desplazó el interés de los Quíntuples Morrison en la prensa mundial [...] Los quíntuples Dionne también asombraron al mundo. Pero, los quíntuples Dionne provenían de un país rico. El bellísimo país canadiense. Los quíntuples Morrison somos naturales de Puerto Rico. Una antilla menor famosa por su hospitalidad y por su pobreza que los nativos han superado con gran dignidad. Famosa también es esta antilla porque está en la ruta de los ciclones. Los quíntuples Morrison somos más raros. Más exóticos. (Ibídem: 36-37)

Sánchez ha enlazado este retrato de Puerto Rico –un retrato exento de las efusiones telúricas o místicas preferidas por muchos poetas de la isla– con la doble ansiedad, incestuosa y lésbica, de Bianca Morrison. También despunta en este monólogo una fricción entre los que dejan la isla (Dafne) y los que se quedan (Bianca). Es innegable que este monólogo invita una lectura politizada: la censura a la que Bianca somete su sexualidad coincide con la censura que Papá Morrison ha impuesto sobre la situación colonial del país: "¡Papá Morrison insiste que jamás se toca la política!" (Sánchez 1985: 36) John Dimitri Perivolaris piensa que, en general, la irresolución de los personajes de *Quíntuples* es el síntoma de una biculturalidad traumatizante que obliga al puertorriqueño a detentar una subjetividad escindida, histérica. (Perivolaris, 31-56)[5] Vista desde otro ángulo, Bianca Morrison nos expone a los límites de la teatralidad:

> No debí participar. No debí participar. No debí participar [...] Dafne Morrison pudo seguir entreteniéndolos. Le sobran recursos. Siempre le han sobrado recursos. Mucha palabrería. Palabrería bonita. Para quien le gusta la palabrería bonita. Tiene gracia antillana, dice Papá Morrison. (Ibídem: 38-39)

En este monólogo Sánchez ya empieza a convocar ese cansancio de lo performativo que culminará en el "Ya no puedo más" del desenlace de la obra.

5.

Una de las obras 'dentro de otra obra' a las que se refiere Sánchez en el prólogo es estrictamente virtual desde el punto de vista del público: se trata de esa 'aventura de la imaginación' que es el Gran Circo Antillano. Dafne Morrison ha decidido fugarse con el enano Besos de Fuego. Baby Morrison se une al circo como "enfermero del único león que tiene". (Ibídem: 28) Bianca detesta el circo por razones obvias. Mandrake nos delata su envés: "¿Qué? Un gato desvalido que el enano ascendió a león inyectándole hormonas. Unas casetas deshilachadas y mugrosas a las que el muy enano bautizó con el nombre de Gran Circo Antillano." (Ibídem: 51) Según Mandrake, este circo que sirve de fantasía liberadora a Dafne y Baby ha sido ganado por él en una apuesta con el enano Besos de Fuego. Localizado después del intermedio, el monólogo de Mandrake inicia un proceso deconstructivo de la primera parte de la obra, una crítica desde adentro de la información que nos han dado los monólogos anteriores: "Tres escenas más aún nos quedan, tres escenas contando con ésta, tres escenas simétricas, urgentes. Que en arte todo es premeditación y alevosía [...] Hasta la espontaneidad. Hasta la improvisación." (Ibídem: 44-45) El narcisismo de los Morrison es ahora el narcisismo de *Quíntuples*, ya que el texto se anatomiza a sí mismo: "¡Ya empecé a improvisar! Así es como se improvisa, inventando las peripecias sobre la marcha, dejando que el cuento se construya a sí mismo, ajustando un nudo que amarro regularmente, reservando el buen golpe que deja aturdido a quien escucha, observa y se interesa. ¡El cuento no es el cuento! ¡El cuento es quien lo cuenta!" (Sánchez 1985: 45-46)

La 'realidad' que Mandrake elabora es un artificio. Mandrake preconiza una estilística de lo prestado que la obra ha venido practicando desde su primera línea: "¿Qué digo yo de mí? ¿Cuál vida me improviso para ustedes? [...] Son prestados los topos. Es prestada mi belleza irremediable. No sé si préstamo es la palabra que me vale. Me los prestó un fulano que quería comer del pan que yo comía." (Ibídem: 51-52) Ese "fulano" es el diablo en el cuento engarzado por Mandrake. La metáfora de lo prestado substancia una retórica de la cita, una semiosis francamente intertextual gracias a la cual nuestra intelección de los eventos dramáticos surge siempre contaminada por el 'dejá vu' de una experiencia anterior. (Sánchez incluso le toma prestado un poema a otro autor en el monólogo de Carlota). Pero las citas son también internas, fragmentos flotantes de cosas dichas por otros personajes. La obra se nutre de sí misma, se auto-concibe. Los monólogos de Carlota y Papá Morrison están salpicados de ecos y recapitulaciones. En medio de las peroratas de Papá Morrison, cuando el Gran Divo nos avisa que no puede más, el actor salta de la silla y prosigue citando al personaje: "Yo tampoco puedo más. No puedo fabular más. No puedo armar más imaginaciones con palabras." (Ibídem: 77) La actriz se aproxima y el actor explica que "No queremos ahondar más en la magia porque le dañamos la magia. Porque se arriesga la hermosura de su mentira. Una mentira que es como una maroma entre ustedes, el público, y nosotros, los actores". (Ibídem: 78) Este momento auto-referencial no es exactamente alienante –en el significado brechtiano– ni tampoco meta-teatral, sino más bien 'intra-teatral'. Estamos frente a un envase más en una secuencia de caja china cuyo 'origen' se haya en el escenario mismo. Si el desenlace –o, más bien, la interrupción– de *Quíntuples* nos re-instala en otra 'realidad', esa realidad es todavía el teatro (el escenario súbitamente convertido en camerino donde no vemos dos 'personas', sino dos actores que se desmaquillan).

Los monólogos han sido concebidos como 'diálogos para una voz'. Sánchez exige que se mantenga la correlación orgánica entre estos 'diálogos', solicitando explícitamente que no se antologuicen en recitales, café-teatros, o café-concerts. También nos alerta Sánchez al hecho de que sus detalladas acotaciones "de ninguna manera, bajo ningún pretexto de experimentación, distanciamiento o muestra de originalidad, deberán [...] ofrecerse al público". (Ibídem: xiv) Sánchez se opone a ciertas fórmulas de alienación brechtianas manejadas por él mismo exitosamente en *La pasión según Antígona Pérez* (1968). Estas fórmulas resultan innecesarias en esta ocasión ya que *Quíntuples* es en sí un texto 'sobre' la autorreferencialidad. La "absoluta teatralidad" de *La pasión según Antígona Pérez* (Sánchez 2002: 12) es muy distinta a la auto-referencialidad hiperbólica de *Quíntuples*. Esta última obra no aspira a recordarnos que hay una materialidad externa al teatro, como sí lo procuraría Brecht. La abundancia de repeticiones, citas, y rutinas que transitan el texto surten un efecto totalmente opuesto, en el que toda realidad es descrita como una percepción siempre mediada por lo performativo. En otras palabras: lo mediado es aquí la norma, no una excepción disruptiva, y por esa razón no contiene la misma impronta distanciadora que una propuesta brechtiana establecería. En *La farsa del amor compradito* (1960), Sánchez mencionaba al menos dos probables vías para potenciar el teatro. Para Pirulí, "el teatro es imitación de la vida", mientras que para Colombina "el teatro es el sueño del ser". (Sánchez 1976: 14) La antinomia entre el teatro como un espejo –de enjundia clásica y renacentista– o el teatro como fluidez onírica –de sesgo vanguardista– ha sido superada en *Quíntuples*. Ni reflejo ni sueño (aunque aún tenga rasgos de ambas cosas), el teatro investigado en *Quíntuples* es uno que se dobla sobre sus propios resortes, un mecanismo que responde a su propia performatividad. En esta obra, Sánchez ha avanzado desde la teatralidad al teatro: todo es 'gestus', paráfrasis, reminiscencias de otras representaciones. El desenmascaramiento de Papá Morrison no es un retorno a lo 'real', sino a esos dos actores que median entre esta supuesta 'realidad' y nosotros.

Walcott y Sánchez han vislumbrado que el Caribe es una galería de mimetismos donde la teatralidad es ya una "segunda naturaleza".[6] Si esta facultad imitativa ha permitido que el archipiélago manifieste y expanda sus proyecciones interculturales en *The Last Carnival*, también ha contribuido allí a erosionar el impacto revolucionario de las rupturas políticas promovidas por las guerrillas del 'Black Power'. En *Quíntuples*, el mimetismo rampante que le provee un hilo común a la familia Morrison encubre dos niveles semánticos: una tensión entre escuchar y observar, y una correspondiente fisura entre lo declarado y lo reprimido. Para los Morrison, la teatralidad es a la par un 'modus vivendi' y un 'modus operandi'. El temor a 'dañar la magia' con que concluye la obra, y el 'no poder más' de los actores parece implicar que Sánchez nos ha traído a una zona límite, un 'dead end'. Iván Jiménez Williams aduce que tanto Sánchez como Walcott se oponen a la creciente globalización de los finales del siglo veinte al particularizar intencionalmente sus textos por medio de la presencia de un lenguaje popular típicamente caribeño. Esta 'regionalización' de sus escritos se contrapone al modelo genérico de una globalidad cada vez más controlada por corporaciones transnacionales. (Jiménez 2004: 165-178) Jiménez cree, por ende, que Walcott y Sánchez procuran revelar cómo el neo-colonialismo obstaculiza la formación de identidades auténticamente antillanas. Pero esto es solo un aspecto de la cuestión. La hiper-teatralidad de *The Last Carnival* y *Quíntuples* transfiere toda acción –incluso acciones de resistencia– a la dimensión de un 'gestus' brechtiano. Si todo acto viene ya marcado por una mediación histriónica o auto-referencial, si la sociedad misma es un entramado de representaciones y préstamos, de citas y repeticiones, ¿cuán efectivo puede ser en ese contexto el truco alienador? ¿No han reducido irremisiblemente su función crítica la carnavalización de la Independencia en Trinidad y la redundancia colonizada de los signos en el Puerto Rico de los Morrison?

Tal vez la mayor contribución de Sánchez y Walcott en estas dos obras estrenadas en la misma década de los ochenta sea la de haber llevado a sus máximas consecuencias una teorización del Caribe basada en lo paródico y lo excesivo. Para Walcott, en el Caribe

> What has mattered is the loss of history; the amnesia of the traces, what has become necessary is imagination, imagination as necessity, as invention. (Walcott 1993: 53) [Lo que ha importado en la pérdida de la historia, la amnesia de las huellas, y lo que ha hecho falta es la imaginación, lo imaginado como necesidad, como invención.]

Sánchez no ha vacilado en ponderar que "Un país con forma de isla es un país con forma de cárcel. Tarde o temprano, el Caribe le impone al caribeño la emigración, la errancia, el exilio". (Sánchez 1998: 85) Walcott y Sánchez reconocen que la hiper-teatralización de la vida caribeña es una de las características que avalan la amplia experiencia intercultural de las islas. Lo que no se ha visto con la misma claridad es el hecho de que esta hiper-teatralización conlleva una crítica implícita a los estatutos de la poética brechtiana que tanto han marcado el teatro latinoamericano y caribeño en las últimas décadas del siglo pasado. Brecht

> called for a theatre that indexed its own features in order to subvert role-playing and mimesis so that actors can signal the falsity or duality of their own acting, selectively helping spectators to reject empathy and identification. (Davis y Postlewait 2003: 14) [exigió un teatro que llamara la atención sobre sí mismo para subvertir el fingimiento y la mímesis, de manera que los actores pudieran proyectar la falsedad o la dualidad de su trabajo, ayudando selectivamente a los espectadores a que rechazaran la empatía y la identificación.]

Ahora bien, si su cultura misma está hecha de 'gestus', el Caribe también necesita convocar una dramaturgia post-brechtiana, un nuevo método escénico. Sánchez y Walcott han intuido ese método en estos textos donde lo teatral es ya una 'episteme', una forma de conocer y entender el Caribe. Esa 'episteme', sin embargo, también se expone al agotamiento. *The Last Carnival* y *Quíntuples* nos preparan para el advenimiento de un teatro caribeño logrado después del carnaval, un teatro que nos provoque más allá de las carpas del Gran Circo Antillano.

NOTAS

1. Sobre el teatro de Sánchez hay únicamente dos estudios de conjunto: véanse Colón Zayas (1988) que no incluye *Quíntuples*, y el de Waldamn (1988). Para *Quíntuples* han de consultarse por lo menos dos ensayos: Meléndez (1992) y Barradas (1997).
2. Valga recordar que *The Last Carnival* es una re-escritura de una obra anterior de Walcott, *In a Fine Castle* (1971). No hay espacio en este trabajo para comparar ambos textos, pero un esfuerzo inicial puede hallarse en el libro de Bruce King. (King 1995: 156-160; 314-318)
3. 'La embarcación para Citera', de 1717, es una de las pinturas más famosas de Jean-Antoine Watteau (1684-1721). El cuadro representa un nostálgico grupo de cortesanos en las riberas de la isla del Amor, donde se practica el culto a Afrodita. La crítica no ha logrado ponerse de acuerdo sobre si el grupo acaba de llegar o si está a punto de marcharse –un punto que Walcott no dejaría de apreciar. Y aunque Watteau es considerado hoy un ejemplo cimero del rococó francés, su estilo fue muy influido por Rubens y la escuela veneciana –una evidente pluralidad de elementos interculturales.
4. Las referencias a Charles Baudelaire (1821-1867) son muy importantes en *The Last Carnival*. En *Les Fleurs du Mal* Baudelaire menciona a Watteau en su poema 'Les Phares'. (Bau-

delaire 1993: 20-24) Walcott cita el poema 'Un Voyage à Cythére' (Ibídem: 129-131), donde la visión de la isla del amor se convierte en una 'perversa alegoría'. En el poema 'Mesta et errabunda' (Ibídem: 20-24), una mujer llamada Agatha es invitada a abandonar una ciudad para cruzar un nuevo mar. (Baudelaire 1993: 20-24; 129-131; 255-259)
5. El libro de Perivolaris es sin duda una de las más importantes contribuciones recientes al estudio de la obra de Sánchez, pero sería conveniente advertir que algunas de sus conclusiones, en mi opinión, se apoyan demasiado en un análisis que usa la situación política de Puerto Rico sicoanalíticamente. El resultado es, en cierto modo, un tipo de crítica alegorizante que el mismo autor afirma Sánchez ha tratado de evadir.
6. En este aspecto, tanto Walcott como Sánchez muestran afinidades con otros dramaturgos caribeños, como el puertorriqueño René Marqués en *Carnaval afuera, carnaval adentro* (1962) y el cubano Abelardo Estorino en *Morir del cuento* (1983).

BIBLIOGRAFÍA

Baer, William (ed.)
    1996   *Conversations with Derek Walcott*. Jackson: University Press of Mississippi.
Baudelaire, Charles
    1993   *The Flowers of Evil*. Oxford: Oxford UP.
Barradas, Efraín
    1997   'Las dualidades de *Quíntuples*: Nota sobre una pieza teatral de Luis Rafael Sánchez.' En: *Revista de Crítica Literaria Latinoamericana* XXIII, 45: 279-291.
Benítez Rojo, Antonio
    1998   *La Isla que se repite*. Barcelona: Editorial Casiopea.
Blau, Herbert
    1990   *The Audience*. Baltimore: The Johns Hopkins UP.
Burton, Richard D.E.
    1997   *Afro-Creole. Power, Opposition, and Play in the Caribbean*. Ithaca: Cornell UP.
Colón Zayas, Eliseo R.
    1988   *El teatro de Luis Rafael Sánchez*. Madrid: Playor.
Cowley, John
    1996   *Carnival, Canboulay and Calypso*. Cambridge: Cambridge UP.
Davis, Tracy C. y Thomas Postlewait (eds.)
    2003   *Theatricality*. Cambridge: Cambridge UP.
Glissant, Edouard
    1997   *Poétique de la relátion*. París: Gallimard.
Hagedorn, Katherine J.
    2001   *Divine Utterances. The Performance of Afro-Cuban Santería*. Washington: Smithsonian Institution Press.
Hardt, Michael y Antonio Negri
    2000   *Empire*. Cambridge: Harvard UP.
Hill, Errol
    1992   *The Jamaican Stage, 1665-1900*. Amherst: The University of Massachusetts Press.
Jiménez Williams, Iván
    2004   'Paradigmas de identidad caribeña frente a la globalización en Derek Walcott y Luis Rafael Sánchez.' En: Rita De Maesener y An Van Hecke (eds.) *El artista caribeño como guerrero de lo imaginario*. Madrid / Frankfurt: Iberoamericana Vervuert: 165-178.
King, Bruce
    1995   *Derek Walcott and West Indian Drama*. Oxford: Clarendon.
Lezama Lima, José
    1993   *La expresión americana*. México: Fondo de Cultura Económica.
Lovelace, Earl
    1998   *The Dragon Can't Dance*. Nueva York: Persea Books.

Meléndez, Priscilla
1992 'Lo uno y lo múltiple: farsa e incesto en Quíntuples de Luis Rafael Sánchez.' En: *Latin American Theatre Review* 26.1: 7-22.
Olaniyan, Tejumola
1995 *Scars of Conquest/ Masks of Resistance*. Oxford: Oxford UP.
Perivolaris, John Dimitri
2000 *Puerto Rican Cultural Identity and the Work of Luis Rafael Sánchez*. Chapel Hill: Chapel Hill.
Sánchez, Luis Rafael
1976 *Sol 13, interior*. (Incluye *La farsa del amor compradito*; *La hiel nuestra de cada día*; y *Los ángeles se han fatigado*). Río Piedras: Cultural.
1985 *Quíntuples*. Hanover: Ediciones del Norte.
1998 *No llores por nosotros. Puerto Rico*. Hanover: Ediciones del Norte.
2000a *La pasión según Antígona Pérez*. Río Piedras: Cultural.
2000b *La guaracha del Macho Camacho*. Madrid: Cátedra.
Walcott, Derek
1970 *Dream on Monkey Mountain and Other Plays*. Nueva York: Farrar, Straus and Giroux.
1980 *Remembrance and Pantomime*. Nueva York: Farrar, Straus and Giroux.
1986 *Three Plays*. (Incluye *The Last Carnival*; *Beef, No Chicken*; y *A Branch of the Blue Nile*). Nueva York: Farrar, Straus and Giroux.
1993a *The Odyssey*. Nueva York: Farrar, Straus and Giroux.
1993b 'The Caribbean: Culture or Mimicry?' En: Robert D. Hammer (ed.) *Critical Perspectives on Derek Walcott*. Washington: Three Continents Press: 51-57.
2002 *The Haitian Trilogy*. (Incluye *Henri Christophe*; *Drums and Colors*; y *The Haitian Earth*). Nueva York: Farrar, Straus and Giroux.
Waldman, Gloria F.
1988 *Luis Rafael Sánchez: pasión teatral*. San Juan: Instituto de Cultura Puertorriqueña.

Rita De Maeseneer
Universiteit Antwerpen

VEGA/LUGO FILIPPI 'VERSUS' GÓMEZ, O 'GENDERING (AND QUEERING)' BOLEROS EN EL CARIBE[1]

Se estudia la funcionalidad del bolero el cuento del dominicano Luis Martín Gómez, 'Vellonera de sueños' en comparación con 'Cuatro selecciones por una peseta (Bolero a dos voces para machos en pena, una sentida interpretación del dúo Scaldada-Cuervo)', de Ana Lydia Vega y Carmen Lugo Filippi. Comparten la temática del hombre que llora sus penas, pero el tratamiento se opone diametralmente. Mientras que impera un tono de nostalgia y de una actitud tradicional hacia la mujer en Gómez en el cuento de las dos feministas se hace una sátria feroz de esta actitud machista. La comparación me lleva a meditar sobre las diferencias en el tratamiento del género en las literaturas de ambas islas y me lleva a plantear una serie de contradicciones y preguntas que todavía están sin resolverse.

En *Nación y ritmo. Descargas desde el Caribe,* Juan Otero Garabís subraya la importancia fundacional de la cultura popular para el Caribe hispano: "Para estudiar la construcción y formulación de los imaginarios nacionales de esta región es imprescindible considerar no sólo su reproducción en la literatura –como en las 'ficciones fundacionales'– sino también en los discursos populares, muy en especial la música." (Garabís 2000: 34) El bolero es uno de estos ritmos fundacionales y su integración en un texto literario puede conllevar varias connotaciones y suscitar cuestiones relacionadas con enfoques posmodernos, políticos y poscoloniales. (De Maeseneer 2003) Vista la ambigüedad genérica en el diálogo 'yo-tú' presente en la mayoría de los boleros[2], llama la atención que muchos textos-bolero recientes exploran el terreno de la sexualidad y del género recurriendo a boleros y su posibilidad de lo que Aparicio llama 'discursive regendering'. (Aparicio 1998: 141) Pienso en *Sirena Selena vestida de pena* (2000) de Mayra Santos-Febres en la que la escritora puertorriqueña narra las peripecias de un travesti menor, un(a) cantante de boleros puertorriqueño(a), en la República Dominicana. En su actuación cumbre en casa del magnate Hugo Graubel, el travesti llega a seducir a hombres y mujeres y explota la ambigüedad genérica del bolero en todo su esplendor.[3] En *La última noche que pasé contigo* (1991) de la cubano-puertorriqueña Mayra Montero las cartas llenas de citas de boleros de un tal Abel dirigidas a la abuela resultan ser de la mano de una mujer lesbiana,

Marina, enamorada de la abuela. Como me he dedicado recientemente a estudiar la narrativa dominicana contemporánea, muchas veces ausente en los estudios sobre el Caribe (hispánico), me he preguntado hasta qué punto se tratan estas aproximaciones de 'gender' en los textos-bolero de Quisqueya en relación al Caribe hispano, y más particularmente, Puerto Rico. Escogí dos textos sobre hombres en pena, uno del dominicano Luis Martín Gómez, y otro de las puertorriqueñas Ana Lydia Vega y Carmen Lugo Filippi. Estos análisis constituirán el punto de partida para reflexionar sobre la manera como la literatura caribeña actual brega con los temas de 'gender', sexualidad y erotismo, que aparentemente son la imagen de marca del Caribe.

1. *'Vellonera de sueños' de Luis Martín Gómez*

El dominicano Luis Martín Gómez (1962) es autor de mini-cuentos y cuentos. En 'Vellonera de sueños', cuento publicado en 1998, evoca a un periodista exitoso quien se ha refugiado en un motel para olvidar y al mismo tiempo recordar y resucitar en sueños a su esposa muerta. Solo delante de la vellonera el hombre innominado toma una cerveza tras otra y marca obsesivamente el mismo bolero del cantante dominicano Víctor Víctor: 'Te busco.' La ubicación en un motel no hace sino subrayar el marco consuetudinario del bolero. Es un escenario de la periferia como bien sabe Mayra Santos-Febres, la autora de la novela de título bolerístico ubicada en el motel Tulán, *Cualquier miércoles soy tuya* (2002). El objetivo de la borrachera acompañada de música es llegar a ver a la esposa muerta probablemente matada por él, aunque no se revela la verdadera causa del fallecimiento, explicado como un suicidio por ahorcadura. La narración parece sugerir que el hastío y la soledad llevaron a la muerte de la esposa: estaba rodeada de lujo, pero carente de amor por la continua ausencia del esposo siempre ocupado por actividades profesionales. Se trataba del típico problema de la falta de equilibrio entre la vida profesional y privada. El hombre le quiere pedir perdón por su falta de cariño. La situación narrativa del cuento remeda, por tanto, la clásica situación del bolero:

> El bolero se caracteriza por el tema de la ausencia de la mujer que da lugar a la necesidad de catarsis por parte del hombre. Con frecuencia, dicha catarsis tiene lugar en una barra o club nocturno, luego de una borrachera. Los textos de los boleros están inundados, por así decirlo, con referencias al licor y reafirman la necesidad del hombre de emborracharse para olvidar (...). (Aparicio 1993: 82-83)

Después de repetir tres veces la canción 'Te busco', el protagonista pasa a escuchar otros números del mismo disco y se hunde cada vez más, lo que la mezcla de bebidas acompañantes y la música sólo estimula. Son sobre todo canciones de amor con toques bolerísticos, más específicamente 'Aún me queda', 'Amor secreto', 'Recordarte', 'Rayito'.[4] Los fragmentos citados de las canciones integran versos como "Te busco perdida entre sueños", "Vamos marcando el camino/ hacia un encuentro" ('Amor secreto'), "Tantas cosas para recordar que mi corazón tiembla" ('Recordar'), "Amor (...) que me ayuda a soñar" ('Rayito'). Insisten en un (re)encuentro, una unión siempre anhelada, nunca conseguida. Rezuman la nostalgia de un amor perdido y pasado y juegan con la idea del sueño como manera de acercarse a la amada. Finalmente, el protagonista pone la salsa 'Si no te veo': "Si esta noche no te veo/ la tierra no va a girar/, el cielo se va a apagar/ y hay un lío." (Gómez 1998: 96)[5] A pesar de su ritmo más alegre, el contenido es casi igual de apocalíptico que en las canciones anteriores. Luego, el hombre decide tomarse todas las bebidas del bar de una vez. En lugar de presionar otro número de la vellonera, termina diciendo: "Ahora, presiono mi corazón, pulso tu alma y sueño que te abrazo, que te beso, y me perdonas" (97).

Es obvio que las canciones sentimentales permiten exteriorizar la pena. Hasta el texto entero parece fabricado al modo sentimental. Muy al estilo boleril el hombre se compara a un "náufrago, buscándote desesperadamente en este mar de olvido" (96), eco de letras de boleros o de poemas románticos. La misma estructura dialógica 'yo-tú' se mantiene tanto en las canciones intercaladas como en los fragmentos en los que el hombre se dirige a su mujer ausente. Las frases repetidas en el cuento como "Entro la moneda en la ranura. Presiono (...). El carrusel gira. El brazo mecánico selecciona un disco. La aguja ralla la pasta" (91; 93), la bombilla del pasillo que prende y apaga, el eterno rallar de la pasta del disco parecen sugerir que no hay manera de salir del círculo. El hombre va dominado por la rutina y los esquemas tradicionales. Languidece cantando o llorando su pena, reflejada en la música sentimental que le permite enseñar su lado débil, supuestamente femenino, pero no implica en absoluto que quiera cambiar la relación de dominio frente a la mujer (muerta). Advierte Campos respecto al bolero: "(...): the man can reveal himself as sensitive and emotional in a sanctioned form that does not threaten his masculinity" (Campos 1991: 638). [El hombre se puede mostrar sensible y emocional de una forma legítima que no amenaza su masculinidad] La misma manera como quiere reconstruir a la mujer en sus sueños indica que no es capaz de salir de su papel convencional. Tanto la mezcla de bebidas como la música sólo le dan acceso a partes del cuerpo de la mujer:

> Whisky y vodka dan tus caderas
> Tequila y sangría dan tus senos.
> Bloody Mary y Cuba Libre dan tu espalda. (95)

Invoca a su amada desaparecida en una fragmentación total, lo que contribuye a la articulación del dominio masculino según Aparicio:

> Bodily parts become representative of the whole or 'reduced to the status of mere instruments' for the satisfaction of male desires and fantasies. Most poignantly, though, it is the pervasive degree to which women are represented synecdochally in popular music that gives these patriarchal discursive strategies such immense social power. While it may be argued that the close-ups of the mouth, the eyes, the hands, and the body in general in the tradition of the bolero constitute a central element of its sensuality and become the iconic core of its eroticizing force, the overarching presence of the fragmentation of the female in other musical forms across cultures attests to this transnational patriarchal power. Moreover, it continues to represent the female as mere

body, as physicality, constructs that have been deployed historically to justify economic exploitation of women and of peoples of color as well. (Aparicio 1998: 135) [Las partes del cuerpo llegan a representar el cuerpo en su totalidad o 'quedan reducidas a meros instrumentos' para satisfacer los deseos y las fantasías de los hombres. Y aún más penoso: el hecho de que casi no se cuestione que las mujeres sean presentadas como sinécdoque en la música popular, es lo que le otorga a estas estrategias discursivas patriarcales un gran poder social. Se podría argüir que en la tradición del bolero los primeros planos de bocas, ojos, manos, y el cuerpo suelen constituir un elemento central de su sensualidad y se convierten en el ícono central de su poder erotizante, pero la presencia aplastante de la fragmentación de lo femenino en otras formas musicales de otras culturas confirma este poder patriarcal transnacional. Además, se sigue representando lo femenino como mero cuerpo, una entidad física, una construcción elaborada históricamente para justificar la explotación de mujeres y también de gente de color.]

De esta manera el hombre remeda el discurso bolerístico-sentimental en el que se representa a la mujer en su 'corps morcelé', en su cuerpo fragmentado. Basta con recordar "tu párvula boca", "aquellos ojos verdes", "tu cabellera sedosa" , "las perlas de tu boca", por citar algunos sintagmas de boleros famosos. Encontramos este proceso de fragmentación ya desde el comentario sobre el primer bolero, 'Te busco', que no surte ningún efecto:

> Nada. No me diste una sonrisa, no me dejaste ver tu pelo rubio como penacho de pendón de caña en el otoño macorisano, no pude sentir tu corazón como un tambor indígena tocando un areíto en mis oídos pegados a tus senos. En vano busqué tus ojos de ébano verde, tus labios de melao, tu cuello de callao de río por el [que] quiero resbalar hasta tu espalda de arrozal amaneciendo, hasta tu vientre de orégano liniero. (92)

Además de la fragmentación, los símiles y las metáforas de lo citado proyectan sobre la mujer la imagen consabida de la mujer-naturaleza: la mujer es caña, melao, arrozal, orégano. O hablando en términos ecofeministas, la mujer es asociada a la tierra y sus productos que procede dominar. La idea sobre la vida como "dualidad" donde todas "las cosas ocurren en pareja" (92) sugerida por la prosaica combinación en la vellonera de V y l también podría apuntar a esta visión conservadora de la pareja que niega cualquier individualidad a la mujer.

La mujer no sólo aparece asociada a la fragmentación, la tierra y la dualidad fusionada en un todo supuestamente armónico, sino que sólo aparece en re-presentación, de manera mediata. El retrato de la mujer que el hombre colocó en la habitación del motel ya de por sí convierte al sujeto en objeto muerto. Es una característica de cualquier foto como ya observó Barthes en *La chambre claire* (1980). Los recuerdos que quiere resucitar gracias al bolero y al alcohol no son sino ausencia/presencia. Pero ni la bebida ni las canciones bolerísticas logran nada. El sonar de la música no se convierte en un soñar con su esposa muerta. La vellonera no produce el sueño deseado, sino que sólo es productora de canciones sobre sueños, palabra obsesivamente presente en los versos citados. El hombre no es capaz de representar la carencia en su totalidad, incluso mediante trucos y artimañas:

> No puedo decir que sea una ventaja ver cada vez una parte de ti, pero debo aceptar que en la vellonera cada combinación da una y sólo una música. En lo adelante, experimentaré con todas las combinaciones posibles, pulsaré todas las teclas de la vellonera de mi alma para que tu risa suene en mi noche. (94-95)

La metáfora musical expresa su imposibilidad de alcanzarla: "¿Por qué pulsaste una tecla diferente? Tú y yo debimos ser siempre una sola canción, la melodía perfecta" (96). En el fondo, tiene miedo a la otredad, lo indomable, lo inaprensible de la mujer:

> ¡Qué hermosa eras! Nunca te lo dije pero solía contemplarte mientras dormías, en la madrugada, a mi regreso tras el cierre de la edición del periódico. Rendida entre las sábanas, eras una bijirita[6] zambulléndose en las nubes de la Rusilla, eras una gotita de rocío bebiéndose el azul y el verde de Valle Nuevo, el Manabao lamiendo la Cordillera en ese momento en que el cielo y la tierra se aparean y dan luz a pinos y ciguas. Muchas veces quise tomarte pero tanta libertad me daba miedo. Temí tocar tu cuerpo tibio y danzar desnudo y ebrio en medio del Corral de los Indios una noche de jenjibre y palos en la que una mujer se suelta el pelo sobre la Piedra de Anacaona. Comprende, por favor, comprende que estaba hecho para la rutina y a lo cotidiano le hace daño el misterio. En mi agenda, había espacios para almuerzos y reuniones, no para locuras (95).

En este fragmento la mujer vuelve a estar asociada a la naturaleza. A diferencia de la naturaleza domesticable en la descripción antes citada, aquí se nos presenta en su aspecto inalcanzable, casi mítico. De ahí la mención de picos dominicanos como la Rusilla, Valle Nuevo y Manabao (que lleva al Pico Duarte, la montaña más alta de Quisqueya). La alusión a la fiesta de palos –un ritual a veces relacionado con el vodú donde se baila, se declama y se canta– sugiere la presencia de fuerzas diferentes que no caben en el sistema ordenado. Es en este sentido de ataque al orden establecido en el que cabe interpretar la mención de la única mujer taína que sobrevivió en la memoria colectiva, Anacaona. Este símbolo de resistencia sofocada por los colonizadores ha sido reivindicado sobre todo por mujeres escritoras contemporáneas. Tal vez en la primera descripción la comparación con el areíto ("tu corazón como un tambor indígena tocando un areíto") –que ha sido asociado con la flor de Oro, Anacaona– ya anuncia esta parte que siempre se le ha escapado en su mujer.

En este texto de pena de hombre, las canciones de índole bolerística cantadas por un hombre, Víctor Víctor, no hacen sino subrayar la imposibilidad del protagonista de salir de sus esquemas patriarcales que informan también el bolero, donde la mujer es el origen del mal. Esta visión la confirma incluso la sugerencia sobre la muerte de la amada por parte del mismo autor en un mensaje electrónico del 5 de febrero de 2005: "(...) fue el protagonista quien la asesinó por una 'infidelidad' que no se establece bien si es cierta o supuesta" (mi énfasis). En el mismo texto no encontré pistas que me llevaran a esta lectura, pero esta suposición cabe perfectamente en el discurso bolerístico que achaca la culpa a la mujer infiel, de manera que el cuento casi se convierte en una variación sobre boleros del tipo "Usted" [es la culpable de todas mis angustias y todos mis quebrantos]". Luis Martín Gómez parece retomar determinados esquemas relacionados con el bolero, donde la mujer está presa de estereotipos. Cabe admitir que el hombre del cuento se siente culpable por el abandono de la mujer a nivel emocional y que quiere pedirle perdón. Pero su manera de acercarse a ella no parece cuestionar su consagrada posición masculina, aunque atisba la fuerza inaccesible e indómita que emana de la mujer.

2. *'Cuatro selecciones por una peseta (Bolero a dos voces para machos en pena, una sentida interpretación del dúo Scaldada-Cuervo)'*

Contrasta este cuento con otra narración de temática parecida 'Cuatro selecciones por una peseta (Bolero a dos voces para machos en pena, una sentida interpretación del dúo Scaldada-Cuervo)', publicada en 1981. Carmen Lugo Filippi y Ana Lydia Vega adoptaron estos seudónimos para convertirse en intérpretes (¡femeninas!) de boleros. La narración se centra en las penas de cuatro hombres que se desahogan ante la vellonera de un bar. De manera inconcebible (a sus ojos) las mujeres mansas de tres de los compañeros se rebelaron y los abandonaron por estar hartas de ser consideradas sirvientas o de ser objeto de actos de violencia. Les acompaña el Vate, el cantante de boleros, Angelito, representante de médicos en lo profesional. Este soltero no parece sufrir los problemas de sus compadres, ya que en cada pueblo tiene una enfermera y no piensa casarse nunca. El primero en contar sus cuitas es Eddie, es decir Edipo (¡!) José Zapata, que atiende en una gasolinera. Golpeó a su mujer Cambucha porque ésta había descuidado a la madre de él instalada en casa, aunque al principio su mujer lo atendía en todo. Advierte: "La veldá es que se poltó nice los primeros tiempos y aunque yo tuviera mis bretecillos con otras jevas, polque uno tampoco pue tiralse a mondongo, ella siempre era La Oficial." (Vega 1994: 130)[7] La mujer se va a Nueva York para escapar de los maltratos. Anita, la esposa de Monchín, el segundo plañidero, se convirtió en una militante sindicalista cuando empezó a trabajar en una fábrica. Se volvió una "piqueteadora oficial". Y eso que el esposo le había aconsejado: "(...), le dije que no se metiera en política polque a mí eso me huelía a comunismo, que la mujel era de la cocina y no debía metelse en asuntos de hombre, que bastante tenía ella con lleval la casa y atendelme" (134). Su actitud llevó a bofetadas y su relación terminó en el divorcio por maltrato. Finalmente, la esposa significativamente innominada del técnico de refrigeración, Puruco, no aguanta más que tenga que servir a él y a sus amigos, cada vez que se reúnen en la casa. Los amigotes no acaban de explicárselo: "Y nosotros que la tratábamos a ella heavy, con to el respeto que se le debe a la esposa de un pana. Polque allí nadie se prospasó nunca con ella ... aunque chance tuvimos ... " (...). "Y hasta le llevábamos los trastes a la cocina pa que ella no tuviera más que fregarlos, coño" (136). Susana Reisz propone el siguiente comentario acertado:

> El desahogo autobiográfico de cada uno, pautado por los más desgarradores versos bolerísticos, muestra a las claras el mecanismo psicológico conocido como 'proyección': los hombres acusan a las mujeres de las desconsideraciones y abusos que *ellos* han ejercido como derecho propio dentro de la relación de pareja. Es como si el traidor pretendiera sufrir por traiciones ajenas o como si el egoísta acusara a los otros de egoísmo. La inversión de víctima y victimario a través de la lamentación musical permite una formidable 'catarsis': los plañideros se descargan del peso de la culpa a través de un sufrimiento ilusorio y estrechan vínculos entre sí. (2002: 111)

Las autoras hacen una sátira feroz de estos hombres machistas que toman cerveza y muestran su lado sentimental en un bar cantando boleros y quejándose de sus mujeres rebeldes. El epígrafe de una salsa cantada por el Gran Combo 'Así son, así son las mujeres' "anticipa y proyecta (...) la perspectiva masculina que predominará a través del cuento". (Aparicio 1993: 82) La primera frase marca el tono: "Cuando calló Jaramillo[8] el silencio era un bache de lágrimas machamente contenidas" (129). Los hombres recurren al bolero para expresarse. Advierte con razón Aparicio basándose en las ideas de Adorno:

> Dichos personajes no tienen un lenguaje propio, sino que se apropian constantemente de los textos cancioneriles de la música popular. Desde tal perspectiva, el cuento presenta una crítica a las estrategias comerciales utilizadas por los medios masivos de comunicación y por la industria musical, instituciones que manipulan el lenguaje, y, consecuentemente, la conciencia e ideología del público auditorio. (...). En el caso de los cuatro hombres puertorriqueños, la música popular se convierte en código ajeno y, paradójicamente, necesario para ellos poder verbalizar sus propias realidades sentimentales. (Aparicio 1993: 83)

El bolero es por tanto medio de expresión y de enajenación. Los boleros que cantan, por ejemplo, 'Usted' ("Usted es la culpable de todas mis angustias y todos mis quebrantos"), 'Tú sólo tú' ("has llenado de luto mi vida/ abriendo una herida en mi corazón"), 'Échame a mí la culpa', tendrían que tematizar que la culpa la tienen las mujeres, estas Evas indóciles de Borinquen, esta tierra del Edén. La culpabilidad de estas Evas es demostrada claramente por la referencia bíblica a la Eva y la manzana del Génesis al final del cuento cuando se menciona el "capítulo tres, versículo seis" (137).[9] Quejándose y "jirimiquiando" estos hombres se autocompadecen. Al final corroboran su posición y sus afirmaciones con un "[v]iril puñetazo dispersador de maníes", una "[a]firmativa sacudida de cabezas patriarcales", una "[e]levación de brazos masculinamente molleriles", un "[t]esticular descenso de índices decididos", un "[p]repuciano retroceso de sillas indignadas", una "[a]gresiva protuberancia de manzanas de Adán" (136). Muy irónicamente, se presenta a los hombres en su fragmentación corporal, de manera que las mujeres combaten al hombre con sus armas de dominación. La ironía y el humor con que son descritas las lamentaciones las desvirtúan totalmente.

En este cuento la reivindicación feminista está muy clara hasta en detalles y guiños. Cuando uno de los panas afirma: "El pendejo nace y no se hace" (136) no puede ser sino un juego con la conocida frase de Simone de Beauvoir: "No se nace mujer, una se hace mujer" (*On ne naît pas femme, on le devient*). De paso, las escritoras no dejan de lanzar unas saetas contra la república letrada masculina que ha dominado el panorama de la literatura puertorriqueña. El lamento de Monchín va introducido de la siguiente manera:

> Lo cierto es que [Monchín] parecía un río sin cauce (¿o un cauce sin río?), tanto era el volumen y la velocidad de su violento decir (¿o de su decir violentado?). ¿Inventario de su malhadada existencia de héroe renunciado o meras figuraciones en aquel despótico mes de marzo? No, quizás sólo eran primicias de verdad en la víspera de aquel hombre. (133)

Los que están familiarizados con la literatura puertorriqueña ven entretejidas en estas frases referencias a textos del canon masculino como los de Enrique Laguerre (*Cauce sin río*), Edgardo Rodríguez Juliá (*La renuncia del héroe Baltasar*), Emilio Díaz Valcárcel (*Figuraciones en el mes de marzo*) para terminar con *La víspera del hombre* de René Marqués, que era ... homosexual. No quedan a salvo ni José Luis González y su *Balada de otros tiempos* ni Luis Rafael Sánchez y *La guaracha del Macho Camacho*, aun siendo autores muy admirados por Ana Lydia Vega y Carmen Lugo Filippi: "¿Por qué no tocar una balada de otro tiempo? No, mejor sería un ritmo más moderno, una macha guaracha que le [a Monchín] hiciera olvidar sus desventuras" (133). Aquí las mujeres encierran a los hombres en su discurso bolerístico. Tocan su son y a la vez son: se definen, existen. El dúo Scaldada-Cuervo vence al cuarteto de hombres.

3. *¿'Gendering (and queering)' en Puerto Rico y en la República Dominicana?*

Del análisis de ambos textos podemos deducir dos usos distintos del potencial del bolero en lo que se refiere al 'gender': uno se revela patriarcal y tradicional, otro presenta un contradiscurso más liberador. Considerando los textos en relación al tema de la sexualidad en un sentido más amplio, el cotejo del texto de Gómez de 1998 con el de Vega y Lugo Filippi de 1981 podría llevar a formular la suposición de que la República Dominicana sería más recatada y tradicional en su literatura que la literatura puertorriqueña en lo que a sexualidad y batalla de los sexos se refiere. Si no me atengo exclusivamente a textos-bolero, efectivamente parece como si los textos dominicanos recientes no explotaran toda la ambigüedad genérica, fueran menos atrevidos en la batalla de los sexos y presentaran acercamientos más sigilosos a temas de la sexualidad. El travestismo en 'La reina y su secreto' y 'Lulú o la metarmorfosis' de José Alcántara Almánzar (1993: 89-114) empalidece frente a otros textos más subversivos de escritores originarios de la isla vecina empezando por el cuento precursor en la transgresión de Ramos Otero, 'Loca la de la locura'.[10] Incluso la misma corporalidad, también heterosexual, parece ser objeto de mucho más pudor. Sé que todos los críticos han recalcado el erotismo desenfadado en *Carnaval de Sodoma* (2002) de Pedro Antonio Valdez. Por muy obvias que sean las escenas eróticas con el violinista y la Princesa de Jade suelen rebosar de una imaginería militar o musical como procedimientos de mediatez.[11] Y el erotismo de *Cuando me asalte el recuerdo de ti* (2003) de Ligia Minaya está limitado a algunas escenas que no exceden determinadas descripciones sensuales.[12] A primera vista va más lejos la celebración de la sensualidad ilimitada (al borde de la pornografía) de Mayra Santos-Febres, por ejemplo, en su cuento 'Cualquier día en la vida de Couto Seducción' de *El cuerpo correcto* (1998), donde se narran juegos sensuales y eróticos, tales como la lubrificación de los cuerpos con aceite. (De Maeseneer 2004a)

Todavía no he encontrado estudios que explicarían el porqué de estas supuestas diferencias entre las literaturas de ambas islas en lo referente al tema de la sexualidad. Lo que sí he podido constatar es que en Santo Domingo no sólo hay doble, sino cuádruple moral y que siguen imperando muchos tabúes sociales. El control por parte de instancias reprobadoras de índole política o religiosa parece perdurar en este país todavía muy marcado por el autoritarismo. También en Puerto Rico influye el contexto político-histórico-social en el recurso a determinados registros y temas: la indagación en la indecisión sexual y en formas 'terceras' puede conllevar igualmente una reflexión sobre la indecisión a nivel racial, político, ontológico, como es el caso del travestismo en *Sirena Selena vestida de pena* (2000) de Mayra Santos-Febres (2004).

Con todo no puedo deshacerme de la impresión de que el supuesto mayor recato en la literatura dominicana frente a la puertorriqueña más desenfadada sería una conjetura polémica. Habría que investigar cómo se expresa la sexualidad en la poesía de mujeres que no salieron de los bastidores hasta en los años ochenta en Quisqueya y que procedieron a una (tímida) liberación.[13] Habría que comprobar hasta qué punto los dominicanos vuelcan el erotismo en otras formas de expresión: pienso en la letra atrevida y de doble sentido de géneros musicales populares como las bachatas, por no hablar del reggaeton (el 'regueton' en spanglish), hasta censurado por su carácter obsceno, y no sólo en la República Dominicana. Y por último, cabría analizar de manera detenida si influye el que los textos sean de dentro o de la diáspora.

Soy consciente de que la fuerte presencia de lo erótico hasta pornográfico en la literatura es un fenómeno que no se limita a ambas islas en la literatura actual. Pero me pregunto si no podemos caer en la trampa de querer ver confirmados los estereotipos sobre el Caribe que de por sí tiene que ser erótico y sensual (rayando en lo pornográfico), tal como lo dicta el 'marketing' estadounidense y europeo en su afán esencialista y tal como lo fomenta también mucha literatura cubana actual, sobre todo de la diáspora, que no he podido incluir en mi análisis por falta de espacio. Al fin y al cabo, cada autor tiene sus universos particulares y su manera de bregar con determinados temas y a veces es obsesionado por otros demonios mucho más aplastantes que el 'gender'. Por muy fragmentadas e incoherentes que sean mis observaciones, sólo he querido poner sobre el tapete esta cuestión intrigante que influye en nuestra manera de percibir la literatura puertorriqueña frente a la dominicana dentro de un contexto más general.

NOTAS

1. Agradezco a Anke Birkenmaier sus observaciones y reflexiones. Estas reflexiones son recogidas en parte en mi libro *Encuentro con la narrativa dominicana contemporánea*.
2. Zavala advirtió: "La distinción primaria –el sexo del cantante– tiene consecuencias importantes, pues a partir de ella, el significado del mensaje será reinterpretado y recodificado mediante el concurso de las facultades corporales, intelectuales, espirituales y afectivas." (Zavala 1991: 65) En el capítulo 'Tears at the nightclub' de su estudio sobre el "queer Latin America" (Quiroga (2000: 145-168) constata que en los años noventa el bolero ha conocido su 'revival' dentro de un contexto gay.
3. Mayra Santos-Febres no sólo considera el travestismo a nivel sexual, sino también a nivel político-social y metafórico. Para una lectura de esta novela-bolero, véase 'Los caminos torcidos en 'Sirena Selena vestida de pena' de Mayra Santos-Febres'. (De Maeseneer 2004a)
4. Agradezco a Luis Martín Gómez el envío del CD de Víctor Víctor. Resulta que casi nunca se trata de boleros puros, sino que son arreglos en los que predominan ritmos de la canción sentimental.
5. La letra reza así: "Si esta noche no te puedo ver, las estrellas no van brillar. Las esquinas se van a prender. Por las calles, nadie cruzará.// Si esta noche no te veo con tu traje mariposa, se morirán to's las rosas que en el corazón yo llevo. El mundo será un desierto, se van a secar los mares. Y viviré en una cárcel. Si esta noche no te veo hay un lío.// Si esta noche no te veo la tierra no va a girar, el cielo se va a apagar, y no quedará un lucero. El sol saldrá con sombrero. El oro no brillará. Por mi todo acabará. Si esta noche no te veo, hay un lío.// Si esta noche no te veo". De ahora en adelante sólo citaré la página del cuento de Gómez.
6. Luis Martín Gómez me explicó en un mensaje electrónico del 15 de febrero de 2005 que bijirita es "el nombre local que le han puesto a la American Redstart (Setophaga ruticilla), una avecilla color negro con manchas color anaranjado que habita en casi todos los bosques de la isla".
7. De ahora en adelante sólo citaré la página del cuento.
8. Julio Jaramillo era un cantautor ecuatoriano (1935-1978). Una de sus canciones más famosas es su 'himno' 'Nuestro juramento', canción en la que el yo promete escribir su linda historia de amor: "Si tú mueres primero, yo te prometo,/ escribiré la historia de nuestro amor/ con toda el alma llena de sentimiento;/ la escribiré con sangre,/con tinta sangre del corazón." Contrasta con lo que leemos en el cuento.
9. En Génesis 3, 6 leemos: "La mujer vio que el árbol era apetitoso para comer, agradable a la vista y deseable para adquirir sabiduría. Tomó, pues, de su fruto y comió; dio también de él a su marido, que estaba junto a ella, y él también comió."
10. Daroqui habla de la poca osadía escrituraria en 'La reina y su secreto'. (Daroqui 1998: 104-105) Tirado Bramen analiza la cultura camp y la función de chivo expiatorio del travesti en 'Lulú y la metamorfosis'. (Tirado Bramen 1998: 67-71)
11. Así, la penetración anal de la princesa de Jade por el bárbaro, va descrita en un lenguaje del arte de la guerra, por ejemplo: "Finalmente, el bárbaro apartó el rostro, descubrió su espada enhiesta y, deteniéndose con los dientes un grito victorioso, se la metió por la retaguardia." (Valdez 2002: 239)
12. Leemos por ejemplo: "(…) la humedad de tu sexo con sabor a algas donde en más de una ocasión [él] ha hincado sus dientes y tú has rugido en el doloroso placer que te lleva a pedir más; (…)." (Minaya 2003: 49)
13. Para una discusión del feminismo en la República Dominicana, véase Ángela Hernández, 'Las poetas en los ochenta: desvío fundacional' (2002: 143-159), Daisy Cocco de Filippis (1992), *Combatidas, combativas, combatientes*, Ester Gimbernat González (2002), *La poesía de mujeres dominicanas a fines del siglo XX*. (ME: puedo poner: véase Ángela Hernández 2002: 143-159, Daisy Cocco de Filippis 1992 y Gimbernat González 2002.)

BIBLIOGRAFÍA

Alcántara Almánzar, José
    1993 *El sabor de lo prohibido.* Río Piedras: Editorial de la Universidad de Puerto Rico.

Aparicio, Frances
    1993 'Entre la guaracha y el bolero: un ciclo de intertextos musicales en la nueva narrativa puertorriqueña.' En: *Revista Iberoamericana* LIX, 162-163 (enero-junio): 73-89.
    1998 Listening to Salsa. Gender, Latin Popular Music, and Puerto Rican Cultures. Hanover y Londres: Wesleyan University Press.

Barthes, Roland
    1980 La chambre claire. Note sur la photographie. Paris: Gallimard.

Campos, René A.
    1991 'The Poetics of the Bolero in the Novels of Manuel Puig.' En: *World Literature Today* 65, 4 (otoño): 637-42.

Cocco de Filppis, Daisy
    1992 *Combatidas, combativas, combatientes.* Santo Domingo: Taller.

Daroqui, María Julia
    1998 *(Dis)locaciones. Narrativas híbridas del Caribe hispano.* Valencia: Universitat de València.

De Maeseneer, Rita
    2003 'Cinco reflexiones sobre el bolero aún por melodiarse.', En: Luz Rodríguez-Carranza, Marilene Nagle (eds.), *Reescrituras.* Amsterdam/Nueva York: Rodopi: 57-70.
    2004a 'Los caminos torcidos en 'Sirena Selena vestida de pena' de Mayra Santos- Febres.' En: *Revista de Estudios hispánicos* (Saint Louis), 38, 3 (octubre): 533-553.
    2004b 'New approaches in the Puerto Rican short story in the nineties.' En: *The Caribbean Short Story, The Journal of West Indian Literature* 12, 1-2 (noviembre): 90-103.
    2006 *Encuentro con la narrativa dominicana contemporánea.* Madrid-Frankfurt: Iberoamericana-Vervuert.

Gimbernat González, Ester
    2002 *La poesía de mujeres dominicanas a fines del siglo XX.* Lewiston: The Edwin Mellen Press.

Hernández, Ángela
    2002 'Las poetas en los ochenta: desvío fundacional.' En: *La escritura como opción ética.* Santo Domingo: Editorial Cole: 143-159.

Martín Gómez, Luis
    1998 'Vellonera de sueños.' En: *Dialecto.* Santo Domingo: El Arco y la Lira: 91-96.

Minaya, Ligia
    2003 *Cuando me asalta el recuerdo de ti.* Santo Domingo: Cole.

Montero, Mayra
    1991 *La última noche que pasé contigo.* Barcelona: Tusquets.

Otero Garabís, Juan
    2000 *Nación y ritmo. Descargas desde el Caribe.* San Juan: Ediciones Callejón.

Quiroga, José
    2000 *Tropics of Desire. Interventions from Queer Latin America.* Nueva York/ Londres: New York University Press.

Ramos Otero, Manuel
    1992 'Loca la de la locura.' *Cuentos de buena tinta.* San Juan: Instituto de Cultura Puertorriqueña: 233-240.

Reisz, Susana
    2002 'Boleros 'en una voz diferente' o el asalto literario a la sentimentalidad tradicional.' En: Ángel Esteban (et al.) (eds.), *Literatura y música popular en Hispanoamérica.* Granada: Universidad de Granada: 109-115.

Santos-Febres, Mayra
    1998 *El cuerpo correcto.* San Juan: R&R Editoras.
    2000 *Sirena Selena vestida de pena.* Barcelona: Mondadori.
    2002 *Cualquier miércoles soy tuya.* Barcelona: Mondadori.

2004 'Caribe y travestismo.' En: Rita De Maeseneer, An Van Hecke (eds.), *El artista caribeño como guerrero de lo imaginario*. Madrid-Frankfurt, Iberoamericana-Vervuert: 37-44.

Tirado Bramen, Carrie
1998 'Translating Exile: the Metamorphosis of the Ordinary in Dominican Short Fiction.' En: *Latin American Literary Review* 26, 51 (enero-junio): 63-78.

Valdez, Pedro Antonio
2002 *Carnaval de Sodoma*. Santo Domingo: Alfaguara.

Vega, Ana Lydia y Lugo Filippi, Carmen
1994 'Cuatro selecciones por una peseta (Bolero a dos voces para machos en pena, una sentida interpretación del dúo Scaldada-Cuervo).' En: *Vírgenes y mártires*. Río Piedras: Editorial Antillana: 129-137.

Zavala, Iris
1991 *El bolero. Historia de un amor*. Madrid: Alianza.

Juan G. Gelpí
Universidad de Puerto Rico, Río Piedras

RETÓRICA, SUBJETIVIDAD Y PROCESOS DE MODERNIZACIÓN
EN LA ENSAYÍSTICA DE OCTAVIO PAZ Y RENÉ MARQUÉS

Se estudian las analogías entre los ensayos 'El laberinto de la soledad' de Octavio Paz y 'El puertorriqueño dócil' de René Marqués. No se trata de indagar en lo temático, en la identidad y el carácter de estos dos países cuyo contexto histórico es distinto. La propuesta consiste en demostrar que ambos textos formulan una respuesta a la modernización de la sociedad y que reflexionan sobre la función del intelectual siguiendo las huellas de Ortega y Gasset. Paz cuestiona el proceso de modernización y el desarrollismo mexicano al plantear una serie de paradojas. René Marqués socava con sarcasmo los proyectos desarrollistas del Estado colonial puertorriqueño, y más particularmente el papel de los psicólogos y científicos sociales. Ambos autores privilegian el papel del intelectual en la interpretación de la sociedad cambiante y presentan un autorretrato del mismo.

Este ensayo gira en torno a una pregunta: ¿en qué medida la producción ensayística de dos escritores, que desarrollaron su obra durante el período de la modernización latinoamericana, constituye una reacción a un proceso histórico por el cual atravesaron tanto la sociedad mexicana como la puertorriqueña en ese momento de su historia? Se trata, además, de explorar las coincidencias discursivas y retóricas entre la obra de Octavio Paz (1914-1998) y la de René Marqués (1919-1979), dos ensayistas casi coetáneos cuyas obras, en una lectura meramente temática, no parecerían coincidir en sus elementos constitutivos. Como se verá, a estos ensayistas, que fueron lectores de la obra ensayística de José Ortega y Gasset, más allá de los énfasis de sus 'tesis' recurrentes –la soledad y el hermetismo del mexicano o la docilidad colectiva de los puertorriqueños–, los une una gran afinidad discursiva y una posición semejante sobre el papel de los escritores en los procesos de modernización. En la obra de Ortega muy posiblemente se familiarizaron con dos aspectos axiales del pensamiento del ensayista español: el protagonismo social y cultural del sector intelectual y el desconcierto ante lo 'lleno', la masificación, de la cultura urbana moderna.

Parto de una analogía sencilla. El ensayo cultural latinoamericano, que se desarrolla a partir del fin de siglo con 'Nuestra América' de José Martí y *Ariel* de José Enrique Rodó, puede leerse como una especie de maqueta de la cultura de un país o del continente, con tal de que también se tenga presente que quien expone, argumenta e interpreta en el ensayo lo hace desde las diversas coordenadas que constituyen su subjetividad y a partir de un proceso artístico de autorrepresentación. Así, en este caso se reproduce en tamaño reducido la complejidad cultural mexicana o puertorriqueña, llevando a cabo un proceso de modelización que podría recordar la maqueta de un proyecto arquitectónico.

1. *La lógica de la paradoja:* El laberinto de la soledad

En el proceso de lectura de *El laberinto de la soledad,* asistimos a un recorrido por los mitos, la historia y, hacia el final, la representación del presente de México. Cada uno de los ensayos aporta una estructura, una construcción retórica y ensayística, a esa maqueta cultural. El modelo ensayístico de la cultura que aquí se organiza responde al torbellino de la modernización, al decir de Marshall Berman, que dislocó y reubicó tanto a sujetos como a prácticas culturales.

Construida desde el sector intelectual, la ensayística de Paz constituye una respuesta coetánea al proceso de modernización de la sociedad mexicana, la cual, como se sabe, vino acompañado de un crecimiento poblacional considerable en la capital. El éxodo humano que se produjo de los pueblos y campos del interior hacia la Ciudad de México la transformó en un espacio marcado por lo que el historiador de las ciudades latinoamericanas José Luis Romero llama las ciudades masificadas. Otras prácticas significantes –como la canción popular, la fotografía o el cine– representaron de otros modos ese proceso de masificación gradual que se inicia en la década del treinta y se intensifica de manera geométrica en la del cuarenta. Lorenzo Meyer advierte que los cambios acaecidos en México a partir de 1940 coinciden con la historia del desarrollo de una base industrial moderna con las consecuencias de ese tipo de proceso: "...supeditación de la agricultura a la industria, incremento en la urbanización, [y] aumento del sector terciario..." (Meyer 1998: 1276)

Volver a estas alturas del siglo XXI sobre *El laberinto de la soledad* equivale a enfrentarse a un texto clásico, a una de las colecciones de ensayos más leídos de Latinoamérica durante el siglo pasado. Las interpretaciones que ha generado son sumamente variadas: van desde la alabanza hasta el cuestionamiento de muchas de las tesis –sin duda discutibles– que en él se exponen. En lugar de unirme a quienes han glosado este texto, bien para enaltecerlo o para cuestionarlo, me interesa más bien su organización peculiar, su retórica y el contexto en el que se produce. En un estudio sobre la genealogía de la actividad ensayística de Paz, Rubén Medina señala acertadamente que la crítica ha dotado a los ensayos de Paz de un gran poder referencial y de un 'statu' de 'verdad' que encubre su carácter de acto discursivo. (Medina 2004: 105) Tal vez para abordar una obra de esta magnitud, habría que comenzar haciéndose unas preguntas fundamentales que remiten precisamente a su carácter discursivo: ¿Cómo se articula un sujeto ensayístico en pleno proceso de modernización? ¿De qué modos representa o reconstituye algunas zonas de ese mundo de la modernización en el género que cultiva?

En el desarrollo del ensayo hispanoamericano existe una escena inicial que, a mi ver, marca el desarrollo posterior del género. Parto de la premisa que, además de ocuparse de "temáticas" –como la identidad nacional y continental– el ensayo cultural es una construcción en la cual los sectores intelectuales se autorrepresentan creando una serie de sujetos que pueden acercarse o apartarse, pero nunca coinciden del todo con el sujeto biográfico y empírico que firma el texto. En esa autorrepresentación, los sujetos exponen y defienden una versión y una visión de la cultura. Hacia el final de *Ariel*, texto fundador de la ensayística de defensa de la alta cultura, el maestro Próspero y sus estudiantes salen del gabinete de lectura en el cual el maestro les ha impartido a sus alumnos una última lección. En la calle, el intelectual y sus alumnos se topan con la muchedumbre y se produce, según se señala en el texto, la interrupción del éxtasis que había imperado durante la escena didáctica. El paseo por la ciudad y el contacto con la multitud resultan claramente chocantes. Se advierte en esa escena final una clara distancia entre el intelectual y la muchedumbre. (No está de más recordar que en el momento en que se publica ese libro, el año de 1900, los países del Río de la Plata se estaban transformando gracias principalmente a la llegada de la inmigración española e italiana de clase trabajadora).

Esta escena en la cual el intelectual y sus discípulos se encaran a la diversidad urbana parecería reprimirse u olvidarse en una serie de ensayos que, al igual que *Ariel*, defienden la alta cultura, y entre los cuales se encuentran los ensayos de Samuel Ramos, Antonio S. Pedreira y Jorge Mañach, entre otros. Sin embargo, el paseo por la ciudad está implícito en muchos de los ensayos que constituyen el corpus del género en América Latina, ya que en ellos, un sujeto intelectual que ha mirado previamente la diversidad urbana moderna y se ha expuesto a ella, interpreta y reflexiona sobre la cultura. El paseo se retoma y se amplía en las páginas iniciales del ensayo de Paz, en las cuales alude a un paseo que dio por la ciudad norteamericana y mexicana de Los Ángeles.[1]

Lejos de limitarse a ser un ensayo totalizador sobre la cultura, la historia o la psicología de los mexicanos, *El laberinto de la soledad* es una colección de ensayos en la cual se inscriben las percepciones, los juicios y prejuicios del Paz que se autorrepresenta como intelectual urbano en el momento de la modernización; en él exhibe su amor y a la vez su odio por la ciudad moderna, su adhesión a la modernidad artística y su distancia de la modernización estatal.[2] Prefigurando una desconfianza ante la especialización moderna del trabajo y el predominio de la tecnocracia, que más tarde se podrá observar en la ensayística de René Marqués, en estos ensayos se observa la desconfianza ante los gobiernos modernos que están marcados por la nueva clase de los técnicos.

> El gobierno de los técnicos, ideal de la sociedad contemporánea, sería así el gobierno de los instrumentos. La función sustituiría al fin; el medio, al creador. La sociedad marcha-

ría con eficacia, pero sin rumbo. Y la repetición del mismo gesto, distintiva de la máquina, llevaría a una forma desconocida de la inmovilidad: la del mecanismo que avanza de ninguna parte hacia ningún lado (Paz 1993: 205).

El sujeto ensayístico es aquí sumamente contradictorio. En algunos pasajes se autorrepresenta mediante una mirada sin duda totalizadora y de cierto modo esencialista que dirige a la heterogeneidad de la cultura y la sociedad mexicanas. Esa manera la ilustra un pasaje muy conocido del texto, con el cual se le da inicio al segundo ensayo, el cual lleva como título 'Máscaras mexicanas': "Viejo o adolescente, criollo o mestizo, general, obrero o licenciado, el mexicano *se me aparece* como un ser que se encierra y se preserva: máscara el rostro y máscara la sonrisa." (Ibídem: 164, subrayado mío) Sin embargo, como se verá, hay otros momentos en los cuales la mirada, la percepción y la opinión de ese sujeto se articulan de un modo más inestable, precario y claramente paradójico. Leer este ensayo en diálogo con el contexto en el que se produjo problematiza la representación de unas esencias fijas de la cultura mexicana o de unos estereotipos sobre esa cultura. Leerlo en contacto con su contexto se asemejaría, más bien, a presenciar la problematicidad, las fluctuaciones perceptivas, expositivas y argumentativas, que van a constituir tanto a quien en él enuncia como a la cultura que quiere caracterizar. Y esas fluctuaciones perceptivas, que desestabilizan el sentido, rompen con la automatización y el predominio de los útiles o instrumentos. No en balde se señala en otro momento que al llevar a cabo su labor, el obrero moderno se despoja de misterio y opacidad: "De ahí su ausencia de misterio, de problematicidad, su transparencia, que no es diversa a la de cualquier instrumento." (Paz 1993: 205)

Estas inflexiones contradictorias del sujeto ensayístico podrían remitir al proceso de modernización y crecimiento urbano de México. La reflexión sobre la cultura es de igual modo plenamente urbana en la medida en que está muy ligada a varias ciudades: surge o arranca en la ciudad de Los Ángeles, se escribe en París y se envía gradualmente a la Ciudad de México, donde se publica inicialmente en la revista cultural *Cuadernos americanos* y, poco después, en 1950 y ya en forma de libro, en una prestigiosa editorial mexicana. A lo largo del libro, la percepción intelectual del sujeto lo llevará a distanciarse de una serie de otredades mexicanas, tales como el pachuco, la mujer mexicana, el obrero asalariado moderno, el macho mexicano, la clase media posrevolucionaria, el técnico aliado al Estado y finalmente, el propio Estado desarrollista mexicano, uno de los antagonistas del sujeto de estos ensayos. En esas otredades percibe el sujeto intelectual algún tipo de carencia. Sin embargo, varios de ellos poseen un carácter profundamente enigmático, difícil de descifrar.

Es en las calles de Los Ángeles, ciudad de la emigración mexicana, donde se despliega inicialmente el ejercicio de la mirada del intelectual; curiosa figura que se fijará insistentemente en la corporeidad ajena y, en cambio, hará todo lo posible por ocultar su propio cuerpo. Del pachuco destaca el sujeto su dimensión fundamentalmente corporal, apropiable mediante la mirada: "Sólo le queda un cuerpo y un alma a la intemperie, inerme ante todas las miradas." (Paz 1993: 150) Mediante la mirada, el sujeto intelectual les resta complejidad a los pachucos y los transforma en una corporeidad marcada por carencias y excentricidades: vestimenta y gestualidad llamativas, al igual que hábitos lingüísticos carentes. Como sucede en otros momentos de este ensayo escrito por un poeta, esa corporeidad excesiva desemboca en una metáfora reveladora: el pachuco es una herida o una llaga (Ibídem: 152), "...una llaga que se muestra, una herida que se exhibe". (Ibídem) El pachuco no es tanto un extremo de la cultura mexicana, como se sugiere en el título del primer capítulo de este libro, sino más bien el extremo opuesto del sujeto que protagoniza y organiza estos ensayos en tanto intelectual moderno, y cuya mirada –transformada en aseveraciones, opiniones y percepciones– atraviesa la colección.

La representación del sector intelectual abarca toda la superficie de esta colección de ensayos. Como era de esperar en un libro que dialoga en varios momentos con la ensayística de Ortega y Gasset, se percibe el protagonismo del sector intelectual tanto en los capítulos dedicados a los mitos como a los distintos períodos de la historia mexicana que se extienden al momento actual de la modernización. Habría que subrayar que esta colección de ensayos cuestiona de un modo muy peculiar ese proceso modernizador; tanto en sus enunciados expositivos y argumentativos como en la retórica que recorre el libro. Por medio de su dispositivo retórico, *El laberinto de la soledad* se dedica a impugnar la retórica lanzada por el Estado desarrollista mexicano que se centra, en esos últimos años de la década del cuarenta, en la metáfora del Milagro Mexicano. Arnaldo Córdova, un estudioso del Estado mexicano, ha planteado que en el período posterior a la presidencia de Lázaro Cárdenas "[l]a lucha por la producción, por la productividad, por la abundancia, por el desarrollo económico, en una palabra, por la industrialización, fue a partir de entonces la temática que dominó el discurso político presidencial". (Córdova 1990: 553) Subraya Córdova, el hecho de que "[t]odos los presidentes posteriores a Ávila Camacho habrían de repetir estos conceptos que integraban lo que alguien llamó, quién sabe si con razón, la 'utopía industrializadora'". (Ibídem: 554) Paz construye una serie de ensayos en los que insiste en la paradoja, en parte para socavar la verosimilitud que ha intentado imponer el Estado mediante su metáfora utópica. Contra la doxa del Estado, se construye un ensayo sobre la naturaleza paradójica e inestable de la cultura mexicana. De ahí también que, para el sujeto de estos ensayos, el mexicano sea un ser enigmático, ante otros y ante sí mismo. (Paz 1993 : 207) Frente al triunfalismo desarrollista, se multiplican, en muchas de las zonas de este libro, los sentidos contradictorios de la paradoja.[3] Menciono sólo algunos ejemplos. El término 'pachuco' no dice nada y lo dice todo. (Ibídem: 149) En la cultura mexicana existe un culto a la muerte que es un culto a la vida. (Ibídem: 158) "Nuestro culto a la muerte es culto a la vida, del mismo modo que el amor, que es hambre de vida, es anhelo de muerte." (Ibídem) Tlazoltéotl es, a la vez, la diosa azteca de la inmundicia y de la fecundidad. (Ibídem: 160) El mexicano es, a un tiempo, espinoso y cortés (Ibídem: 164), es solitario y ama las fiestas. (Paz 1993: 42) Las fiestas mexicanas son alegres y, a la vez, muy tristes. (Ibídem: 188) La relación que establece el mexicano con la muerte es paradójica: la muerte lo seduce, le atrae. (Ibídem: 191) El lenguaje diario de los mexicanos está igualmente marcado por la paradoja: "Cada letra y cada sílaba están animadas de una vida doble, al mismo tiempo luminosa y oscura, que nos revela y oculta: palabras que no dicen nada y dicen todo." (Ibídem: 211) Hay una operación que lleva a cabo este sujeto intelectual con frecuencia: confundir, mezclar, desestabilizar lo que separa el mundo moderno. "Esta concepción tiende a devolver a la muerte su sentido original, que nuestra época le ha arrebatado: muerte y vida son contrarios que se complementan." (Ibídem: 197)

En *El laberinto de la soledad*, la paradoja instituye una lógica en la cual el sentido, en lugar de desembocar en un claro rendimiento semántico, más bien choca. No produce una verdad 'clara' o 'transparente', y esa manera de organizar el sentido difiere del modo en que se asignan, se difunden y se imponen los sentidos en la utopía estatal de la industrialización y la modernización. En este ámbito estatal se construye una verosimilitud a partir de la lógica de la racionalización, y se difunde e impone una doxa, una opinión generalizada, que se arma desde el poder. En un valioso estudio titulado *Retórica de la paradoja*, Fernando Romo Feito advierte que la paradoja es una opinión en los límites de lo verosímil: "El lugar de la paradoja, su *tópos*, se encuentra en el límite de lo verosímil, radicará en lo posible improbable, lo extraño o chocante, lo que no se impone por sí mismo...". (Romo Feíto 1995: 47) En el margen de la verosimilitud estatal, el ensayo de Paz cuestiona la verosimilitud del poder mediante paradojas que articulan percepciones y opiniones en los límites de lo verosímil, y en ese carácter inestable de la paradoja tiene el sujeto intelectual su instrumento de lucha. Por algo consigna el sujeto intelectual, en uno de los últimos ensayos del libro, el carácter paradójico de su instrumento de trabajo: "El escritor es un hombre que no tiene más instrumentos que palabras. A diferencia de los útiles del artesano, del pintor y del músico, las palabras están henchidas de significaciones ambiguas y hasta contrarias." (Paz 1993: 309) La insistencia en la muerte en *El laberinto de la soledad* podría verse como una representación grotesca –cifrada en la imagen de "unos huesos mondos y una mueca espantable" (Ibídem 194)– mediante la cual el sujeto intelectual estropea o echa a perder la verosimilitud triunfalista del 'milagro' que sostuvo el Estado. En el último ensayo, 'Nuestros días', se consignan algunas de las fallas y carencias del Estado desarrollista: "La verdad es que los recursos de que dispone la nación, en su totalidad, son insuficientes para 'financiar' el desarrollo integral de México y aun para crear lo que los técnicos llaman la 'infraestructura económica', única base sólida de un progreso efectivo." (Ibídem: 327-328)

Ante la desconcertante situación política y económica del presente de la modernización, el sujeto intelectual se reafirma como miembro de un sector que, en lugar de obrar, debe pensar y ejercer la crítica mediante una renovación de la palabra que, en este caso, como se ha visto, tiene mucho que ver con la capacidad inquietante de la paradoja: "Inventar, si es preciso, palabras nuevas e ideas nuevas para estas nuevas y extrañas realidades que nos han salido al paso. Pensar es el único deber de la 'inteligencia'. Y en ciertos casos, el único." (Paz 1993: 338)

2. *El sarcasmo como arma discursiva: 'El puertorriqueño dócil'*

Pocos años después de publicarse *El laberinto de la soledad*, inicia René Marqués su trayectoria como escritor. Cultiva inicialmente el teatro para adentrarse más tarde, en la misma década de los cincuenta, en la narrativa y la ensayística.

A pesar de las diferencias innegables que existen entre los procesos históricos de México y Puerto Rico, se puede afirmar que ambos países atravesaron en la década de los cuarenta por períodos semejantes de modernización. El proyecto modernizador centrado en la industrialización que desarrolló el Presidente Miguel Alemán se corresponde, a grandes rasgos, con el homólogo puertorriqueño que lanzó el Gobernador Luis Muñoz Marín por las mismas fechas. En Puerto Rico, en lugar de tildar el proceso de un Milagro, se alude a una utopía industrial cifrada en el plan de desarrollo económico conocido como Operación Manos a la Obra. Un componente adicional hace que resalte una diferencia en el caso puertorriqueño: el Estado colonial –amenazado por un movimiento nacionalista que llevaba varias décadas de lucha que consistía en señalar de manera insistente la condición colonial de Puerto Rico– se ve en la obligación de armar una constitución para justificar el orden político existente. Surge entonces, en 1952, el Estado Libre Asociado como un 'statu' aceptado por los partidarios de la incumbencia de Muñoz Marín, pero, a la vez, muy cuestionado por sus detractores, entre los cuales se encuentra el propio Marqués.

Este autor le hace frente al proceso de modernización del país tanto en su dramaturgia como en su ensayística.[4] En 1956, escribe el ensayo 'Pesimismo literario y optimismo político', en el cual continúa, a su manera, la reflexión acerca de la literatura nacional que se había producido en el clásico de la ensayística cultural puertorriqueña de la primera mitad del siglo XX: *Insularismo* de Antonio S. Pedreira; colección de ensayos que establece lo que será más tarde la lista de textos privilegiados por la crítica, a la vez que echa de menos la existencia de un archivo cultural más fuerte y numeroso, o, lo que es muy semejante, un espacio en el cual se pueda desarrollar de un modo satisfactorio la carrera de letras en Puerto Rico. Esas observaciones se corresponden con la labor docente de Pedreira como el primer Director del Departamento de Estudios Hispánicos de la Universidad de Puerto Rico, unidad en la cual se inició y desarrolló, desde las primeras décadas del siglo XX, esa carrera de letras. (Sobre este tema, ver Rivera Díaz y Gelpí 2002)

A diferencia de *Insularismo*, el ensayo de Marqués se produce en una coyuntura que exige que el sujeto intelectual a partir del cual se articula el texto dé muestras de una mayor especialización. En este ensayo la especialización se evidencia en el modo en que Marqués delimita el tema de su ensayo: la literatura que escriben, en Puerto Rico, tanto Marqués como sus pares, y el modo en que se distancia de los proyectos políticos del poder. De igual modo, Marqués comenta la literatura de sus coetáneos y, al hacerlo, se produce una justificación de su labor como intelectual. Hacer trabajo intelectual supone diferenciarse del optimismo del Estado colonial, así como de la mecanización imperante en las sociedades modernas.[5]

Marqués aprovecha este ensayo para definir al escritor ideal: lo hace a partir de lo que *no* es, de un otro al cual invoca para enfrentarse y oponerse a él. Así, el escritor no es un hombre de acción, al igual que no es uno de los nuevos profesionales norteamericanos (o puertorriqueños) (Marqués 1977a: 60-61). Escribir una literatura pesimista acarrea echar a perder y agredir el plan de desarrollo económico del Estado Libre Asociado y la doxa estatal. La función de la literatura estriba, entonces, en socavar los proyectos del Estado colonial. (Ibídem: 80)[6]

La aversión a la utopía estatal de la industrialización se amplía y adquiere otros matices en el ensayo más conocido de Marqués: 'El puertorriqueño dócil (Literatura y realidad psicológica)', de 1960.[7] Más allá del contenido polémico de las tesis de este ensayo, que otros lectores han señalado y discutido, nos interesa detenernos en los gestos del sujeto ensayístico en su autofiguración como intelectual moderno en un contexto colonial de la modernización. El rechazo a la utopía estatal se traduce en reto y agresión verbal dirigidos a distintos sectores de los nuevos especialistas y profesionales que, de algún modo, hacen posible el nuevo orden industrial puertorriqueño. En lo que se refiere a las operaciones que lleva a cabo el sujeto ensayístico, el subtítulo de este texto es, tal vez, tan elocuente como el propio título. Además de plantear la polémica tesis de la docilidad colectiva de los puertorriqueños, se trata aquí de interpretar y explicar la conducta colectiva de los puertorriqueños con una lucidez y una eficacia que el propio sujeto pregona de manera insistente y sin ambages. De ese modo, quienes ejercen la literatura son 'superiores' o 'más solventes' que los nuevos especialistas a la hora de estudiar la conducta nacional. Por eso no debe extrañar una inscripción textual de la soberbia de este sujeto ensayístico: muchos de los ejemplos de literatura contemporánea que ofrece Marqués son títulos de sus propias obras (Ibídem: 160, 161, 162 y 164).

A lo largo del ensayo, Marqués construye un sujeto ensayístico que, además de presentarse como intelectual, se sirve de una serie de términos de la psicología o el psicoanálisis con bastante libertad. (Habría que recordar el dato que expone el propio autor en una de las páginas iniciales del texto: el hecho de que en una de sus versiones, este ensayo se presentó en forma de conferencia ante el Sexto Congreso de Psicólogos de Puerto Rico, actividad que se llevó a cabo en 1961). Veamos algunos ejemplos. En varias ocasiones destaca Marqués la presencia de un complejo de culpa de la sociedad colonial. (Ibídem: 155, 186, 199) Señala igualmente una tendencia suicida en el nacionalismo político puertorriqueño (ibídem: 162, 183); tratamiento que, curiosamente, reciben igualmente los partidarios a la anexión a los Estados Unidos. (Ibídem: 165) Al exponer acerca de la defensa de la lengua, identifica la existencia de un mecanismo de defensa. (Ibídem: 187) En otro pasaje, se maneja un término en inglés, destacado por el uso de las bastardillas, y que pertenecen al léxico de la disciplina psicológica: 'block'. (Marqués 1977a: 168) Más que representar los hallazgos de una investigación rigurosa, esta incursión en la psicología y el psicoanálisis remite a la disputa o guerra discursiva que les declara el sujeto intelectual a esos profesionales de la salud y de las Ciencias Sociales o, lo que es igual, a la hostilidad que dirige a los psicólogos en tanto intérpretes de la conducta colectiva. En la ensayística de Marqués, el sujeto intelectual le otorga un poder considerable a la literatura reciente: se trata de una práctica que tiene la capacidad de interpretar e identificar las raíces psicológicas de los fenómenos culturales que se asocian directa o indirectamente con el colonialismo. Incluso, llega a sugerir una presunta 'superioridad' psicológica de la literatura reciente frente a la propia disciplina psicológica.

> No era de esperarse que una sociedad dócil reaccionase agresivamente hacia determinada expresión literaria, pero sí, al menos, que pasivamente la ignorase, dejándola morir de inanición. Éste no es el caso. La nueva literatura que castiga y vapulea al cuerpo social ha tenido sorprendente éxito (todo el sorprendente éxito que en el Puerto Rico de hoy puede tener una manifestación cultural puertorriqueña). ¿Deseo de autocastigo? No precisamente. Más bien válvula de escape psicológica, sublimación de complejo de culpa colectivo a través de la expresión franca y audaz de los escritores (Ibídem: 198-199).

La literatura obra aquí como una metonimia del intelectual que la produce. El protagonismo intelectual que organiza *El laberinto de la soledad* vuelve a inscribirse aquí, pero con una ironía mordaz que no registra el texto de Paz.

Mordaces son, sin duda, los pasajes en los cuales Marqués expone acerca de los científicos sociales del Puerto Rico de la década del cincuenta. En un pasaje emblemático en el cual vuelve a plantear la superioridad y mayor 'solvencia' de la literatura, asevera el sujeto ensayístico: "Huérfanos de la luz esclarecedora de las Ciencias Sociales, nos es preciso ir a la literatura..." (Ibídem: 159) En el caso de estos científicos, Marqués echa de menos la capacidad de llevar a cabo las funciones fundamentales que realiza su propio sujeto intelectual en el género expositivo, argumentativo e interpretativo que es el ensayo cultural. La carencia intelectual de esos científicos radica en el hecho de que "...cuando llega el momento del análisis, de la interpretación, de producir conclusiones de acuerdo a los datos obtenidos, tiene a menudo que recurrir a otro experto –importado casi siempre– para que éste examine los resultados y llegue a sus propias conclusiones". (Ibídem: 188-189) De igual modo, al exponer sobre las repercusiones de la Guerra de Corea en Puerto Rico, el sujeto apunta a la ineptitud de los científicos sociales y su incapacidad de interpretar y estudiar a fondo el tema. "Sociólogos, historiadores y psicólogos nativos han ignorado el hecho como fenómeno colectivo nuestro. Las pocas estadísticas disponibles podrán quizá darnos cifras exactas sobre esto o aquello, peor nada revelan sobre los hechos fundamentales." (Ibídem: 158) Y es precisamente ése el renglón del ensayo cultural en el que se percibe el protagonismo intelectual: en las interpretaciones que se ofrecen a los "hechos fundamentales" y la conducta de las colectividades; actividad que va más allá de la mera cuantificación de los sucesos históricos.

A propósito de esa pugna que sostiene Marqués con los científicos sociales modernos, cabe marcar un aspecto singular de 'El puertorriqueño dócil'. No abunda en los textos clásicos del ensayo cultural latinoamericano el formato 'científico' de documentación que exhiben, en cambio, los ensayos de Marqués: la presencia de las notas al pie acompañadas de abundantes referencias bibliográficas que figuran cuidadosamente documentadas. El gesto no abunda en un género que, en América Latina, acostumbra a exponer, argumentar e interpretar en torno a la cultura con gran libertad. La forma que cobra este ensayo cultural en el Puerto Rico de fines de los años cincuenta sugiere que ese contexto de especialización –que abarca el desplazamiento de los intelectuales por parte de los tecnócratas– se presta a varias interpretaciones. Marqués se sirve de la armazón de los trabajos de investigación del mundo de las Ciencias Sociales para cuestionar la eficacia de esos mismos trabajos. Se trata de un formato 'moderno' y 'científico' que sugiere que el autor entra en el campo de sus adversarios, se apropia de sus instrumentos de exposición precisamente para cuestionar (o posiblemente parodiar) los resultados de sus investigaciones científicas.

El blanco del sarcasmo es, de igual modo, el Estado colonial en el cual se genera la nueva organización social y que ha articulado y propagado una 'doxa' según la cual la utopía industrial solucionaría los conflictos de la sociedad puertorriqueña. En un estudio sobre la ironía, destaca Pierre Schoentjes las diferencias que existen entre esa figura y el sarcasmo: en éste último hay siempre un juicio de valor y un grado mayor de agresividad que se expresa de manera abierta –etimológicamente remite al acto de morder la carne– a la vez que marca un nivel de crítica notable (Schoentjes 2003: 191-193). La manipulación retórica que se lee en el ensayo de Marqués, y que desemboca en el sarcasmo, se manifiesta en varios pasajes del ensayo. Al exponer sobre la tendencia al eufemismo de los políticos, propensión que los lleva a emplear el eufemismo 'democrático' en lugar del término 'dócil' para caracterizar al puertorriqueño, Marqués recurre a unas metáforas que entrañan un sarcasmo considerable.

> ¿Qué hace la máquina del espíritu (o, si se prefiere, la del intelecto) cuando la fuerzan a detenerse para considerar que lo que ella asimila en su engranaje como pacífico, tolerante y democrático no es otra cosa que el ofensivo dócil? La máquina del intelecto (o del espíritu, a escoger) no está capacitada para aquel inesperado reajuste que significaría asimilar materia tan cruda. De modo que, expulsando con gran ruido de tuercas –inofensivos eructos de toda máquina hipersensible– el acíbar de la materia extraña, reanuda su funcionamiento resobando en su mecanismo las rutinarias píldoras cubiertas de precioso dorado: *pacífico, tolerante, democrático*. (Marqués 1977a: 157, subrayado en el original)

Las metáforas empleadas para restarle capacidad intelectual a los partidarios del 'statu' político imperante en la época, se convierten en una muestra del sarcasmo al que recurre el sujeto ensayístico. El significante que se privilegia en la metáfora portadora del sarcasmo –la máquina moderna e industrial– constituye un claro indicio del nuevo orden propuesto y apoyado por el Estado colonial que, en este caso, se enjuicia y descalifica.

En otro pasaje se intensifica el sarcasmo dirigido al Estado colonial. Luego de manifestar sus reparos a los mecanismos psicológicos de los nacionalistas y de los partidarios de la anexión a Estados Unidos, el sujeto les dedica una sección a las carencias de quienes favorecen el 'statu quo': el Estado Libre Asociado.

> ...es en el término medio o estadolibrismo donde la docilidad puertorriqueña encuentra, sin complicaciones psicológicas, su más cómoda y natural expresión. Consideramos genial este *engendro político*, no por las razones que arguyen sus panegiristas, sino por haber logrado cuajar en forma casi doctrinaria la realidad psicológica del pueblo que le da razón de ser (Marqués 1977a: 170; subrayado nuestro).

Concebir mal el gobierno, no acatar una proporción adecuada, tener múltiples defectos e incongruencias: son éstas las connotaciones sarcásticas que se transparentan en la metáfora sarcástica del engendro, el cual obra aquí de manera semejante a un monstruo. Como se ha visto, el monstruo junta pedazos de un rompecabezas compuesto por piezas de distintos juegos. (Moreno Cardozo 2002: 80) Se trata de uno de los momentos culminantes del sarcasmo que marca al sujeto intelectual en su fustigación insistente del Estado colonial. El Estado Libre Asociado es análogo al monstruo en la medida en que supone una mezcolanza de componentes políticos irreconciliables, una gran falta de 'pureza'.

Una vez más, la reflexión sobre la literatura que se efectúa en este ensayo remite a la distancia insalvable que observa Marqués entre el estadolibrismo – como eufemismo de una situación política colonial– y la literatura coetánea al fenómeno político (Marqués 1977a: 171). La ética que guía a los escritores es incompatible con la realidad antiética del colonialismo. Curiosamente, en esta coyuntura de la historia puertorriqueña, en la cual, como modernización al fin, se produce un torbellino en el que abundan los flujos de sujetos y las mezclas (Berman 1982: 14), Marqués construye una prosa expositiva y argumentativa cuyo sujeto se articula a partir de un prurito de pureza y ejemplaridad. Y es esa construcción –que olvida o deja fuera la posible ambigüedad que sugiere la colaboración con un proyecto populista y didáctico del Estado– lo que impide ver 'El puertorriqueño dócil' como una presentación diáfana o transparente de las 'ideas' del autor. El prurito de pureza lleva al sujeto, en otros momentos, a distanciarse considerablemente de uno de los emblemas fundamentales del Estado: la máquina industrial. (El significante que, sin duda, late en estos casos es la representación de la Corporación de Fomento Económico, creada en la década de los cuarenta, en la cual una corpulenta figura masculina impulsa una rueda de tamaño considerable).

> Empréndase un somero examen del mundo oficial puertorriqueño y pronto se observará que, bajo el epíteto de 'democrática' se mueve dócilmente, sin dificultad alguna, una *gigantesca máquina política*, cuyo combustible vital es el patrón autoritario. Cuando nues-

tro especialista en Ciencias Sociales no puede menos que percibir el carácter anómalo del combustible –en aquellas ocasiones en que tiene la capacidad, voluntad y valor para percibirlo, cosa aparentemente no muy frecuente, dado que rara vez nos informa de ello– utiliza para describirlo el eufemismo de paternalista. (Marqués 1977a: 172; subrayado nuestro)

Teñir y rodear de sarcasmo al ícono del Estado: no otra es la estrategia que despliega el sujeto.

Tanto *El laberinto de la soledad* como 'El puertorriqueño dócil' constituyen una muestra de la riqueza y diversidad del ensayo cultural latinoamericano. Por eso conviene abordar gran parte de los textos que componen ese amplio corpus destacando el hecho de que, como ha visto Eduardo Devés Valdés, se trata del espacio textual en el que se dilucida el 'carácter' de los países, pero, además, es el ámbito en el cual los intelectuales latinoamericanos han construido una serie de autorretratos complejos y a menudo contradictorios. Una relectura del ensayo podría desplazar el énfasis de los modos de lectura del sujeto de lo expuesto y representado en ese género –la identidad, el carácter, la cultura de los países latinoamericanos– al estudio de las subjetividades que en él se articulan. La presencia de la paradoja y el sarcasmo, ejes constitutivos de los sujetos de Paz y Marqués, así parecen indicarlo.

NOTAS

1. Acierta Eduardo Devés Valdés al afirmar que *El laberinto de la soledad* ocupa una posición privilegiada en la historia del ensayo latinoamericano pues cierra o concluye algunos aspectos de la ensayística anterior. (Devés Valdés 2000: 274) En nuestra lectura observamos que la colección de ensayos de Paz retoma y recuerda el elemento del paseo por la ciudad que el género, en la gran mayoría de los casos, parecía haber reprimido.
2. Difiero, en ese sentido, de un aspecto de la muy valiosa lectura de Jorge Aguilar Mora, para quien *El laberinto de la soledad* es un libro infechable: "su proposición de atemporalidad está contenida en sus premisas." (Aguilar Mora 1978: 47) Considero que en la colección de ensayos de Paz coexisten pasajes que apuntan a esa atemporalidad y otros que remiten de manera crítica a los procesos de la modernización mexicana. Max Parra plantea también una lectura del ensayo según la cual la identidad cultural nacional que se desprende de las páginas de *El laberinto de la soledad* "...se ajusta, sin que ello sea la intención declarada del autor, a los designios de la política nacionalista del Estado...". (Parra 1996: 32) La lectura de Parra pasa por alto los diversos momentos en que, como se verá, el sujeto intelectual de estos ensayos se enfrenta a los proyectos del Estado.
3. Entre los ensayos críticos que han planteado la presencia de la paradoja en la ensayística de Paz, se encuentran los de Yvon Grenier (2004) y María Esther Maciel (2004). Sin embargo, Maciel sólo menciona *El laberinto de la soledad* de pasada, sin destacar la importancia considerable que poseen las paradojas en esa colección. Por otro lado, la lectura de Grenier, a pesar de sus aciertos, resulta, en otros momentos, panegírica.
4. Agnes Lugo-Ortiz (1997) ha estudiado con gran acierto la economía de género que atraviesa la ensayística de René Marqués y su vínculo con el contexto de la modernización.
5. Marqués nunca apoyó la fórmula política del Estado Libre Asociado. Sin embargo, al igual que otros intelectuales independentistas, colaboró con uno de los proyectos culturales del Estado colonial: la División de Educación de la Comunidad, en calidad de Jefe de Publicaciones y guionista de cortometrajes educativos. Sobre este tema de su colaboración con el Estado, que Marqués se esforzó por invisibilizar, ver la tesis doctoral inédita de Catherine Marsh Kennerly (2001). Los hallazgos de Marsh Kennerly en su cuidadosa investigación de archivo

son muy reveladores acerca de esa colaboración, sin duda muy compleja, de los intelectuales independentistas con el Estado colonial.
6. Marques insiste en el enfrentamiento del escritor al Estado colonial en varios ensayos. Ver, por ejemplo, 'La función del escritor puertorriqueño en el momento actual.' (Marqués 1977b: 219-228) Este ensayo se lee como ponencia en 1962 y se publica en *Cuadernos americanos* en 1963.
7. 'El puertorriqueño dócil' (Marqués 1977a) parece tener todas las características de una especie de palimpsesto. Gana un Premio de Ensayo del Ateneo Puertorriqueño en 1960. En 1962, se publica en la revista mexicana *Cuadernos americanos*. La versión publicada en forma de libro parece ser un núcleo textual que, según reza el propio texto, se escribe en 1960 y a la cual Marqués le añade pasajes a lo largo de la década del sesenta a medida que surgen nuevos acontecimientos que, en su opinión, confirman sus tesis. De hecho, en más de un momento, el texto remite a un 'hoy' asociado a los años de 1965 y 1966. (Ibídem: 151, 164, 165, 211) La primera edición en forma de libro es de noviembre de 1966.

BIBLIOGRAFÍA

Aguilar Mora, Jorge
    1978   *La divina pareja. Historia y mito en Octavio Paz*. México: Ediciones Era.
Berman, Marshall
    1982   *All that Is Solid Melts into Air. The Experience of Modernity*. Nueva York: Simon and Schuster.
Córdova, Arnaldo
    1990   'La concepción del Estado en México y el presidencialismo.' En: Pablo González Casanova (coordinador), *El Estado en América Latina. Teoría y práctica*. México: Siglo XXI Editores y Universidad de las Naciones Unidas: 542-565.
Devés Valdés, Eduardo
    2000   'Los ensayos sobre el carácter de los latinoamericanos. La autocrítica de nuestra identidad (1930-1950).' En: *El pensamiento latinoamericano en el siglo XX. Entre la modernización y la identidad. Del Ariel de Rodó a la CEPAL. (1900-1950)*. Buenos Aires: Editorial Biblos, Centro de Investigaciones Diego Barros Arana: 253-277.
Grenier, Yvon
    2004   'Sin decirlo todo, decir todo lo que hay que decir: los ensayos de Octavio Paz.' En: Héctor Jaimes (coordinador), *Octavio Paz. La dimensión estética del ensayo*. México: Siglo XXI Editores: 215-232.
Lugo-Ortiz, Agnes I.
    1997   'Sobre el tráfico simbólico de mujeres: Homosocialidad, identidad y modernidad literaria en Puerto Rico (Apuntes para una relectura de 'El puertorriqueño dócil' de René Marqués).' *Revista de crítica literaria latinoamericana* 23.45: 261-278.
Maciel, María Esther
    2004   'El texto en movimiento: notas sobre la escritura ensayística Octavio Paz.' Trad. Rômulo Monte Alto. En: Héctor Jaimes (coordinador), *Octavio Paz. La dimensión estética del ensayo*. México: Siglo XXI Editores: 131-144.
Marqués, René
    1977a   *El puertorriqueño dócil y otros ensayos. 1953-1971*. 1a ed. 1966. Río Piedras: Editorial Antillana.
    1977b   'La función del escritor puertorriqueño en el momento actual.' En: Marqués 1977a: 219-228.
Marsh Kennerley, Catherine
    2001   'La negociación de la cultura en una nación sin Estado. La producción cultural de la División de Educación de la Comunidad del Estado Libre Asociado (1948-1968).' Tesis doctoral inédita. Universidad de California en Berkeley.
    2004   'Negociaciones: René Marqués y el proyecto pedagógico-cultural del estado muñocista.' *Revista de Estudios Hispánicos* (Universidad de Puerto Rico) 31.1: 3-24.

Medina, Rubén
2004 'El poder de la escritura y la escritura del poder: los ensayos de Octavio Paz.' En: Héctor Jaimes (coordinador), *Octavio Paz. La dimensión estética del ensayo*. México: Siglo XXI Editores: 101-130.

Meyer, Lorenzo
1998 'La encrucijada.' En: El Colegio de México. Centro de Estudios Históricos. *Historia General de México 2*. 1976. México: El Colegio de México:1275-1355.

Moreno Cardozo, Belén del Rocío
2002 'El monstruo: con imagen, sin semejanza.' *Desde el jardín de Freud. Revista de psicoanálisis* 2: 80-95.

Parra, Max
1996 'El nacionalismo y el mito de 'lo mexicano' en Octavio Paz y José Revueltas.' *Confluencia* 12.1 (otoño): 28-37.

Paz, Octavio
1993 *El laberinto de la soledad*. 1a. ed. 1950. Edición de Enrico Mario Santí. Madrid: Cátedra.

Rivera Díaz, Laura y Juan G. Gelpí
2002 'Las primeras dos décadas del Departamento de Estudios Hispánicos de la Universidad de Puerto Rico: ensayo de historia intelectual.' En: Consuelo Naranjo, María Dolores Luque y Miguel Ángel Puig-Samper (editores), *Los lazos de la cultura. El Centro de Estudios Históricos de Madrid y la Universidad de Puerto Rico, 1916-1939*. Madrid: Instituto de Historia, Consejo Superior de Investigaciones Científicas y Río Piedras: Centro de Investigaciones Históricas: 192-235.

Romero, José Luis
1984 *Latinoamérica: las ciudades y las ideas*. 1a ed. 1976. México: Siglo Veintiuno Editores.

Romo Feito, Fernando
1995 *Retórica de la paradoja*. Barcelona: Ediciones Octaedro.

Schoentjes, Pierre
2003 *La poética de la ironía*. Trad. Dolores Mascarell. Madrid: Cátedra.

Frauke Gewecke
Universität Heidelberg

DESDE LOS TRÓPICOS 'TROPICALIZADOS':
VANGUARDIA Y 'NEGRISMO'
EN LUIS PALÉS MATOS Y NICOLÁS GUILLÉN

En los estudios comparativos acerca del 'negrismo' se suelen resaltar las diferencias entre Luis Palés Matos y Nicolás Guillén: diferencias que indudablemente existen pero que, en un principio, no son de índole programática, sino que arrancan del medio en el que se movía cada uno y el que les deparaba recursos diferentes para realizar su proyecto común, que era el de satisfacer sus ansias de poeta vanguardista. El 'negrismo', que en el caso de Palés y Guillén se distingue de su proyecto de poesía '(afro)cubana' y '(afro)antillana' respectivamente, se conceptualiza como un movimiento que se materializa a través de un imaginario 'tropicalizado' y 'tropicalizante', el cual inventa al negro mediante estrategias metafóricas y metonímicas, cual "invocación ritualizada de alteridad". (Gates 1992)

Hacia finales de los años 1930, cuando la poesía 'negra' o 'negrista' ya había dejado de ser un movimiento de vanguardia, un crítico la definió en estos conceptos: "En la poesía negra, para ser auténtica, habían de entrar los cuatro principales elementos del alma negra: la desbordante alegría dionisíaca; la sensualidad, el vago temblor de misterio; y el ritmo congénito de la raza." (Rodríguez Embil 1939: 13) Esta definición, que vincula una aseveración acerca del valor literario del género –su 'autenticidad'– con otra aseveración acerca de la idiosincrasia del negro, reproduce precisamente aquellos estereotipos que, según la crítica moderna, serían prueba de la 'inautenticidad' del género en la mayoría de sus representantes, transmitiendo éstos esencialmente una visión pintoresca y superficial, y hasta racista y sexista, del negro como ser primitivo y prístino, dado a cultos crípticos, a la danza y a la fornicación, en un ritmo frenético de sensualidad, que se plasma ante todo en la mujer negra o mulata (en palabras de Fernando Ortiz) "nalguda" y "nalgueante". (Ortiz 1935: 328) De esta censura se exceptúa por regla general al cubano Nicolás Guillén pero no al puertorriqueño Luis Palés Matos, cuyo poemario *Tuntún de pasa y grifería* ha sido objeto de unas valoraciones diametralmente opuestas: mientras que unos lo condenan como 'mise en scène' burlesca y grotesca de una "negrería fantasmal" (Johnson 1971: 127), otros lo destacan como "lúcida visión" de la "antillanía" y "celebración de la negritud". (López-Baralt 1995: 8)

Comparar a Palés con Guillén equivaldría, según el crítico Julio Marzán, a una "injusticia" siempre cuando se sirve del uno contra el otro, siendo Guillén "the standard by which Palés's *poesía afroantillana* was measured". (Marzán 1995: 33) [el paradigma según el cual la 'poesía antillana' de Palés ha sido juzgada] Esta circunstancia se explicaría, según el mismo crítico, por el hecho de que el poeta cubano, a partir de los años sesenta,

> became symbol and patriarch of the Cuban postrevolutionary poets, the Revolution itself, having become a world generation's icon of anti-bourgeois, anti-Westernist society. [se convirtió en el símbolo y patriarca de los poetas cubanos posrevolucionarios, habiéndose convertido la Revolución misma, para toda una generación mundial, en el icono de una sociedad antiburguesa y antioccidental]

De ahí resultaría que Nicolás Guillén, cuya obra

> is more readily identifiable as social rebellion [puede ser identificada más fácilmente como rebelión social], has overshadowed Luis Palés Matos with his misunderstood, brainy, baroque style (ibídem: 15) [hizo sombra a Luis Palés Matos, con su incomprendido estilo razonador y barroco],

terminando no pocos críticos por quejarse "that Palés was no Guillén". (Ibídem: 37) [que Palés no era ningún Guillén]

Marzán está, indudablemente, en lo cierto cuando se trata de aquellos estudios que arrancan de las diferencias entre el cubano y el puertorriqueño, diferencias que se atribuyen, a menudo de modo absoluto, al factor étnico alegando que Guillén, por su descendencia africana que le separa de Palés, habría tratado el tema negro desde dentro y 'en negro', vale decir con 'autenticidad'. Diferencias, desde luego, hay muchas; pero antes de radicar en una perspectiva 'racializada' asumida por los autores, arrancan del medio en el que se movían y que les deparaba recursos diferentes para realizar su proyecto común, que era el de satisfacer sus ansias de poeta vanguardista. Palés y Guillén se iniciaron en el mundo de las letras bajo circunstancias parecidas; y aunque se diferenciarían en cuanto al conjunto de su obra poética, se asemejaban por su afán de romper con el pasado de un modernismo trasnochado. El deseo de ponerse a tono con las tendencias más novedosas del momento los une, ya que tanto Palés como Guillén se fijaron, en un primer momento, en la(s) vanguardia(s) europea(s). Para acercarnos a este rasgo que los une, veamos dos casos de 'vanguardia' europea donde el problema de la representación 'auténtica' del Otro –clave de la valoración de la literatura 'negrista'– se presenta de modo particularmente embarazoso.

1) Con motivo de la Exposición Universal y Colonial que se realizó en 1900 en París, los organizadores encargaron a Cléo de Mérode, estrella de danza académica de la Ópera parisina, un espectáculo de 'danza camboyana' para complacer el gusto de un público curioso y ávido de lo foráneo y exótico. Como cuenta en sus memorias, Cléo de Mérode cumplió con el encargo tan bien como pudo, investigando a través de grabados pertinentes el lenguaje gestual, corporal y coreográfico de las danzas orientales que luego ella,

bailarina 'consagrada' en una supuesta ceremonia ritual y religiosa, iba a ejecutar en escena, junto con su 'troupe' de bailarinas que eran, como ella, europeas. Tuvo un éxito enorme, y recorrió después con su flamante espectáculo las principales ciudades de Europa; y aunque el público no podía dejarse engañar por el simulacro, disfrutaba de ello, como se comentaba en la prensa: "Ce n'est pas du tout cambodgien, mais c'est délicieux." (De Mérode 1985: 224-225; ver también Décoret-Ahiha 2002) [Eso no tiene nada de camboyano, pero es delicioso]

2) Hacia 1913 el poeta norteamericano Ezra Pound, que en aquel entonces llevaba años viviendo en Europa y cuyo interés por la cultura japonesa era conocida, recibió de parte de la viuda del famoso orientalista Ernest Fenollosa los manuscritos que éste había dejado al morir pocos años antes, entre ellos el trabajo monográfico *The Chinese Written Character as a Medium for Poetry*. Pound ya había elaborado su concepto vanguardista de *imagist poetry*, que confiere a la imagen, único componente 'auténtico' de la poesía, una correspondencia inmediata con la realidad; y el estudio del análisis que Fenollosa había hecho acerca de los caracteres chinos provocó en él una verdadera fascinación por la poesía china. En 1915 publicó un delgado volumen titulado *Cathay*, que contenía *traducciones*, como rezaba el subtítulo, de versos de un poeta chino del siglo VIII, Li Po (al que Pound designaba con su nombre japonés, Rihaku). Los contemporáneos estaban entusiasmados y estimaban que Pound había logrado transmitir fielmente el espíritu tanto de la poesía china como de la visión del mundo reflejada en ella (Kern 1996). Pero Pound había 'traducido' poemas escritos en un idioma que ignoraba en absoluto.

Ni la 'danza camboyana' de Cléo de Mérode ni las 'traducciones' de Ezra Pound podían ser consideradas como 'fake' en el sentido de una superchería intencionada. Al contrario de tantas bailarinas 'japonesas', 'javanesas' o 'hindúes' que debían seguir a Cléo de Mérode en su tan exitosa carrera y fabricarse —como hizo la famosa Mata Hari, antes de ser fusilada como espía al servicio de los alemanes— una identidad y genealogía orientales, ella no pretendía ser otra. Ezra Pound, por su parte, señalaba en el subtítulo de la colección que para sus *traducciones* había podido recurrir a las 'notas' de Fenollosa y los 'desciframientos' de dos 'profesores'; y bien podía haber insinuado el elemento ficcional o artificioso inherente a su labor de 'traductor' mediante el título que dio a su colección, puesto que 'Cathay' remitía al mundo fabuloso de Marco Polo. Pero el título evocaba al mismo tiempo aquellas imágenes que tradicionalmente se asociaban a China (o Cathay): imágenes que Pound reproducía creando en sus lectores el efecto de 'autenticidad', imágenes que correspondían a aquellas 'ficciones ideológicas' que Edward Said subsumió bajo su famoso concepto de 'orientalismo', al que se volverá más adelante en su variedad de 'tropicalismo', más idónea para el contexto de unos trópicos 'tropicalizados'.

El 'negrismo' de Luis Palés Matos: arte conceptual como "arte de sonidos y alucinaciones"

Los comienzos literarios de Luis Palés Matos se sitúan dentro del modernismo tardío y se caracterizan por una actitud pronunciada de melancolía y desolación, de modorra y hastío, que tiene su raíz en las circunstancias concretas del entorno en el que vive su infancia y juventud: el medio provinciano de su ciudad natal, Guayama, que considera intelectualmente pobre y asfixiante y del que intenta fugarse mediante la incursión en mundos puramente imaginarios: "divagaciones y ensueños" que según el testimonio de su amigo, el también poeta Eugenio Astol, le llevan a una poesía "sugerente, etérea, espiritual". (Palés Matos 1995: 284, 287)[1] Dice Astol:

> Horror de la vulgaridad en su vida y en su arte. Le aqueja una verdadera obsesión por lo desusado y nunca visto. Vuelve la espalda a la realidad y se crea un mundo fantástico que puebla y adorna con las creaciones de su pensamiento. No le gusta trillar viejos senderos y se esfuerza en elaborar combinaciones nuevas con la palabra, la cadencia, la tonalidad y el ritmo. (Ibídem: 286)

Cuando en 1921 Palés se escapa de Guayama para instalarse en San Juan, se sumerge inmediatamente en el ambiente bohemio de las tertulias literarias capitalinas, agitadas y entusiasmadas por las corrientes vanguardistas que habían llegado de Europa. Palés no tarda en presentar sus credenciales de poeta vanguardista iconoclasta, publicando el poema 'Abajo': alegato apasionado contra la retaguardia romántico-modernista e invitación al "Canto Nuevo" mediante el cual, dice Palés, "transformaremos la carroza académica del arte / en un automóvil de carrera que corra parejas con la vida". (Palés Matos 1995: 405)

Esta primera incursión en el vanguardismo, que con su inventario de artefactos mecánicos de última invención remite al futurismo, no tiene ninguna trascendencia para la obra ulterior del poeta; salvo, quizás, por esa actitud iconoclasta –desde luego muy de su época–, que a nivel estético se asocia con el ansia de originalidad de la que hablara Astol. De mayor alcance es, en cambio, el 'diepalismo', que Palés crea en el mismo año junto con José I. de Diego Padró: un "programa anárquico", según explicara Palés en una entrevista de 1927 (Palés Matos 1984: 290), plasmado en un solo poema, la 'Orquestación diepálica', pero que anticipa un elemento estético central de su poesía 'negrista'. Aclaran los dos autores en un breve manifiesto que se publicó junto con el poema:

> (...) nosotros, con el fin de agilizar las actuales normas de la poesía hemos intentado (...) dar la impresión de lo objetivo, por medio de expresiones onomatopéyicas, del lenguaje de aves, animales e insectos, sin recurrir a la descripción anchurosa y prolija que sólo viene a debilitar la verdad y la pureza del asunto. (Mendonça Teles/Müller-Bergh 2002: 153)

Y Palés precisaba en la entrevista mencionada: "Se prescindía del elemento anecdótico, e íbamos derechamente a la realización de [un] arte de sonidos, articulaciones, y murmullos, arrancándoles toda su capacidad plástica." (Palés Matos 1984: 290)

En los años que siguen, Palés incursiona en los más diversos géneros. Escribe poesía amorosa y 'coplas jíbaras' en la línea del más recio hispanismo, que publica bajo diversos seudónimos en periódicos de provincias. Reafirma su actitud vanguardista, volviendo a publicar su poema 'Abajo'. Al mismo tiempo, angustiado por su situación económica precaria y la necesidad de emplearse en trabajos de oficina que aborrece, le sigue atormentando el sentimiento de frustración y desolación, tal como se plasma en estas líneas finales del poema 'Topografía', de 1925:

> Esta es toda mi historia:
> sal, aridez, cansancio,
> una vaga tristeza indefinible,
> una inmóvil fijeza de pantano,
> y un grito, allá en el fondo,
> como un hongo terrible y obstinado,
> cuajándose entre fofas carnaciones
> de inútiles deseos apagados. (Palés Matos 1995: 422)

Con el mismo gesto evasivo de sus primeros poemas modernistas, Palés intenta escapar a ese tedio existencial mediante "divagaciones y ensueños", que le llevan a regiones distantes de la realidad abominada: en sus poemas 'nórdicos' como 'Walhalla' a las "quiméricas Thules" donde "soñará alguna Svanhild pálida y taciturna" (ibídem: 416); en el poema 'África' a un "pueblo negro" –"Mussumba, Tombuctú, Farafangana"–, "pueblo de sueño", precisa la voz poética, "tumbado allá en mis brumas interiores / a la sombra de claros cocoteros". (Ibídem: 533)[2] Los dos poemas citados fueron escritos en 1925, y a partir de ese año Palés va explotando, de manera asidua aunque no exclusiva, el potencial estético que le ofrece el 'negrismo': modalidad que en sus poemas arranca de su firme actitud vanguardista, la cual se apoya en las premisas del 'primitivismo' europeo.

El vanguardismo de la poesía 'negrista' de Luis Palés Matos supone, de acuerdo con el 'esprit nouveau' de Apollinaire y conforme a su propio programa 'diepálico', el rechazo del concepto de un arte mimético y de sus convenciones: rechazo de la amplificación anecdótica, de la descripción ornamental y del uso racional del lenguaje –"muera la lógica", postulaba Palés en el poema 'Abajo'– con primacía del valor fonético de las palabras sobre su valor semántico. Este concepto, que se compagina con las famosas 'parole in libertà' de Marinetti, se plasma, en los poemas 'negristas' de Palés, en una sintaxis de preferencia paratáctica, a veces fragmentada e inconexa; en imágenes insólitas y atrevidas, que resaltan más por su expresividad que por su valor expositivo; y, ante todo, en efectos de sonoridad: una arquitectura elaborada de asonancias y aliteraciones, voces 'negras' genuinas o inventadas, onomatopeyas y jitanjáforas. Todos esos procedimientos llevan, junto al ritmo percusivo, a lo que Palés, para su experimento 'diepálico', caracterizara como "arte de sonidos"; por ejemplo, en estos versos famosos de 'Danza negra' (1926):

> Calabó y bambú.
> Bambú y calabó.
> El Gran Cocorocó dice: tu-cu-tú.
> La Gran Cocoroca dice: to-co-tó.
> Es el sol de hierro que arde en Tombuctú.
> Es la danza negra de Fernando Póo.
> El cerdo en el fango gruñe: pru-pru-prú.
> El sapo en la charca sueña: cro-cro-cró.
> Calabó y bambú.
> Bambú y calabó. (Palés Matos 1995: 507)

Semejante al 'arte conceptual', Palés parte de conceptos que traduce mediante el ritmo y la sonoridad en una expresividad inmediata, sirviéndose del material lingüístico esencialmente como material iconográfico, en una estructura poética reducida a sus más elementales componentes.[3] Ahora bien, los conceptos o ideas, de los que parte Palés en sus poemas 'negristas', si bien no denotan un referente histórico, tienen su origen en un corpus de ideas bien definido: el repertorio de tópicos, aquellas 'idées reçues' flaubertianas, del que se sirvió, como paliativo de un momento de aguda crisis de la civilización occidental, el 'primitivismo' europeo, proyectado principalmente sobre África. Palés conocía muy bien (entre otros) el *Decamerón negro*, de Leo Frobenius y *La decadencia de Occidente*, de Oswald Spengler, a quien cita profusamente en un artículo de 1927, titulado 'El arte y la raza blanca'.[4] Aquel repertorio de tópicos acerca de la idiosincrasia del hombre 'primitivo' –en el caso de Palés, el negro– se funda, como bien se sabe, en la idea de su (supuesta) 'naturalidad' y 'autenticidad', o sea: su condición de hombre sencillo y sincero, ingenuo y espontáneo, de marcada salud mental y fuerzas vitales, que la Europa exhausta y decadente no puede más que envidiarle. En los poemas 'negristas' de Palés, ese supuesto básico se materializa en los mismos motivos que el crítico que se citó al comienzo, designa como características del 'alma negra': la danza a topes de tambor y a un ritmo frenético, que lleva a un estado delirante y extático (p. ej., en los poemas 'Bombo', 'Danza negra', y 'Candombe' o 'Danza caníbal', como se tituló originalmente); la voluptuosa sensualidad de la mujer negra, "la negra de las zonas soleadas / que huele a tierra, a salvajina, a sexo" ('Pueblo negro'; Palés Matos 1995: 534); y las prácticas religiosas misteriosas, con frecuentes referencias al vudú, para Palés evidentemente síntesis de la magia oculta, extraña y extravagante (p. ej., en los poemas 'Bombo' y 'Falsa canción de baquiné').

El 'negrismo' de Nicolás Guillén: tradición vernácula y "mitología del arrabal"

Luis Palés Matos fue entre los poetas del Caribe hispano el primero en tratar el tema negro y darle cierta 'respetabilidad' dentro de la literatura culta. Ya en 1927 algunas de sus poesías 'negristas' fueron publicadas en España y en

Cuba, donde tuvieron un gran impacto entre aquellos que, como Ramón Guirao y José Zacarías Tallet, se cuentan entre los primeros representantes de la poesía 'negrista' en su vertiente cubana. Nicolás Guillén se sumó al movimiento con algún retraso, pero debía llevarlo a una popularidad insospechada en aquel momento.

Los comienzos literarios de Guillén habían sido, como los de Palés, de corte (pos)modernista[5], y como aquél experimentó una –también efímera– fase futurista. Como Palés, Guillén era de provincias, falto de un oficio que lo sustentara, y experimentó, durante su primera estancia en La Habana, de 1921 a 1922 –como más tarde confesó en una entrevista– el mismo sentimiento de "hastío y frustración a causa de la pobreza del medio" (Guillén 1994: 39), sentimiento que debía experimentar Palés durante toda su vida. Pero este medio, por modesto que le haya parecido al joven Guillén, le ofrecía incentivos y perspectivas que el joven Palés –en el supuesto de que tuviera las mismas inquietudes– hubiera buscado en vano.

Puerto Rico, en los años veinte, era un país inmovilizado, con la clase política dominante claudicada ante la interminable espera de un estatuto favorable a la 'estadidad'. Sin embargo, frente a la creciente 'norteamericanización' en todas las esferas de la vida pública, el país se estaba convirtiendo en baluarte de la 'hispanidad' en América Latina, creándose el mito del jíbaro, del campesino blanco de la montaña, como encarnación y símbolo de la 'puertorriqueñidad', lo que impedía la justa apreciación del aporte negro a la cultura nacional. Cuba, en cambio, vivió, durante la década de los años veinte, una época de intensa agitación política, y el movimiento de reivindicación social abarcaba también a la población de color, la cual, remitiendo a su participación activa en la guerra de Independencia, protestaba contra la persistente discriminación racial.

La misma efervescencia reinaba en el ámbito cultural. Al contrario de los vanguardistas puertorriqueños, que compensaban su claudicación con la creación de un sinnúmero de movimientos vanguardistas, casi todos de poca envergadura y menor duración[6], los cubanos –como patentiza el manifiesto del Grupo Minorista, de 1927[7]– se veían en la vanguardia artística y política, y muchos armonizaban sus actividades literarias con el periodismo y el activismo políticos. El legado africano a la cultura popular era objeto de estudios académicos, y Fernando Ortiz, quien era la máxima autoridad en asuntos del folklore afrocubano, por su prestigio de intelectual y hombre público le daba a ese movimiento de rescate de la tradición oral una alta visibilidad en los medios de comunicación. La música popular, especialmente la rumba y el son, reinaba hasta en los salones de la burguesía, y las sociedades secretas de los ñáñigos llegaron a ser un lugar de experimentación espiritual y artística.[8]

El medio ambiente en el que se mueve Guillén a partir de su instalación definitiva en La Habana, a finales de 1926, no es, pues, un medio tan pobre. Gracias a antiguas amistades de su padre, que había sido senador por el Partido Liberal, tiene acceso a los círculos de intelectuales negros y mulatos, que eran ajenos al Grupo Minorista, no obstante tan bien informados como aquellos acerca de las últimas novedades que llegaban de Europa. Para Guillén, el momento decisivo en su carrera de poeta debía ser el encuentro con Gustavo Urrutia, editor del *Diario de la Marina*, quien le invita a publicar algunos poemas suyos en la página dominical 'Ideales de una raza'. Según el testimonio del propio Guillén, era una "página reformista" que si bien se preocupaba por el "problema negro", no podía considerarse "como 'precursora' del llamado movimiento negrista". (Guillén 1994: 43-44) El objetivo de Urrutia era, junto con el reclamo de los derechos sociales del negro, afirmar y reivindicar su papel histórico como agente cultural en la formación de la nación, y se puede sospechar que invitar a Guillén a publicar unos versos bajo la rúbrica 'Ideales de una raza', equivalía en ese momento a dar prueba fehaciente de que un 'negro' (o mulato) educado y 'de categoría' era capaz de escribir a tono con lo que escribían los poetas 'blancos'.[9]

De mayor trascendencia para la concientización sociocultural y política de Guillén será la colaboración periodística que le ofrece Urrutia para su suplemento. Inaugura esa colaboración en abril de 1929 con un artículo acerca de la discriminación racial imperante en Estados Unidos y en Cuba, de la cual él mismo, como cuenta, fue víctima en Camagüey; y añade: "¡Y eso que yo soy un mulato bastante claro 'y de pelo'!" (Guillén 1975: 5) Conoce, en marzo de 1930, a Langston Hughes, máximo representante de la 'Harlem Renaissance', a quien hace una entrevista y cuyos 'jazz y blues poems' elogia por "incorporar a la literatura norteamericana las manifestaciones más puras de la música popular". (Guillén 1975: 16) El mismo mes de marzo llega a La Habana, por invitación de Fernando Ortiz, Federico García Lorca, quien ya era un poeta de prestigio y que en una de sus conferencias invitará a su auditorio a recuperar, como él lo hacía con tanto éxito, los géneros populares y la tradición oral. No sería, pues, una coincidencia que hacia la misma fecha Guillén escribiera – "de un tirón", como dirá en sus memorias (Guillén 1982: 78)– su primer poema-son, 'Negro bembón', que junto con otros siete será publicado, bajo el título de *Motivos de son*, en abril de 1930 en la página 'Ideales de una raza' y poco después en una edición limitada de 100 ejemplares.[10]

Según dijo el mismo Guillén, los *Motivos de son* marcaban "una profunda zanja divisoria entre mis primeros tanteos poéticos y el camino que iba a seguir después" (ibídem), camino que le llevará a publicar, entre otros, *Sóngoro cosongo* (1931) y *El son entero* (1947). El hallazgo del 'son' debía ser su particular contribución a la estética vanguardista, una estética que se valía esencialmente de los mismos recursos estilísticos utilizados por Palés Matos, explotando el poder encantador y mágico de la palabra: ritmo percusivo insistente, imágenes atrevidas y hasta irreverentes, intensificación del efecto sonoro mediante el abundante uso de recurrencias fonéticas, onomatopeyas y jitanjáforas. Pero al contrario de Palés, Guillén arrancaba de la tradición vernácula y operaba desde la oralidad; y el 'tema del negro' no era abordado a través del 'primitivismo' europeo, que proyectaba sus ansias de fuerzas vitales sobre el África lejano y mi(s)tificado o sus supuestas derivaciones en América. Según Guillén, esa ansia de vivencias exóticas ya había degenerado en un turismo barato, un turismo de afrenta y humillación que rehusó en estos versos famosos de la 'Pequeña oda a Kid Chocolate':

> Y ahora que Europa se desnuda
> para tostar su carne al sol
> y busca en Harlem y en La Habana
> jazz y son,
> lucirse negro mientras aplaude el bulevar,
> y frente a la envidia de los blancos
> hablar en negro de verdad. (Guillén 1995: I, 101)[11]

En *Motivos de son*, el exotismo –'exotismo' en el sentido de la apropiación imaginaria de un mundo otro, ajeno y extraño– es, como quien dice, de confección casera. Los 'sones' están ambientados en el solar habanero y presentan, cual cuadros breves de costumbre, escenas vinculadas a la vida cotidiana de la gente pobre y necesitada, hábitos y conflictos que se desenvuelven alrededor del dinero, del sexo y del alcohol. Los personajes-tipos del negro y de la mulata encarnan actitudes que crean aquella "mitología de arrabal" de la que hablara Carpentier (Carpentier 1987: 396), con su lenguaje deformado y contrahecho, simulacro de lo que podría ser el "hablar en negro de verdad". Bien podrían haber salido de los 'disfraces' o 'bailes negros' tan en boga en el teatro del Siglo de Oro, donde el negro aparece cual una caricatura, puro objeto de risa y burla[12]; o del 'teatro bufo' cubano, género que se remonta al siglo XIX y que seguía vivo en las tablas del Teatro Alhambra, al que Guillén estaba muy aficionado. Como expone María Golán en un artículo reciente, el grotesco, –en cuanto "manifestación de la rebeldía de lo lúdico"– sirvió al 'teatro bufo' para "profundiza[r] en las raíces que soportan todo el entramado social cubano, sin ambages, antes al contrario, con una actitud descarada y reivindicativa". (Golán 2004: 329, 332) Y esa actitud de reivindicación sería, según la misma investigadora, también la de Guillén en sus *Motivos de son*: "una reivindicación explícita y atrevida de la figura y del lenguaje del negro." (ibídem: 335)

Con esa afirmación Golán se empareja con los críticos acreditados como especialistas en la materia, quienes ceden a la tentación de enjuiciar los primeros 'sones' de Guillén en la perspectiva de su obra posterior; por ejemplo, Nancy Morejón cuando opina: "El poeta, en su afán de búsqueda, en su inconformidad, inaugura un proceso de conocimiento de su condición humana." (Morejón 1994b: 10) El propio Guillén, sin embargo, era menos deferente consigo mismo, y en una conferencia pronunciada en 1932 se distanció de cierta manera de sus primeros 'sones', citando, en un giro irónico, a un supuesto secretario suyo, que le echa en cara haber creado "ciertamente una interesante novedad"; pero que en vez de "sentarse a descansar", "con esa vanidad específica de la gente de letras", debía que seguir para "extraerle" al 'son' "el zumo íntimo". (Guillén 1975: 38)

Guillén y Palés ante sus críticos: revisión y subversión del proyecto 'negrista'

Con *Motivos de son* Nicolás Guillén se hizo inmediatamente popular, gracias también a la música que les puso el célebre compositor Amadeo Roldán. Al mismo tiempo se formó un debate acerca de su valor intrínseco, debate que debía llevar a Guillén –como le sucedería a Palés– a reconsiderar y (re)formular, de modo inequívoco, su proyecto. La primera reseña seria de *Motivos de son* apareció en junio, firmada por el periodista Ramón Vasconcelos. Éste elogiaba su "sabor folklórico, criollo, afrocubano, del patio; sabor a guanábana, a mamey, a mojo agrio, a ron", ya que era "el producto espontáneo de la tierra natal, todo atavismo, sensualidad y sol a plomo". (Vasconcelos 1994: 243) Pero al mismo tiempo, Vasconcelos reprochaba al autor haberle dado "el brazo a la musa callejera, fácil, vulgar y descoyuntada". (Ibídem) Guillén contestó en seguida defendiéndose y alegando que no le había sido tan fácil "hacer algo verdaderamente sencillo, verdaderamente fácil, verdaderamente popular"; y añadió: "Por otra parte, creo que los poemas de son, desde el punto de vista literario, y por la significación que en el mundo tiene hoy lo popular, constituyen un modo de estar en la 'avanzada' (...)" (Guillén 1975: 20-21) Pero, admitía, no seguiría en el mismo camino, y los *Motivos* serían sólo una parte exigua del proyecto que estaba encaminado.

"Estar en la avanzada" era exactamente lo que Guillén se había propuesto[13]; y debe haberle causado una gran satisfacción el juicio del distinguido poeta y ensayista Regino E. Boti, que en un artículo publicado en septiembre del mismo año, elogiaba sus 'sones' como "una obra poética genuina a la par que tocada de los más celosos resortes de la estética al [sic] minuto". (Boti 1994: 247) Pero la censura de haber hecho literatura "fácil", no era la única recriminación a la que se vio enfrentado Guillén, y no era tampoco la de mayor peso. Desde el momento de su publicación, los *Motivos* habían provocado una reacción indignada de parte de la clase media negra, que le imputaba a su autor haber ridiculizado y denigrado al negro de tal manera que sólo se podía considerar como una ofensa. Guillén afrontó lo que consideraba una imputación infundada, dando una charla en uno de los clubes 'de color'. Afirmó que para él los *Motivos* eran "una simple contribución a la poesía popular en Cuba" y que sus personajes "circulan a nuestro lado". Y puntualizó: "Más que deshonrosamente negros, como se pretende por algunos, son específicamente cubanos (...) Si esos versos me han salido un poco oscuros, es porque Cuba no es de otra manera." (Cit. en: Augier 1984: 114-115)

Ese enfoque de 'cubanizar' sus versos y con ello, literalmente, 'desdenigrarlos' (en el sentido etimológico de la palabra), será la idea directriz del prólogo que Guillén publicó al año siguiente junto con su segundo tomo de 'sones', *Sóngoro cosongo. Poemas mulatos*: "(...) el espíritu de Cuba es mestizo. Y del espíritu hacia la piel nos vendrá el color definitivo. Algún día se dirá: 'color cubano'. Estos poemas quieren adelantar ese día." (Guillén 1995: I, 96) Esa declaración de principios constituye la verdadera "zanja divisoria" en la obra poética de Guillén, que separa su primera etapa de un 'negrismo' dictado por un afán vanguardista absoluto –y, ¿por qué no?, esa tentación tan vanguardista de querer 'épater le bourgeois'–, de su segunda etapa de una poesía ya no 'negrista' sino '(afro)cubana' como expresión genuina de la identidad nacional.

En Puerto Rico se levantó por las mismas fechas una polémica aún más encendida. Desde finales de los años veinte habían ido aumentando, en los poemas 'negristas' de Palés, las referencias a las Antillas, y en el medio intelectual preso de aquel manoseado 'jibarismo', relacionar al negro ya no con el África lejano, sino literalmente avecindarlo, debía suscitar sospechas. Por cierto, esas referencias eran generalmente de poca envergadura y se limitaban, en el fondo, a evocar para Jamaica el ron, para Cuba los ñáñigos come-gente, para Haití el vudú y las sangrientas hazañas de un Macandal, junto con la burla de la corte del rey Christophe en la persona del 'fino' y 'melado' Duque de la Mermelada. Además, estas referencias aparecían, las más de las veces, como mero 'elemento añadido': por ejemplo, para reforzar el efecto eufónico en el poema 'Numen', de ambientación africana, que en el estribillo reza: "Jungla africana – Tembandumba. / Manigua haitiana – Macandal." (Palés Matos 1995: 516)

Lo 'antillano' en esos poemas no tenía ningún referente real específico, y poder sospechar en ellos cualquier indicio de 'subversión' no era evidente. Ése habrá sido el criterio del mismo Antonio S. Pedreira, en aquel momento el vocero más autorizado del 'hispanismo' puertorriqueño, quien no vaciló en publicar varios de los "poemas negros" de Palés en su revista *Índice*.[14] Cómo debían ser valorados esos versos, se aclaraba –para los poemas 'Elegía del Duque de la Mermelada' y 'Bombo', publicados en junio de 1930– bajo la rúbrica 'Colaboran en este número...' de la siguiente manera: "El tema de ambiente negro, en cuyo cultivo ha destacado de reciente una bella especialización literaria, tiene en su verso vivo matiz expresional." (*Índice* 1979: I, 250) Y se indicaba que esos poemas provenían de un "libro en preparación" titulado *El jardín de Tembandumba*. Cuando en julio de 1931 se publicaron otros dos 'poemas negros' de Palés –'Ñam ñam' y 'Lamento'– se daba para ese libro que el autor estaba preparando, otro título, junto con esta breve referencia a su contenido: "'El Árbol Negro', poemas en que destaca la pintoresca psicología del hombre de origen africano." (Ibídem: II, 34)

Es de suponer que esta información había sido facilitada por el mismo Palés; y a pesar de la nota 'pintoresca' remitía a un plano distinto de una envergadura mucho mayor: al del negro americano o antillano (y puertorriqueño), lo que le daba a éste una inusitada visibilidad y bien podía llevar a una reflexión acerca del negro como (eventual) partícipe en la formación de la identidad nacional. Tal enfoque debía provocar protestas, que finalmente salieron a la luz pública en una serie de contribuciones publicadas, en 1932, en el periódico capitalino *El Mundo*. Uno de los críticos más violentos era De Diego Padró, amigo de Palés y compañero de muchos años, quien calificó el "negroidismo" o "modalidad poética negra" de "quincalla de importación", "un sencillo y primitivo espectáculo, una escenificación vital más o menos pintoresca, a base de color, gestos y timbales".[15] (cit. en: Palés Matos 1995:

476) Pero la recriminación de mayor peso era que 'el llamado arte negro', como titulaba uno de los artículos, "no tiene vinculación con Puerto Rico", justamente por ser un país de puro abolengo hispano, hablando otro articulista lisa y llanamente de una "broma". (Palés Matos 1995: 476)[16]

Palés reaccionó de inmediato, primero en una entrevista, presentando su programa de una 'poesía antillana' de esta manera: "Esto no es ya mera necesidad estética sino imperativo esencial de una personalidad que debe protegerse y afirmarse para que cumpla plenamente su destino histórico." (Palés Matos 1984: 298) Esa "personalidad" propia del antillano –y del puertorriqueño, por supuesto– se había formado, según Palés, no sólo a base de la herencia hispana, sino también con el aporte negro, con el resultado de que "hoy poseemos, sin duda, rasgos, actitudes y características de raza nueva". (Ibídem: 299) Y en un artículo, publicado en el mismo mes de noviembre de 1932, Palés puntualizó: "(...) yo no he hablado de una poesía negra ni blanca ni mulata; yo sólo he hablado de una poesía antillana que exprese nuestra realidad de pueblo en el sentido cultural de este vocablo." (Ibídem: 237)

En dos entrevistas, publicadas en 1926 y 1927 respectivamente, Palés se había pronunciado claramente en contra de una poesía "civil" –valga decir, "comprometida"– y a favor de una poesía "lírica" (ibídem: 284), cuyo fin esencial sería "ver y realizar la belleza" (ibídem: 289). ¿De dónde habrá venido, entonces, ese cambio, ese compromiso con la realidad y el problema tan candente de la identidad nacional o regional? Se pueden formular varias hipótesis: Palés, ante las recriminaciones de sus críticos hispanófilos, las asume con consciencia y tal vez con gesto de desafío para revalidarlas como elemento positivo de una nueva concepción poética. ¿O Palés habrá descubierto –mediante la "reintegración espiritual" del poeta "a los motivos populares" (ibídem: 299), que admiraba en García Lorca y que propagaba ahora para su propia poética– las potencialidades de una poesía vanguardista no puramente estetizante: de una poesía vanguardista 'sin pureza', autóctona, regional? Habrá que tener en cuenta, en todo caso, la influencia de Nicolás Guillén, a quien Palés, en la misma entrevista de 1932, elogió por haber levantado "el andamiaje ideal de una poesía típicamente antillana". (Ibídem)

Con su proyecto de una 'poesía antillana', ya no "mera necesidad estética", Palés se distanció claramente de su poesía 'negrista' anterior, confesando al mismo tiempo que "en el sentido" de una "poesía antillana" "hasta ahora (...) no he realizado nada que valga la pena" (ibídem: 298) –a excepción del poema 'Ten con ten', que significativamente se publicó junto con la entrevista y en el que la voz poética resalta el mestizaje de "mi isla verde" en estas palabras:

> Y así estás, mi verde antilla,
> en un sí es que no es de raza,
> en ten con ten de abolengo
> que te hace tan antillana...
> Al ritmo de los tambores
> tu lindo ten con ten bailas,

> una mitad española
> y otra mitad africana. (Palés Matos 1995: 564)

El 'negrismo' como imaginario 'tropicalizado' y 'tropicalizante': "invocación ritualizada de alteridad"

El 'negrismo' tanto de Luis Palés Matos como de Nicolás Guillén surgió en cuanto proyecto vanguardista, que se sirvió de un conjunto de ideas acerca del 'negro' ubicándolo el uno a distancia y el otro a cierta proximidad del propio medio ambiente, y que se plasmó en un imaginario derivado, en el caso de Palés, del 'primitivismo' europeo y en el caso de Guillén, de la tradición popular vernácula. ¿Daban una visión 'auténtica' del negro y de su entorno? Semejante pregunta no viene a cuento si se considera que el 'negrismo' tanto de Palés como de Guillén, en cuanto proyecto vanguardista, era dictado, en primera intención, por un afán estético, sin pretensión o reivindicación de cumplir con los preceptos de un arte mimético, alegando tanto el uno como el otro tan sólo en el momento del debate público su compromiso con la realidad. Pero, se puede objetar que, a pesar del escepticismo que viene al caso cuando se quiere dilucidar el poder de la palabra para re-presentar la realidad, ésta sigue siendo, a través del 'effet de réel', un punto de apoyo o de referencia. Cierto que las imágenes no son 'inocentes'.[17] Pero en vez de preguntar por su coincidencia con la realidad –que en el caso de la representación del Otro en las relaciones interculturales e intraculturales resulta aún más dudosa– preguntemos por su función dentro de un contexto determinado, volviendo brevemente a las experiencias 'orientalistas' de Cléo de Mérode y Ezra Pound.

La 'danza camboyana' de Cléo de Mérode, que como pastiche intentaba crear la ilusión de 'autenticidad', era motivo de curiosidad y objeto de consumo para aquellos ávidos de placeres estéticos y hasta frívolos. La fascinación que causaba –aquel efecto del 'délicieux' [delicioso]– era también causada por un cierto voyeurismo, que se intensificaba por la sintonía entre exotismo y erotismo. En cuanto a la bailarina, que a través de sus memorias atestigua tanto su afán de éxito como su conciencia de artista, tenía incontestablemente el prurito de recrear la estética específica de la danza oriental; pero no hay indicios de que se aprovechara de su experiencia exotista para refinar, con un criterio dialógico, su propio estilo de danza.

Para Ezra Pound, la preocupación estética era decisiva: el estudio de los caracteres chinos le sirvió de instrumento o pretexto para desarrollar su propio proyecto poético. Al contrario de Cléo de Mérode, su proceder era el del diálogo con su material, intentaba apropiárselo aun siendo obligado a valerse de instancias mediadoras. Su 'traducción' de los versos chinos era, como cualquier traducción que se comprende como un proceso de comunicación intercultural, una 'translatio' creativa. Y como cada traducción es un texto nuevo, algo que vio claramente T. S. Eliot cuando, en la introducción a su edición de *Selected Poems* (1928) de Pound, observó:

> When a foreign poet is successfully done into the idiom *of our own language and our own time*, we believe that he has been 'translated'; we believe that through this translation we really at last get the original. (...) I doubt this: I predict that in three hundred years Pound's *Cathay* (...) will be called (and justly) a 'magnificent specimen of XXth Century poetry' rather than a 'translation'. (Eliot en: Pound 1948: 14-15; subrayado mío) [Cuando un poeta foráneo se transmite con éxito al idioma *de nuestra lengua y de nuestro tiempo*, creemos que ha sido 'traducido'; creemos que mediante esa traducción obtenemos realmente por fin el original. (...) Lo dudo: pronostico que en trescientos años *Cathay*, de Pound, (...) será llamado (y con razón) 'una prueba magnífica de la poesía del siglo XX' más que una 'traducción'.]

Según Eliot, Pound "is the inventor of Chinese poetry" (ibídem: 14) [es el inventor de la poesía china]; y lo que se lee en sus poemas, "[is] not the matter *an sich*, which is unknowable, but the matter as we know it". (ibídem: 15) [la materia *an sich*, que no se puede conocer, sino la materia como la conocemos nosotros]

Como apunta Robert Kern (1996: 156), T. S. Eliot anticipó en cierto modo el concepto de 'orientalismo', desarrollado con tanto éxito por Edward Said. El 'orientalismo' de Said (1978), en cuanto concepto epistemológico y ontológico, se basa en una oposición binaria que determina al otro como esencialmente 'diferente', encerrándolo en un agregado de 'ficciones ideológicas' que sirvieron a Occidente para cerciorarse de su propia identidad (y superioridad), visto que percibía a Oriente como amenaza o como tentación, proyectaba en él sus propias fantasías, sueños y obsesiones. Lo que Said conceptualizó en relación con Oriente, se corresponde con otras manifestaciones eurocéntricas y 'exotistas', en el sentido de apropiación imaginaria de una cultura diferente, localizada ésta de preferencia 'south of the border': en los trópicos 'tropicalizados'[18] como espacio definido por lo que Henry Louis Gates llamó "the ritualized invocation of otherness". (Gates 1992: 299) [la invocación ritualizada de la alteridad]

El 'primitivismo' europeo celebró esa alteridad asociándola con África o las islas –'les Îles Heureuses'– del Pacífico o del mar Caribe, desde unas condiciones de poder asimétricas, lo que produjo un discurso hegemónico y – en principio y en analogía con el 'orientalismo' de Said– cómplice del colonialismo. En sus poesías 'negristas', Luis Palés Matos y Nicolás Guillén, ubicados no en el centro sino en la periferia, reprodujeron ese discurso hegemónico y fundaron su 'autoridad' en su posición social y categoría de intelectual. Aunque llegaron a resultados diferentes, utilizaron las mismas estrategias del 'othering' –Nicolás Guillén, por cierto, con un gesto de empatía, aquella "generosidad" e "intimidad" que Said (1978: 259) evoca como medio para escapar de las falacias del 'orientalismo' y de cualquier manifestación de etnocentrismo. Brian S. Turner, en su revisión crítica del concepto de Edward Said –y en franca oposición al "escepticismo" de las "epistemologías posmodernas", "[which] reject the possibility of 'true' discriptions of the 'real' world" (Turner 1994: 101) [que rechaza la posibilidad de descripciones 'auténticas' del mundo 'real']– propone como una alternativa "a discourse of sameness which would emphasize the continuities between various cultures rather than their antagonisms". (Ibídem: 102) [un discurso de identidad, que insistiría en las continuidades entre varias culturas y no en sus antagonismos] Esto implicaría, en la comunicación tanto intercultural como intracultural, el diálogo y el traspasar fronteras, convertir a 'ellos' en partícipes de un 'nosotros', sin despojar al Otro de su identidad propia. Como Juan Flores propuso en otro contexto:

> Differences are drawn among and within the groups not so as to divide or categorize for the sake of more efficient manipulation, but to ensure that social identities, actions, and alliances are adequately grounded in the specific historical experiences and cultural practices that people recognize as their own. (Flores 1997: 187) [Se establecen diferencias entre y dentro de grupos no para dividir o categorizar por motivo de una manipulación más eficiente, sino para asegurar que identidades sociales, acciones y alianzas se basen en las experiencias históricas y prácticas culturales específicas que las personas reconocen como suyas.]

El 'negrismo' en cuanto proyecto de vanguardia se define, por lo tanto, como un movimiento que se materializa a través de un imaginario 'tropicalizado' y 'tropicalizante', el cual inventa al 'negro' mediante estrategias metafóricas y metonímicas (Bhabha 1990: 84), asignándole una 'identidad' que se construye como alteridad invariable y extraterritorial. Tanto Luis Palés Matos como Nicolás Guillén se apartaron de su proyecto 'negrista', Guillén más pronto y con mayor insistencia que Palés, los dos reclamando 'a posteriori' una perspectiva no 'negrista', sino '(afro)cubana' y '(afro)antillana', respectivamente. Mediante esa revisión invalidaban la categoría del 'negro' como proyección de una diferencia racializada, inmutable, localizándolo en un espacio geocultural específico y haciéndole partícipe de una experiencia histórica compartida. Seguirán sirviéndose de tópicos inherentes al 'tropicalismo'; pero esas reminiscencias de su 'negrismo' anterior adquirirán un nuevo significado, reivindicativo y transgresor, esencialmente mediante la ironía, lo grotesco y la parodia.

A partir de *Sóngoro cosongo*, Nicolás Guillén iba a concretar su (nuevo) proyecto, que no era el de 'hablar en negro', sino el de crear un lenguaje y un imaginario 'de color cubano'. Prevalece en muchas de sus poesías posteriores el tono irreverente y burlesco de sus primeros 'sones'; pero si en éstos la burla provoca la risa a expensas del sujeto burlado, suscita en aquéllas la risa compartida, dolorosa o libertadora. Resurgen también, en algunos poemas, tópicos de aquel 'negrismo' pintoresco de un trópico convencional y un África misteriosa tan en boga en el 'primitivismo' europeo; pero Guillén estaba en lo cierto cuando, en la conferencia ya mencionada y a través de su 'secretario', precisó que su proyecto poético no era "una *moda*, sujeta al péndulo de París o Nueva York", sino para el negro "un *modo* consustancial que exprese su liberación". (Guillén 1975: 45) Ese proyecto de reivindicación social y cultural, arraigado en la realidad inmediata, lo realizó Guillén a través de una indagación profunda en las raíces y la historia de la cultura y del pueblo cubanos, y la voz poética afirmó su propia participación desde el primer poema de *Sóngoro cosongo*:

> ¡Aquí estamos!
> La palabra nos viene húmeda de los bosques,
> y un sol enérgico nos amanece entre las venas.
> El puño es fuerte
> y tiene el remo. (...)
> Traemos el humo en la mañana,
> y el fuego sobre la noche,
> y el cuchillo, como un duro pedazo de luna,
> apto para las pieles bárbaras;
> traemos los caimanes en el fango,
> y el arco que dispara nuestras ansias,
> y el cinturón del trópico,
> y el espíritu limpio.
> Traemos
> nuestro rasgo al perfil definitivo de América. (Guillén 1995: I, 97)

Luis Palés Matos, en los años que siguieron a la polémica y subsiguiente (re)formulación de su proyecto poético, escribió algunos –pocos– poemas según su nuevo concepto de poesía '(afro)antillana': entre ellos "Mulata-Antilla", síntesis de su visión del mestizaje cultural característico de las Antillas.[19] Cuando en 1937, finalmente, publicó todos sus poemas de tema negro en un volumen, los calificó en su totalidad de *poemas afroantillanos*, como reza el subtítulo; y sustituyendo el título originalmente proyectado, *El jardín de Tembandumba,* por el de *Tuntún de pasa y griferia,* señaló el mestizaje como factor esencial de la realidad antillana (y puertorriqueña). En el poema introductorio, titulado 'Preludio en boricua' y escrito 'ex profeso', Palés se distancia de un 'negrismo' tributario de un exotismo foráneo y confirma su voluntad de hablar "en boricua", en consonancia con la realidad vernácula. Pero al mismo tiempo se distancia, parece, de este mismo proyecto, cuando termina el poema así:

> Tuntún de pasa y griferia,
> este libro que va a tus manos
> con ingredientes antillanos
> compuse un día...
> ...y en resumen, tiempo perdido,
> que me acaba en aburrimiento.
> Algo entrevisto o presentido,
> poco realmente vivido
> y mucho de embuste y cuento. (Palés Matos 1995: 503)

Estas líneas fueron para algunos críticos el punto de arranque para aseverar, referente a toda la poesía palesiana de tema negro, una intención irónica y paródica, que habría servido al autor para subvertir los estereotipos del 'primitivismo' europeo.[20] Pero los poemas 'negristas' de Luis Palés Matos no son, en ese sentido, 'subversivos' ni acusan aquella referencialidad histórica y sociocultural que justificaría el adjetivo de "afroantillano", presentando esencialmente una abstracción o metáfora de 'lo negro'.[21] El proyecto palesiano de una poesía 'afroantillana', poesía autóctona, fue efímero; abarca tan sólo unos pocos poemas dentro del conjunto de su poesía de tema negro, que de por sí representa ya una mínima parte de la producción poética del autor. Para Palés, el fin de la poesía era, como afirmara en aquella entrevista de 1927, "ver y realizar la belleza"; y ese concepto lo volverá a confirmar años más tarde, apostando por el "milagro de la belleza", "que es como el golpe de gracia del verdadero artista". (Palés Matos 1984: 274) O, como apuntara en una nota (sin fecha), cual su testamento poético:

> Sobre mi propia poesía yo no tengo opinión. Sólo puedo decir, desde un punto de vista exclusivamente literario, que hago todo lo posible por trasladar al lenguaje poético, con la mayor lealtad, el mundo íntimo de mis sentimientos y emociones. Si estos constituyen, a veces, un mensaje de belleza y poesía, es asunto para el juicio de los demás y no el mío. (Palés Matos 1984: 279)

NOTAS

1. Se cita del prólogo al cuaderno de poesía *El palacio en sombras*, que en 1919, después de su primer poemario *Azaleas* (1915), Palés preparó para la publicación, proyecto del que luego desistió.
2. En *Tuntún de pasa y grifería*, el poema 'África' aparece bajo el título de 'Pueblo negro'. Es de sumo interés comparar este poema con dos versiones anteriores que Palés escribió en 1917/18: el texto en prosa 'Pueblo de negros' y el poema 'Esta noche he pasado', que Palés no incluyó en *Tuntún*. Ambos textos arrancan ostensiblemente de una experiencia personal del autor –el paso por un caserío de negros míseros, probablemente en Guayama– y dejan ver una actitud de distancia y hasta de menosprecio hacia "esta raza ya hundida para siempre" y su realidad inmediata ('Esta noche he pasado'; Palés Matos 1995: 258). Para un análisis comparativo de los tres textos véanse Arce de Vázquez 1960 y Bajeux 1983: 133ss.
3. Relacionar el proyecto vanguardista de Palés con las artes plásticas, en concreto con el llamado 'arte conceptual', no parece, desde luego, fuera de propósito. El 'arte conceptual', exento de todo impulso mimético, crea un cuadro partiendo de conceptos que, justamente, se traducen en expresividad inmediata, figurando los elementos pictóricos, realzados en su materialidad, como signos en tanto meras 'citas' o 'cifras' de la realidad. (Wedewer 2000)
4. En: Palés Matos 1984: 229 y ss. Para el impacto de Spengler en Palés véase González 1988.
5. Estos primeros versos, publicados principalmente en un periódico de su ciudad natal, Camagüey, fueron reunidos por Guillén en 1922 bajo el título *Cerebro y corazón* para darlos a la imprenta, proyecto que abandonó por considerarlos de baja calidad, calificándolos (en una carta de 1929) de "amalgama cursi", "horchatería para señoritas", "mantecados para niños" (cit. en: Augier 2004: 53).
6. Amén del 'diepalismo' (1921-1922) de Luis Palés Matos y José I. de Diego Padró y del 'pancalismo'/'panedismo' (1913; "todo es bello, todo es verso") de Luis Lloréns Torres que le precedió, el 'euforismo' de tendencia futurista (1923-1924) de Vicente Palés Matos y Tomás L. Batista; el 'girandulismo' de tendencia ultraísta (1924-1925) de Evaristo Ribera Chevremont; el 'noísmo' de tendencia dadaísta (1925-1928) de Vicente Palés Matos, Juan Antonio Corretjer y otros; el 'atalayismo' de pura oposición iconoclasta (1928-1935) de Clemente Soto Vélez, Alfredo Margenat y otros; el 'integralismo', el 'trascendentalismo', etc. (Para los manifiestos respectivos, véase Mendonça Teles/Müller-Bergh 2002.)
7. El Grupo Minorista –"grupo *mayoritario*, en el sentido de constituir el portavoz, la tribuna y el índice de la mayoría del pueblo"– se consideraba "un grupo intelectual izquierdista, producto natural del medio y órgano histórico fatalmente determinado por la función social que había de cumplir", y se pronunció, en su manifiesto, no sólo en favor de las nuevas tendencias literarias, sino también "por la independencia económica de Cuba y contra el imperialismo yanqui", "contra los desafueros de la pseudo-democracia, contra la farsa del sufragio y por la participación efectiva del pueblo en el gobierno" (Mendonça Teles/Müller-Bergh

2002: 34-36). Véase también Cairo (1978), que incluye una interesante variedad de documentos contemporáneos.
8. Para todo ese movimiento de rescate de la cultura popular hay que señalar, no obstante, la persistencia de reservas en cuanto a la valoración de algunas de sus manifestaciones, como por ejemplo el ñañiguismo o "brujería", según Fernando Ortiz. Nótese la siguiente declaración de principios en el "Acta número 1" de la Sociedad de Folklore Cubano, fundada por Ortiz en 1923: "El estudio descriptivo, *encaminado a un fin de verdadera terapéutica social*, de ciertas prácticas morbosas, como los actos de brujería y ñañiguismo, en que, en forma tan expresiva, se manifestaba la baja vida popular." (Cit. en: Cairo Ballester 2004: 180; subrayado mío) Otra era la actitud de Alejo Carpentier quien, junto con el músico Amadeo Roldán, experimentaba un franco entusiasmo particularmente por las expresiones musicales ñáñigas; véase su testimonio al respecto: "Roldán y yo, acompañados de unos pocos hombres que opinaban como nosotros, conocimos por aquel entonces un período de 'enfermedad infantil' del afrocubanismo. Devorábamos los libros de Fernando Ortiz. Cazábamos ritmos a punta de lápiz (...) ¡Abajo la lira, viva el *bongó*!... Apenas sabíamos que un *juramento* ñáñigo iba a tener lugar en las cercanías de La Habana, abandonábamos cualquier compromiso, cualquiera [sic] obligación, para asistir a él..." (Carpentier 1986: 423)
9. Estos poemas, publicados a partir de finales de 1928 en la página "Ideales de una raza", fueron agrupados por Guillén bajo el título "Versos de ayer y de hoy". Los de "ayer" provenían de su cuaderno *Cerebro y corazón*, los de "hoy" eran en su mayoría poemas de corte futurista, publicados el año anterior en un periódico de provincias.
10. Una curiosa coincidencia: estando García Lorca en La Habana y entusiasmado por la tradición popular cubana, escribió también él un poema-son, dedicado a Fernando Ortiz, que aparece bajo diversos títulos –'Son de Cuba', 'Iré a Santiago' o 'Son de negros en Cuba'– y que fue incluido en el poemario *Poeta en Nueva York*.
11. Publicado bajo el título "Pequeña oda a Kid Chocolate" en la página "Ideales de una raza" (29-12-1929), el poema fue luego incorporado a *Sóngoro cosongo* (1931) bajo el título "Pequeña oda. A un negro boxeador cubano", con algunas variantes, pero con esta última estrofa sin cambiar.
12. Véase este ejemplo:
    Juana: Mañana sá Corpus Christa, / mana Crara; /alcoholemo la cara /e lavemonó la vista.
    Clara: ¡Ay, Jesú, como sa mu trista!
    Juana: ¿Qué tiene, pringa señora?
    Clara: Samo negra pecandora, / e branca la Sacramenta.
    Juana: La alma sá como la denta, / Crara mana. / Pongamo fustana, / e bailemo alegra; / que aunque samo negra, / sá hermosa tú. / Zambambú, morenica de Congo, / zambambú. / Zambambú, que galana me pongo, / zambambú. (Luis de Góngora, *En la fiesta del Santísimo Sacramento*, 1609; citado en: Mansour 1973: 45)
13. Para la vertiente 'vernácula' de la vanguardia latinoamericana véase particularmente Unruh 1994: cap. 5.
14. Para la reciprocidad de las 'retóricas' de Pedreira y Palés véase la exposición sugerente de Ríos Ávila. (2002: 119-142, 'La nave y el árbol')
15. Cuando en 1973 De Diego Padró publicó un trabajo monográfico sobre Palés, fue más explícito en cuanto a la valoración de su experiencia 'negrista'. Aunque no comparto su enfoque que no diferencia entre la etapa 'negrista' y la 'afroantillana' de la poesía palesiana, ni suscribo al tono polémico, me parece justa la apreciación siguiente: "Llega a su 'negro', no por los caminos de la realidad objetiva, de la observación e interpretación directas, sino por planos resbaladizos y controvertibles de una teorética imaginativa. (...) Su predilección por lo negroide fue accidental; debió de nacer, en principio, del ansia enfermiza de originalidad que alentaba en él, tan común, por otro lado, en nuestros tiempos, y enderazada sistemáticamente hacia el esnobismo intelectual, hacia la extravagancia artística, hacia la explotación de los temas lejanos y exóticos. (...) Y así se da el caso de que aborda el tema negro por puro azar, de relance, como pudo haber abordado cualquier otro tema, siempre que no estuviese vinculado con la trivial y monótona realidad que rodeaba su existencia." (De Diego Padró 1973: 50, 60)

16. Para el debate posterior y en particular la intervención de Margot Arce de Vázquez y Tomás Blanco quienes, desde puntos de vista diferentes, son los responsables de la 'canonización' de la poesía 'negrista' de Palés en el ámbito puertorriqueño, véase Roy-Féquière 2004: cap. 7.
17. Éste es el punto de arranque ante todo de las voces femeninas entre los críticos de la poesía 'negrista' que censuran, tanto para Palés como para Guillén, "the ideological construction of gender and, more precisely, the depictions of women that masculinist ideology has normalized" (Williams 2000: 7).
18. Para la conceptualización de 'tropicalism' y 'tropicalization' desde y dentro de los Estados Unidos véase Aparicio/Chávez-Silverman 1997.
19. Para la segunda edición de *Tuntún de pasa y grifería* (1950), Palés amplió este poema, con una alusión al "rubio contrabando de turistas" (1995: 599). Una reivindicación de tipo decididamente político, en contra del imperialismo yanqui, se expresa sólo en su último poema de la vertiente 'afroantillana', la 'Plena del menéalo', publicada en 1953.
20. Cito tan sólo a Mercedes López-Baralt, sin duda la crítica palesiana más autorizada del momento, que sin embargo propone la ironía "como clave para acceder al texto" (López-Baralt 1995: 8 y passim; 1997: 170), resolviendo así posibles 'ambigüedades' –p. ej., la manifiesta animalización del negro en poemas como 'Pueblo negro' y 'Danza negra'– que sólo "a primera vista" podrían resultar denigrantes, proponiendo en realidad, a través de esa "clave" irónica, una "celebración" de lo negro. (López-Baralt 1997: 175) Y para la misma crítica, ya el hecho de que Palés se sirviera del endecasílabo para poemas de tema negro, sería "uno de los golpes irónicos más acertados de Palés". (Ibídem: 176)
21. Para la segunda edición de *Tuntún de pasa y grifería* (1950) se suprimió el subtítulo de *Poemas afroantillanos*. Al mismo tiempo, Palés quiso insistir en cierta referencialidad histórica (o literaria), publicando en un apéndice una lista con títulos, tanto etnográficos como de ficción, que le habrían servido de documentación.

BIBLIOGRAFÍA

Aparicio, Frances R. y Susana Chávez-Silverman, (eds.)
    1997   *Tropicalizations. Transcultural Representations of 'Latinidad'*. Hanover/Londres: Dartmouth College/University Press of New England.
Arce de Vázquez, Margot
    1960   'Tres pueblos negros. Algunas observaciones sobre el estilo de Luis Palés Matos.' En: *La Torre. Revista general de la Universidad de Puerto Rico* 8, 29-30: 163-187.
Augier, Ángel
    1984   *Nicolás Guillén. Estudio biográfico-crítico*. La Habana: Unión de Escritores y Artistas de Cuba.
    2004   'Nicolás Guillén y la Generación poética española.' En: Barchino Pérez y Rubio Martín 2004: 49-67.
Bajeux, Jean-Claude
    1983   *Antilia retrouvée. Claude McKay, Luis Palés Matos, Aimé Césaire, poètes noirs antillais*. París: Éditions Caribéennes.
Barchino Pérez, Matías y María Rubio Martín (eds.)
    2004   *Nicolás Guillén: hispanidad, vanguardia y compromiso social*. Cuenca: Ediciones de la Universidad de Castilla-La Mancha.
Bhabha, Homi K.
    1990   'The Other Question: Difference, Discrimination and the Discourse of Colonialism.' En: Ferguson, Russell et al., *Out There: Marginalization and Contemporary Cultures*. Nueva York/Cambridge, Mass.: The New Museum of Contemporary Art/The MIT Press: 71-87.
Boti, Regino E.
    1994   'El verdadero son'. 1a. ed. 1930. En: Morejón 1994a: 247-249.
Cairo [Ballester], Ana
    1978   *El Grupo Minorista y su tiempo*. La Habana: Editorial de Ciencias Sociales.

Cairo Ballester, Ana
    2004   'Nicolás Guillén y las polémicas sobre la cultura mulata.' En: Barchino Pérez y Rubio Martín 2004: 175-200.
Carpentier, Alejo
    1986   *Crónicas 2. Arte, literatura y política*. Obras completas de Alejo Carpentier, vol. 9. México, etc.: Siglo XXI.
    1987   *Ese músico que llevo dentro 3. La música en Cuba*. Obras completas de Alejo Carpentier, vol. 12. México, etc.: Siglo XXI.
Décoret-Ahiha, Anne
    2002   '"Ce n'est pas du tout cambodgien mais c'est délicieux". Les danses cambodgiennes de Cléo de Mérode à l'exposition de 1900 ou la tentation de l'exotisme en danse.' En: Ducrey, Guy y Jean-Marc Moura (eds.): *Crise fin-de-siècle et tentation de l'exotisme*. Villeneuve d'Ascq (Nord): Université Charles-de-Gaulle–Lille 3: 41-50.
Diego Padró, J. I. de
    1973   *Luis Palés Matos y su trasmundo poético*. Río Piedras: Ediciones Puerto.
Flores, Juan
    1997   'The Latino Imaginary: Dimensions of Community and Identity.' En: Aparicio y Chávez-Silverman 1997: 183-193.
Gates Jr., Henry Louis
    1992   "'Ethnic and Minority' Studies'. En: Joseph Gibaldi (ed.), Introduction to Scholarship in Modern Languages and Literatures. 2ª. ed. Nueva York: The Modern Language Association of America: 288-302.
Golán, María
    2004   'El grotesco popular en la obra de Nicolás Guillén: *Motivos de son*.' En: Barchino Pérez y Rubio Martín 2004: 327-338.
González, Aníbal
    1988   'La (sín)tesis de una poesía antillana: Palés y Spengler.' En: *Cuadernos Hispanoamericanos* 451-452: 59-72.
Guillén, Nicolás
    1975   *Prosa de prisa 1929-1972*. Vol. 1. La Habana: Editorial Arte y Literatura.
    1982   *Páginas vueltas. Memorias*. La Habana: Ediciones Unión.
    1994   'Conversación con Nicolás Guillén.' En: Morejón 1994a: 31-61.
    1995   *Obra poética*. 2 vol. La Habana: Editorial Letras Cubanas [^{1}1972].
Índice. Mensuario de Historia, Literatura y Ciencia
    1979   Edición facsimilar. San Juan: Editorial Universitaria.
Johnson, Lemuel A.
    1971   *The Devil, The Gargoyle, and The Buffoon. The Negro as Metaphor in Western Literature*. 1a. ed. 1969. Port Washington, N.Y./London: National University Publications/Kennikat Press.
Kern, Robert
    1996   *Orientalism, Modernism, and the American Poem*. Cambridge: Cambridge University Press.
López-Baralt, Mercedes
    1995   'El extraño caso de un canon marginal: la poesía de Luis Palés Matos.' En: Palés Matos 1995: 1-18.
    1997   *El barco en la botella: la poesía de Luis Palés Matos*. San Juan: Editorial Plaza Mayor.
Mansour, Mónica
    1973   *La poesía negrista*. México: Ediciones Era.
Marzán, Julio
    1995   *The Numinous Site. The Poetry of Luis Palés Matos*. Madison/Londres: Fairleigh Dickinson University Press/Associated University Presses.
Mendonça Teles, Gilberto y Klaus Müller-Bergh
    2002   *Vanguardia latinoamericana. Historia, crítica y documentos*. Vol. II: *Caribe. Antillas Mayores y Menores*. Frankfurt a. Main/Madrid: Vervuert/Iberoamericana.
Mérode, Cléo de
    1985   *Le ballet de ma vie*. 1a. ed. 1955. [París]: Pierre Horay.

Morejón, Nancy (ed.)
1994a   *Recopilación de textos sobre Nicolás Guillén*. La Habana: Casa de las Américas.
1994b   'Prólogo.' En: Morejón 1994a: 7-29.
Ortiz, Fernando
1935   'Los últimos versos mulatos.' En: *Revista Bimestre Cubana* 35, 3: 321-336.
Palés Matos, Luis
1984   *Obras. 1914-1959*. Vol. II: *Prosa*. Edición de Margot Arce de Vázquez. Río Piedras: Editorial de la Universidad de Puerto Rico.
1995   *La poesía de Luis Palés Matos*. Edición de Mercedes López-Baralt. San Juan: Editorial de la Universidad de Puerto Rico.
Pound, Ezra
1948   *Selected Poems*. Introd. por T. S. Eliot. London: Faber & Faber.
Ríos Ávila, Rubén
2002   *La Raza Cómica. Del sujeto en Puerto Rico*. San Juan: Ediciones Callejón.
Rodríguez-Embil, Luis
1939   *La poesía negra en Cuba*. Santiago de Chile: Edición de la Universidad de Chile/Comisión Chilena de Cooperación Intelectual.
Roy-Féquière, Magali
2004   *Women, Creole Identity, and Intellectual Life in Early Twenthieth-Century Puerto Rico*. Philadelphia: Temple University Press.
Said, Edward W.
1978   *Orientalism*. Londres: Pantheon Books.
Turner, Bryan S.
1994   *Orientalism, postmodernism and globalism*. Londres/Nueva York: Routledge.
Unruh, Vicky
1994   *Latin American Vanguards. The Art of Contentious Encounters*. Berkeley/Los Angeles/Londres: University of California Press.
Vasconcelos, Ramón
1994   'Motivos de son.' 1a. ed. 1930. En: Morejón 1994a: 243-245.
Wedewer, Rolf
2000   *Form und Bedeutung. Primitivismus, Moderne, Fremdheit*. Köln: Verlag der Buchhandlung Walther König.
Williams, Claudette M.
2000   *Charcoal & Cinnamon. The Politics of Color in Spanish Caribbean Literature*. Gainesville, etc.: University Press of Florida.

Ignacio Rodeño
Xavier University

LA DÉCIMA PUERTORRIQUEÑA Y EL 'BERTSO' VASCO: LITERATURA ORAL E IDENTIDAD

"Apenas leemos o cantamos canciones o coplas populares, alguna raíz, más o menos remota, pide su entrada en el recuerdo." (Jiménez de Báez 1969: 12)

"La poesía ha sido siempre la expresión primera, acaso primordial y culminante de los pueblos; en ella se manifiesta la conciencia, los sentimientos y las aspiraciones más notables, así como el propio ser nacional. En ella, en la poesía, es donde hemos de advertir lo cabal y puro de un pueblo." (Franco Oppenheimer 1972: 9)

La décima puertorriqueña y el 'bertso' de Euskal Herria, se han considerado como formas o subgéneros del folklore popular de sus respectivas áreas geografico-culturales. El epígrafe 'folklore popular' parece que se hubiera convertido en una especie de cajón de sastre en la que parece tener cabida una serie de manifestaciones y géneros heterogéneos. Sin embargo, el propósito de este artículo no es ahondar en disquisiciones sobre si hubo influencia o no entre las décima popular y el 'bertsolarismo', o viceversa, sino que a partir de la observación de ambas composiciones orales, proponer un marco teórico que nos permitirá acercarnos a la décima y al 'bertso' desde una misma plataforma. Si bien hay bastantes estudios que se ocupan de las estrechas relaciones entre la décima canaria y la caribeña, y de los paralelismos en forma y temática entre el romance español y la lírica hispanoamericana, nunca se había planteado el estudio del 'bertso' vasco y la décima puertorriqueña: dos objetos culturales que hasta ahora habían sido estudiados por separado y casi exclusivamente desde el punto de vista de la poética retórica. Así, el artículo se centra en explicar brevemente los componentes del 'bertso' vasco y situarlos a la par de los componentes de la décima improvisada puertorriqueña, para finalizar ilustrando algunas de las temáticas similares que se abordan en ambas composiciones, entre ellas, el concepto identitario de nación, vista ésta como el resumen de 'lo propio' de un pueblo, que alcanza suma importancia para estos repentizadores.

El propósito de este estudio es presentarles dos formas de literatura oral, de folklore popular, que hasta ahora no habían sido contempladas a un mismo nivel. Si bien hay formas del folklore de la Península Ibérica, como el romance, la décima canaria y, por supuesto, la décima culta, que se han comparado a la décima puertorriqueña, éstos estudios se han tomado como punto de partida la plataforma de la retórica. Lo novedoso de este estudio es el intento de observar dos objetos culturales: la décima puertorriqueña y el 'bertso' vasco (que hasta ahora habían sido estudiados por separado), y hacerlo desde la perspectiva de la identidad nacional en cuanto a que es una de las pulsiones vigentes en la tradición oral de cualquier colectivo.

El 'bertso' vasco es una composición lírica no muy conocida fuera de los límites geográficos de Euskal Herria, donde, tras años de oscuridad, estamos siendo testigos de un incremento en su popularidad. A finales del año 2005 se celebró en Baracaldo (Bizkaia) un espectáculo de 'bertso' que reunió a más de 13.000 espectadores, una cifra inimaginable hace apenas una década. Dado que el 'bertsolarismo' es un fenómeno poético más desconocido que la décima, dedicaremos un mayor espacio en nuestro ensayo a tratar estas composiciones vascas, en un intento de definir brevemente el fenómeno que luego compararemos con la décima puertorriqueña.

Hablar de 'bertsolarismo' (es decir, la composición, ejecución y recepción del 'bertso') es hablar de una poesía oral vasca generalmente improvisada que se canta frente a un público, que, precisamente por la naturaleza repentista de estas composiciones, podemos decir que forma parte del acto poético. Se trata de un ejercicio mental donde, al tiempo que se canta, se va pensando en la propia composición del canto, inmediatez ésta que impide la posibilidad de corregir errores ni, por supuesto, de parar. El 'bertso' vasco consiste en un discurso cantado, rimado y medido. Xabier Amuriza lo define como una clase de deporte consistente en cantar la letra con ritmo y rima (Amuriza 1981: 12). A la luz de esta definición, relacionamos de manera estrecha en el 'bertso' los siguientes conceptos: palabra, ritmo, rima, canto y audiencia.

El intérprete y creador de los 'bertsos', el 'bertsolari', es un bardo que debe hacer uso de su inteligencia y rapidez mental ya que ha de ir buscando la expresión más bella para, de inmediato, engarzarla en el canto. Son, pues, poetas populares e improvisadores. Incluso podría decirse que son más versificadores que poetas, aunque en algunos momentos nos encontremos ante instancias de calidad poética elevada, puesto que no se busca una técnica esmerada ni una finalidad estética, algo propio de la poesía escrita. Como creación y ejecución se distancian apenas unos segundos, estamos ante un fenómeno intrínsecamente transitorio y no perdurable (aunque hoy en día, los medios audiovisuales nos permiten archivar grabaciones de estas composiciones poéticas). La palabra escrita, por tanto, no es un valor destacable para estos bardos, muchos de los cuales, en el siglo diecinueve, eran analfabetos. Obviamente, hoy en día no es éste el caso, e incluso muchos de los intérpretes modernos son profesionales del lenguaje (filólogos, periodistas, ...) pero la concepción y técnica de elaboración son completamente orales.

En la tradición poética hispana encontramos algunos términos que fácilmente podríamos relacionar con el 'bertsolari': juglar, trovador, rapsoda, son algunos que nos vienen a la mente. Si bien todos ellos buscan divertir a su público a través de la comunicación oral, a diferencia del juglar hispano medieval (y nos referimos al juglar exclusivamente literario y cantor, no al bufón, funámbulo, acróbata...), el 'bertsolari' es compositor de sus propios versos, no canta los versos de otros, aunque como veremos más adelante, haya una serie de fórmulas versales que se pueden memorizar. Juglares y trovadores estaban al servicio de cortesanos y otros individuos, mientras que el 'bertsolari' sólo está bajo los dictados de su audiencia. Aquellos se acompañan en sus cantos de instrumentos musicales, generalmente de percusión y/o de cuerda, mientras que el artista vasco sólo cuenta con su voz. El rapsoda, por su parte, recita poesías originales o no, acompañado de cítara o no, pero en ningún caso se constata la inmediatez en la repentización. Hemos hablado varias veces de melodía y canto al hablar de la labor del 'bertsolati', sin embargo es la palabra el elemento primordial para el intérprete, que se sirve de la melodía para ayudarse con el ritmo y la rima. En otras palabras, la finalidad no es crear melodías estróficas nuevas ni demostrar cualidades vocales excepcionales, sino transmitir un mensaje a través de los versos más bellos que la rapidez mental y la capacidad de improvisación del artista se lo permitan. De hecho, las melodías del 'bertso' son muy simples, como veremos más adelante. Así pues, tampoco podemos relacionar al 'bertsolari' con la definición de cantante propiamente dicha.

La repentización vasca tiene en la estrofa su unidad nuclear. La melodía va marcando la métrica y el ritmo de cada estrofa y, como se improvisa de estrofa a estrofa, el improvisador tiene herramientas suficientes para su creación, pues sabe qué clase de estrofa ha elegido, qué posibilidades le ofrece ésta para la creación de su poesía, y qué tipo de sensaciones puede provocar en el público de manera exitosa. Por ejemplo, aquellas estrofas cortas, de pocas rimas y pocas sílabas, tienen más efecto en una poesía épica y en un despliegue de sentencias sutiles y agudas. Por otro lado, las estrofas más largas, con versos más prolongados, suelen emplearse para 'bertsos' de naturaleza más lírica y/o dramática.

Juan Mari Lekuona recoge más de una treintena de estrofas clasificadas en siete grupos diferentes. De estos siete, se usan cinco con mayor profusión entre los repentizadores. El llamado 'zortziko haundia' una estrofa de ocho versos donde los impares son de 10 sílabas en rima libre, mientras que los pares tienen 8 sílabas que deben ir rimadas. La cesura suele ir detrás de la quinta sílaba. Son 'bertsos' muy útiles para la poesía lírica. El 'hamarreko haundia' es una estrofa de 10 versos que se estructuran de forma similar al 'zortziko haundia' y se emplea para largas descripciones y temas intensos. El 'zortziko txikia', también de ocho versos, donde los impares tienen siete sílabas y los pares seis, que deben rimar entre sí. Al ser una composición breve hay mayor viveza en el ritmo pero también presenta mayor dificultad para transmitir el mensaje, debido a su concisión. Esta dificultad se complica mucho más porque algunas de las palabras rimadas le son impuestas al improvisador, como ocurre en los concursos. El 'hamarreko txikia' es la versión estrófica de 10 versos, estableciéndose un paralelo perfecto entre las formas 'haundia' (mayores) y 'txikia' (menores). La última estrofa de entre esas cinco de uso más común es la llamada 'de nueve puntos' o 'bederatzi puntuko bertsoa', la más larga de las cinco, con catorce versos de los que nueve (los que ocupan los lugares 2, 4, 6, 8, 9, 10, 11, 12, 14) han de rimar. Por sus características técnicas es la más difícil de todas.

La rima vasca difiere de la castellana en que no se parte de la última sílaba acentuada, sino de que coinciden más o menos grafemas entre la última sílaba del verso y la cláusula anterior. Hay que tener en cuenta que el euskera, el idioma vasco, se caracteriza por el empleo de sufijos en las últimas sílabas.

La calidad del 'bertso' será mayor cuanto más adecuadas sean las palabras-rima al tema que estamos tratando. Así pues, la rima y la métrica son elementos consustanciales. También lo es la tonada. Dado que el 'bertsolari' por lo general improvisa, no se dedica a contar sílabas, aunque si va cantando sin forzar la melodía es evidente que está cumpliendo con el número de sílabas pertinente. Las tonadas que utiliza el intérprete son, en general, tradicionales, es decir, aquellas que han sobrevivido el paso del tiempo, aunque van apareciendo melodías de cuño más moderno que coinciden en la métrica con el metro del 'bertsolarismo'. La poesía popular vasca es tradicionalmente melódica y silábica (cada sílaba va acompañada de una sola nota musical) y este silabismo es de gran ayuda al 'bertsolari' en su improvisación ya que le facilita la tarea de acoplar la música a la letra. Las melodías de los 'bertsos' son sencillas, puesto que lo que importa es que la audiencia entienda el mensaje, por lo que la letra es más importante que la música. Es esta una cualidad que se comparte entre la décima y el 'bertso': en el caso del seis puertorriqueño, la música está al servicio de la letra y de la improvisación. Hay quien incluso afirma que más que cantarse se recitan, sin embargo, sí podemos hablar de canto ya que la música precede en el tiempo al verso rimado: las melodías que se emplean en los 'bertsos' son antiguas y, lógicamente, populares, sirviendo de base a las palabras del repentizador. A pesar de la sencillez de la melodía, es imprescindible que el 'bertsolari' emplee una variedad de tonadas. De no ser así, su actuación resulta monótona y llega a aburrir al público, consiguiéndose el efecto contrario del que se pretende. De hecho, aunque se cante con la misma melodía, el intérprete va a introducir pequeñas variantes de cada una de sus instancias, subrayando así el carácter improvisado de la composición también a través del empleo de la música.

Lógicamente debe haber una adecuación entre tonada y tema del 'bertso': a un tema alegre le corresponderá una melodía alegre y a un tema serio, una melodía triste. Es de notar que la mayoría de la música vasca se caracteriza por ser compuesta en el modo menor, a diferencia de otros folklores europeos. El tempo de la música es una herramienta al servicio del improvisador que está más relacionada con la dificultad de la estrofa que con la alegría o tristeza del tema a abordar. Cuando el improvisador calcula que el tema sobre el que ha de rimar le plantea dificultad suele emplear una melodía más lenta.

Hemos mencionado constantemente el término improvisación. El 'bertsolarismo' no consiente de textos escritos ni de fórmulas ya preparadas, con excepción de las diferentes estrofas y melodías que el intérprete tiene en su acervo. Es importante recordar que el 'bertsolari' no dice aquello que quiere decir sino aquello que la métrica y la rima que ha almacenado y puede utilizar en un momento determinado, le permiten. No debemos confundir la memorización de métrica y rima del 'bertsolari' con el empleo de clichés poéticos preconcebidos, como ocurre en el caso de otros folklores europeos. Al intérprete vasco se le puede imponer un tema, una melodía, unas rimas y hasta un ritmo sobre los cuales versificar. A veces, incluso, se le ofrece el comienzo de una estrofa y el repentizador debe terminarla sin hacerse esperar. una estrofa y el repentizador debe terminarla sin hacerse esperar. Es decir, el 'bertsolari' mientras canta va buscando los materiales de su composición. A esto hay que añadir que, por ser precisamente poesía oral e inmediata, no admite de interrupciones ni correcciones, algo muy propio de la poesía escrita. La improvisación es total, y de no ser así no gustaría al público, que pasa de ser mero espectador a elemento activo: en algunos casos se han llegado a añadir estribillos a los versos, permitiendo así que el público los coree con el repentizador. Además, éste tiene que interpretar aquellos temas que el público solicita, incorporar las críticas sobre sus errores, las loas a sus ocurrencias, llegándose a establecerse una empatía de la que se nutre el 'bertsolari' en su labor compositiva, centrada en lo irrepetible del momento-lugar.

Yvette Jiménez de Baez, al estudiar la décima también señala la idea de improvisar a partir de ciertos motivos como algo significativo del género. De manera similar, encontramos que la música entra en concordancia con el metro octosilábico, dando pie a numerosas variantes. Y como en el 'bertso', la décima, está diseñada para un público, bien sea enunciado como espectáculo público, como actividad lúdica. El decimista, el 'bertsolari' y su audiencia actúan de marco de ficción, de metanarrativa, con relación a los hechos propiamente dichos. Se crea pues una doble narración que hace que estas composiciones sean, desde el punto de vista formal, equilibradas. En el caso de las competiciones bertsolarísticas, (donde vemos algo paralelo a lo que en México se conoce como el 'reglamento' o reto de los antiguos trovadores de la corte, y en el caso de las décimas los certámenes y 'porfías' entre trovadores) se produce una vuelta más de tuerca al entrar a formar parte de la composición los comentarios y mensajes referentes a los compañeros improvisadores y sus creaciones. Es en esta mezcla de niveles donde funciona la originalidad de la improvisación oral.

Pero ambos compositores no son sólo poeta y cantor, sino también orador, y no podemos ignorar los aspectos prosódicos, paralingüísticos, extralingüísticos y musicales de las piezas, desarraigándolas del contexto en el cual y para el cual fueron creadas. La teoría de la oralidad, en las formulaciones de Walter Ong, establece una distinción radical entre el modo de producción oral y el escrito. Según Ong las producciones orales son acumulativas porque se componen a partir de unidades prefabricadas que Milman Parry denomina 'fórmulas'. Es innegable que el corridista y 'bertsolari' manejan unidades previamente elaboradas incluso en sus improvisaciones, pero ya hemos dicho que no se trata de fórmulas cerradas, tópicas o arquetípicas. Su naturaleza y gestión son distintas a las que la teoría oralista les asigna. Ong niega que la expresión oral tenga capacidad de experimentación intelectual; sin embargo, la experimentación de temas que forman el corpus de 'bertsos', y décimas actuales hacen de la experimentación intelectual un aspecto clave. El objetivo del bertsolari, del corridista y del decimista no es producir artefactos de alto nivel poético, sino como indica Jon Sarasua se trata de "cómo enfocas la actuación, por dónde empiezas, cómo sorprendes a los oyentes, hacia dónde te diriges, cómo percibes el mundo de tus oyentes y qué haces para incidir en él, y para eso no hace falta cantar versos antológicos, es la actuación en su conjunto lo que cuenta." (Citado en Garzia 1998: 61)

Una de las cuestiones más relevantes del 'bertsolarismo' es la selección de un tema y su correcto desarrollo por parte del intérprete. Al igual que en el caso del decimista puertorriqueño, el 'bertsolari' canta "analizando o resumiendo la vida entera del País Vasco". (Amuriza 1977: 173) Se trata de componer una crónica social y hacerlo en una actividad artística, participada, colectiva. Es en estos circuitos alternativos de rumiaje de la información social y personal donde vemos que los intérpretes juegan un papel híbrido entre comunicador social y poeta, entre líder y bufón, entre columnista y dibujante satírico de un periódico, siendo al mismo tiempo un miembro común del entorno social. Afirmar, como hace Walter Ong, que las expresiones orales no pueden distanciarse de la temática que abordan equivale a negar la característica de crítica social respecto a los valores contextuales que se manifiesta en algunos 'bertsos' y décimas.

Entre los temas que se abordan tanto en la décima como en el 'bertso' vasco encontramos los religiosos, los que reflejan los conflictos diarios y los que reflejan un sentimiento nacional. El tema religioso ha sido frecuente en la temática del 'bertso' hasta hace unos años. Hay incluso 'bertsolariak' (repentizadores vascos) que se han dedicado a versificar vidas de santos, como es el caso de Juan Cruz Zapirain. Sin embargo, en la actualidad la cuestión religiosa ha perdido importancia en comparación con otros motivos. En el caso de la décima puertorriqueña parece que el uso se mantiene con mayor vigencia que en el caso vasco, y tal vez sea debido a la integración de la décima en las celebraciones de fiestas religiosas, como la Navidad. A continuación presentamos dos ejemplos de 'bertso' y décima popular puertorriqueña donde se trata el tema de la pasión de Cristo, centrando la imagen poética en la figura de la cruz. La composición vasca es obra del 'bertsolari' de la segunda mitad del siglo XIX Pello Otaño.

> Lagundutik denoi
> gugatik hil zenak
> orain gurutze onen
> oinean esanak
> ondo gogoan hartu
> biaituzu danak
>
> [Contando con la ayuda de Aquel
> que murió por nosotros,
> recuerda bien
> todo lo que voy a decirte
> ahora al pie
> de esta cruz.][1]

De la tradición popular de la zona de Manatí se recoge esta décima, de profundo carácter religioso.

Calvario

La Virgen lloraba
lloraba en la cruz,
en la cruz clavado
estaba Jesús.
Jesús Nazareno,
mártir salvador,
salvador del mundo,
del mundo consuelo.
Dios, Rey y Señor,
Señor de los cielos.

Corona de espinas
dieron a Jesús;
Jesús bendecido
expiró en la cruz
En la cruz María
lloró su dolor,
su dolor de madre,
madre del amor.
Del amor, Señora,
Dios la consagró.

Veamos a continuación sendos ejemplos de composiciones poéticas donde se refleja la vida cotidiana. En el caso vasco nos permite apreciar un poco de la socarronería vasca, un sentido del humor muy presente en el 'bertsolarismo'.

Mila duro nik gordeta neukan
B. horren etxean
estuasun bat zuela eta
haiek eskatu zizkian,
baietz agindu nion orduan
serbitu nuen tranzian,
hartzeko pronto izan zen baino
buelta dauka atzian.

[Tenía guardados mil duros
en casa de B.,
me los pidió
porque él tenía problemas de dinero
Acordé que se los prestaría
mientras estaba sirviéndole,
los agarró rápidamente
pero no me los devolvió.]

En el caso de la décima, la vida diaria se presenta como la esencia de lo nacional. Yvette Jiménez de Báez señala que

> [s]u análisis, por lo que tiene de expresión nacional, mucho dejaría ver de la sicología del país que la utiliza como medio de expresión; pero además, mucho habría que decir de lo que delata de la realidad hispanoamericana como tal.[...] La décima, por ser mani-

festación tradicional, es una especie de microcosmos americano. Expresa la idiosincrasia del país. (Jiménez de Baéz 1964: 34)

En esta décima, esa visión de lo cotidiano pasa por el tamiz de lo bucólico:

> Tengo mi lindo ganado
> en los llanos de mi tierra.
> Allí mi vida se encierra
> en los campos amados.
> Todo lo tengo sembrado;
> hay la toronja y la china.
> Con mi linda campesina
> vivo en mi campo sombrío
> allí tengo mi bohío
> entre montes y colinas.
>
> Tengo mi jardín precioso
> de claveles y amapolas,
> tengo la linda gladiola
> en mi jardín amoroso;
> allí canta melodioso
> el pitirre que así trina,
> y la pálida neblina
> se desliza en el vacío,
> y allí tengo mi bohío
> entre montes y colinas.

Esta visión romántica de lo cotidiano contribuye a propagar un sentido idealizado del entorno, lo que viene a subrayar la noción de que décima y 'bertso' representan la esencia de lo intrínsecamente 'nacional', entendiendo como nación a Puerto Rico y al País Vasco, respectivamente.

> Tráeme, trigueña el machete
> y átamelo a la cintura,
> que la paciencia se apura
> y tengo que entrar en brete.
> El español arremete
> contra nosotros con saña,
> y pues que se empeña España
> y pues que España se empeña
> vamos a repartir leña
> en la tierra de la caña.

En palabras de López Lemus:

> la décima se convertía así en un instrumento de la guerra, un medio para burlar y rebajar la moral del enemigo, [...] pero también se adopta como instrumento de concientización popular, para levantar los ánimos pro independentistas [...] y mediante ellas surge un tipo de expresión de carácter más abiertamente nacional. (López Lemus 1997: 66-67).

El paralelismo con el uso nacionalista vasco es obvio en este ejemplo:

> Euskal Herrian libre
> izan ginan inoiz
> orain esclavo gaude
> indarren arrazoiz:
> berriz libre gerade
> baina ez dakit noiz,
> behintzat ezta izango
> zuek naiz bezain goiz
>
> [En un tiempo fuimos
> libres en el País Vasco,
> ahora somos esclavos a la fuerza;
> volveremos a ser libres
> pero no sé cuando,
> al menos no será tan pronto
> como querríais]

En este sentido, estamos ante unas composiciones poéticas no exentas de carácter político. "Cantan todos los vascos, canta el pueblo entero" dice Gorostiaga (1957: 3); otros unen lengua y producción poética de manera muy estrecha "el bertsolarismo es tan antiguo como el euskara mismo". (Jauregi 1858: 13) Es imposible no relacionar estas citas, por el lugar y fecha de su aparición, así como por el tono de las mismas, con el auge del movimiento nacionalista vasco. Aunque hay manifestaciones del 'bertso' bien establecidas para el año 1452, como vemos en el Fuero Viejo de Vizcaya, es con el nacionalismo con el que se le presta mayor atención al 'bertsolarismo' (incluso se fijan variantes y se componen por escrito) al tiempo que se va compilando un acervo cultural que sirva como base cultural para un concepto de nación. Como señala Franco Oppenheimer al hablar del caso puertorriqueño:

> [l]a poesía ha sido siempre la expresión primera, acaso primordial y culminante de los pueblos; en ella se manifiesta la conciencia, los sentimientos y las aspiraciones más notables, así como el propio ser nacional. En ella, en la poesía, es donde hemos de advertir lo cabal y puro de un pueblo. (Franco Oppenheimer 1972: 9)

López Lemus es más explícito al aludir a lo identitario cuando esboza la diferencia entre la décima latinoamericana y la española:

> La estrofa adquiere un elemento de *identidad* que parece ser atendido, no sólo por su diferenciación con la poesía española coetánea, sino porque sus contenidos expresan también peculiaridades de la vida en América Latina, identificando buena parte de la creación popular oral de un pueblo que cada vez alcanza expresión propia, conciencia *para sí*, y que es capaz de adoptar modos literarios o folklorizaciones que pueden identificarlo en el contexto universal. (López Lemus 1997: 10)

Ambas composiciones se han empleado como elemento didáctico: la décima durante la época colonial (época de asimilación cultural no sólo desde el ámbito eclesiástico sino también en los restantes estamentos sociales) pasó de inmediato a sintetizar el espíritu hispanoamericano. Algo similar ocurrió, como hemos mencionado, durante el siglo diecinueve en el País Vasco. Es, por tanto, natural que se fomentaran la décima y el 'bertso' para crear una conciencia de identidad nacional. Hoy en día, estas formas de expresión tienen casi el mismo carácter entre las zonas rurales, aunque en mucha menor escala. En el devenir histórico de ambas zonas geográficas encontramos el caldo de cultivo de la décima y el 'bertso' como elemento de expresión nacionalista. En el caso puertorriqueño, por ejemplo, al ser la última colonia en separarse de España, estuvo expuesta a una influencia cultural más prolongada. En el momento en que pasa a los Estados Unidos como resultado de las capitulaciones de la Guerra del 98, a pesar del incipiente declive de la décima, ésta experimenta una recuperación que es fruto del apego a las tradiciones de la propia cultura, un apego suscitado por la crisis espiritual que supone la situación histórica del país.

Oteiza sintetiza la función del 'bestsolari', una función que podemos, en cierta medida, hacer extensiva al decimista: el rescatador de lo intrínsecamente vasco, que va reinterpretando con el tejido del lenguaje. Lenguaje y acervo cultural quedan así estrechamente imbricados en la figura del intérprete. Sus temáticas suponen el testimonio popular más certero a la hora de darnos una idea de la visión del mundo vasco y caribeño: la filosofía de vida, la vida práctica, los saberes tradicionales, la crónica diaria, el humor y la risa.

Cabe destacar el enorme ímpetu transgresor del humor en las composiciones que nos ocupan, ya que se trata de humor que desmitifica y subvierte. De la ingeniosidad de la composición improvisada se pasa a la picardía, a la ironía e incluso a lo grotesco. El intérprete canta en principio todos los aspectos de la vida social y personal, creando una composición donde se rumia (a veces de manera irónica, otras de manera humorística) la actualidad informativa nacional, estatal, local e incluso internacional. Jiménez de Báez señala que el intérprete se apropia de la décima creándola y revirtiéndola "para expresar su praxis cotidiana, su historia". (Jiménez de Báez 1964: 475) Reúne los ciclos vitales asociados al trabajo y a la fiesta, las creencias civiles y religiosas, convirtiéndose en el "periódico" de los eventos novedosos, y también grotescos, de la comunidad. Asimismo, el 'bertso' sirve de medio de comunicación de los avatares del pueblo y, por eso precisamente, se nutre de hechos de la vida cotidiana: fiestas, hazañas, situaciones políticas, tragedias y accidentes humanos, etc. Gorka Aulestia comenta que la tendencia vasca a satirizar en la lírica las condiciones sociales ha sido una constante en el 'bertsolarismo'.

Cabe relacionar esta naturaleza satírico-grotesca con el efecto liberador que Bakhtin atribuye a la comedia y, sobre todo al carnaval. Bakhtin advierte el carácter libertador y transgresor de la fiesta que propicia el cambio, pero limita su efecto. En otras palabras, las composiciones que nos ocupan, debido a su contexto festivo y, en algunos de los casos, a su naturaleza satírica, promueven un cambio al crear un espacio transgresor de denuncia. Sin embargo estamos ante transgresiones transitorias donde por un momento la desigualdad jerárquica queda suspendida y el público es capaz de franquear las barreras que constriñen su condición cotidiana. Por eso es importante contextualizar estos géneros dentro del ámbito de la fiesta y la 'performance'. El presente actualizado de la fiesta remite al pasado, el cual revierte sobre el presente y permite contemplar el sistema de relaciones dominantes en el contexto socio-cultural. La fiesta, centrada en un entramado de tradición y creación, de actitud lúdica y seria, de canon y marginalidad, es una muestra de ambigüedad. Gracias a esta característica carnavalesca podemos concebir 'bertso' y décima como una acto comunicativo que envuelve al intérprete, a la forma artística, al público, al contexto sociocultural y al espacio de la celebración.

En su dimensión lúdica, la fiesta consiente la entrada de la ilusión, de la ficción que nos permite interpretar la sociedad como lo que puede llegar a ser, es decir que nos otorga la posibilidad de acuñar una identidad (tal vez un sentido de nación) posible. De ahí que el poder social y liberador de la fiesta dependa de si su ejecución está en manos del mundo oficial o de los grupos marginales, de que se mantenga el carácter dual de rito y juego, orden y transgresión; lo que para Bakhtin son características necesarias del carnaval y que a su vez implican re-creación, regeneración.

Una regeneración que va más allá del ámbito de la identidad nacional y que revierte en la propia forma literaria. Hoy en día, es a través de las competiciones y composiciones en lid que décima y 'bertso' se están re-creando. Durante la segunda mitad del siglo veinte hemos sido testigos de la institucionalización del 'bertsolarismo', con la creación de la 'bertsozale Elkartea', una asociación que agrupa no sólo al 'bertsolari' sino al aficionado al 'bertsolarismo'. También ha habido un incremento notable en la participación de la mujer, lo que unido a la llegada de nuevas generaciones de intérpretes, con un nivel educativo universitario en muchos casos, ha contribuido sensiblemente a la mejora del prestigio social del 'bertsolari' y a una mayor resonancia internacional del género. En el caso de la décima popular, durante las últimas décadas, gracias al desarrollo de los estudios transatlánticos, las instituciones académicas se han preocupado de acercarse al género a través de la creación de simposios, congresos y certámenes.

Sin duda el 'bertso' y la décima continuarán su desarrollo, adaptándose a las necesidades que imponga la realidad social vasca y puertorriqueña respectivamente y a las que sirven de crónica. Su persistencia depende precisamente de su cercanía a lo popular y, mientras haya esa empatía entre audiencia, género e intérprete, su continuidad está asegurada.

NOTAS

1. La traducción de este 'bertso' y de los restantes es mía.

BIBLIOGRAFIA

Amuriza, Xabier
    1977   *Menditik Mundura*. Bilbao: Printzen.
    1981   *Hiztegi Errimatua Hitzaren Kirol Nazionala*. Bilbao: AEK.

Aulestia, Gorka
    2000   *The Basque Poetic Tradition*. Reno: University of Nevada Press.
Azurmendi, Joxe
    1980   'Bertsolaritzaren estudiorako.' En: *Jakin*. 14-15 (abril-septiembre): 139-164.
Bakhtin, Mikhail
    1971   *La cultura popular en la Edad Media y Renacimiento*. Traducido por Julio Forcat y César Conroy. Barcelona: Barral Editores.
Franco Oppenheimer, Félix
    1972   *Imagen de Puerto Rico en su poesía*. San Juan: Editorial Universitaria, Universidad de Puerto Rico.
Finnegan, Ruth
    1992   *Oral Poetry*. Cambridge, CUP.
Garcia-Canclini, N.
    1989   *Culturas híbridas. Estrategias para entrar y salir de la modernidad*. México: Grijalbo.
Garzia, Joxerra
    1998   *Jon Sarasua bertso-ispiluan barrena*. Irun: Alberdania.
Gorostiaga, J.
    1957   *Antología de la poesía popular vasca*. San Sebastián: Biblioteca de Amigos del País. 1957
Jauregi, Luis.
    1858   *Xenpelar bertsolaria: bizitza ta bertsoak*. Zatautz: Itxaropena.
Jiménez de Báez, Yvette
    1964   *La décima popular en Puerto Rico*. Veracruz: Universidad Veracruzana.
    1969   *Lírica cortesana y lírica popular actual*. México: Colegio de México, 1969.
Kirk, Geoffrey Stephen
    1976   *Homer and the Oral Tradition*. Cambridge: CUP.
Lekuona, Juan Mari
    1978   'Ahozko Euskal Literatura.' En: *Euskararen Liburu Zuria*. Bilbao: Euskaltzaindia.
Lekuona, Manuel
    1964   *Literatura oral euskérica*. San Sebastián: Auñamendi.
López Lemus, Virgilio
    1997   *Décima e identidad. Siglos XVIII y XIX*. La Habana: Editorial Academia.
Michelena, Luis
    1960   *Historia de la literatura vasca*. Madrid: Minotauro.
Ong, Walter
    1982   *Orality and Literacy*. Londres: Methuen.
Oteiza, Jorge
    1983   *Quosque tandem...!: ensayo de interpretación*. Donostia: Hordago.
Paredes, Américo
    1993   *Folklore and Culture on the Texas-Mexican Border*. Austin: Center for Mexican-America Studies, U Texas P.
Parry, Milman
    1932   'Studies in the Epic: Technique of Oral Verse-Making. The Homeric Language as the Language of Oral Poetry.' En: *Harvard Studies in Classical Philology* 43: 1-50.
Scheunemann, Dietrich
    1996   *Orality, Literacy and Modern Media*. Columbia: Camden House.
Zumthor, Paul
    1991   *Introducción a la poesía oral*. Madrid: Taurus.

Néstor E. Rodríguez
University of Toronto

TRÁNSITOS INTELECTUALES POR LA CIUDAD LETRADA ANTILLANA: JOSÉ LUIS GONZÁLEZ Y SILVIO TORRES-SAILLANT

La historia cultural de Puerto Rico y República Dominicana se ha visto matizada, principalmente a partir de la década de 1930, por cierta herencia nacionalista de raigambre hispanófila que en buena medida ha dictaminado el modo de entender la cultura. Desde el discurso intelectual, este saber uniformador ha sido objeto de asedio crítico constante. La ensayística de José Luis González y Silvio Torres-Saillant forma parte de ese corpus instigador de nuevas configuraciones culturales; con todo, sus visiones teóricas no logran deshacerse totalmente de la dicción nacionalista que intentan superar desde la letra.

La historia cultural puertorriqueña de la primera mitad del siglo XX comparte con la dominicana la consolidación de cierto modelo uniformador de cultura y nacionalidad afincado principalmente en la hispanofilia. En Puerto Rico, esta manera de entender lo cultural encontró en *Insularismo* (1934) de Antonio S. Pedreira su más granada teorización. Pedreira postula la existencia de una identidad cultural en la cual el componente hispánico funciona como una suerte de crisol que amalgama los sustratos indígena y africano de la puertorriqueñidad. En el contexto de la República Dominicana de ese momento, el máximo exponente de la hispanofilia cultural fue Manuel Arturo Peña Batlle.[1] En efecto, en las visiones teóricas de Peña Batlle, contenidas sobre todo en discursos políticos pronunciados en nombre de Rafael Leonidas Trujillo en la década del 1940, lo dominicano se define a partir del componente hispánico e indígena como un todo homogéneo.[2] Dada la calidad puramente histórica de este último componente tras el exterminio de la población aborigen de la isla de Santo Domingo en el siglo XVI, la hispanidad queda como la única herencia a destacar en esa formulación de la identidad cultural.

Esta particular manera de entender la cultura ha tenido una suerte variable en el Puerto Rico y la República Dominicana de hoy, sobre todo en lo tocante a la forma en que los nacionales de ambas islas se asumen como sujetos desde la perspectiva racial. Mientras en la República Dominicana la africanidad se niega categóricamente en virtud de su vinculación a esa otredad 'non grata' que es Haití para el imaginario dominicano, en Puerto Rico la recuperación de la herencia africana ha tenido un desarrollo menos azaroso en el sentido de que no se ha visto obviada sistemáticamente de la narrativa nacional. Quisiera desarrollar una lectura que parta del examen pormenorizado de esta situación epistémica desde el ámbito del discurso intelectual, específicamente de aquellas teorizaciones de lo puertorriqueño y lo dominicano que han potenciado modos más amplios de interpretar la nacionalidad. La ensayística de José Luis González y Silvio Torres-Saillant constituye el 'corpus' más contundente de ese índice aperturista que aboga por la distensión de modelos legitimadores de lo cultural. Ahora bien, como se verá, la crítica de González y Torres-Saillant evidencia a su vez ciertas limitaciones retóricas al duplicar en su factura gestos propios del mismo saber monológico que se propone cuestionar.

La memoria errante de José Luis González

José Luis González (1926-1996) propone una manera de teorizar lo puertorriqueño muy distante del modelo de cultura institucionalizado por el pensamiento hispanófilo que hizo escuela a partir de la década del 1930. Ese distanciamiento se afirma sobre todo en la vindicación de la herencia africana y la diáspora puertorriqueña para describir un sujeto nacional reconocido en su mismidad y consciente de su carácter multicultural.

El exilio juega un papel toral en la vida, la poética literaria y el pensamiento político de González. Por un lado, está el exilio entendido en su acepción tradicional de ausencia del país de origen (González vivió en San Juan, Nueva York, Praga y Ciudad México, donde murió en 1996). Por otro, está el exilio como esa particular condición de ostracismo que tiene que ver con la manera en que el individuo se posiciona en los márgenes de lo establecido a nivel cultural o político. González entendió el exilio desde estas dos vertientes para él inclusivas. Según este autor puertorriqueño nacido en la República Dominicana, el exilio representaba un espacio epistemológico privilegiado desde el cual observar más adecuadamente lo que denomina "el bosque de la realidad nacional". (González 1980: 106) En un agudo comentario sobre la vida y la obra de González, Arcadio Díaz Quiñones asevera lo siguiente:

> Se puede sostener que la ausencia y los desplazamientos –forzados o voluntarios– fueron para González un modo de hacer literatura, y un tipo de mirada sobre el mundo. Descubrió que la distancia podía ser un gran lugar para la construcción histórica de identidades. (Díaz Quiñones 2000: 183)

La formación intelectual y literaria de González se da en un período de grandes transformaciones sociales en Puerto Rico. A partir de los años 40, el paradigma económico de la isla cambia de manera drástica. De ser uno eminentemente rural a lo largo de las primeras décadas del siglo XX, evoluciona en cuestión de una decena de años a un tipo de economía industrial que intentaba ir más a tono con la realidad norteamericana. Este cambio al nivel de lo económico fue tan sólo el anticipo de una metamorfosis integral de la sociedad puertorriqueña que se reflejaría principalmente en los órdenes político y cultural, y que tendría como fulcro ideológico la reinterpretación de la relación colonial entre la isla y la metrópoli. Aludo, claro está, a la fundación del Estado Libre Asociado de Puerto Rico (ELA) en 1952, engendro político de un gobernador antiguamente ligado al ideal separatista, Luis Muñoz Marín, y un equipo de hábiles tecnócratas comprometidos con adelantar el progreso económico por encima de cualquier discusión en torno al estatus colonial. El ELA activó un desarrollo dramático en los renglones de la educación, la salud pública y la economía, al tiempo que atraía el capital de numerosas industrias estadounidenses que establecían filiales en la isla en condiciones más que favorables en términos fiscales.

González evidenció estos cambios radicales en el ethos insular y los convirtió en material literario a la manera de un testador. Ciertamente, mientras el canon literario puertorriqueño se aferraba al costumbrismo ruralista decimonónico, González captó el rumbo de la realidad social de su momento y escribió relatos en los cuales dio cuenta del tránsito de un horizonte cultural profundamente rural a uno cada vez más anclado en la cotidianidad de la ciudad. Sus primeros libros de cuentos: *En la sombra* (1943), *Cinco cuentos de sangre* (1945) y *El hombre en la calle* (1948) son prueba fehaciente de este enfoque en las complejidades de lo urbano en el contexto puertorriqueño de los años 40. Hay que destacar el hecho de que el joven González estaba prácticamente solo en esta empresa literaria, puesto que sus contemporáneos más activos (René Marqués, Abelardo Díaz Alfaro) se mantuvieron atados al ideal estético costumbrista hasta bien entrados los años 50. Este carácter estéticamente revolucionario con respecto a la doxa literaria se vio reforzado en 1947, cuando González se establece por primera vez en Nueva York. Allí vivió por tres años, y su estadía coincidió con la de otros importantes escritores puertorriqueños de la época: los poetas Juan Antonio Corretjer y Julia de Burgos.

González permaneció en Nueva York el tiempo suficiente para descubrir las difíciles condiciones de vida de los miles de puertorriqueños que emigraron con la intención de mejorar su solvencia económica. Fue el descubrimiento de esa creciente diáspora concentrada en el sector de East Harlem o 'El Barrio', como se le empezaba a denominar para entonces, lo que activó en González no sólo un cambio temático en su producción literaria, sino la certidumbre de que esa comunidad de emigrados de la isla constituía "un aspecto importante de la experiencia nacional puertorriqueña" en general. (Díaz Quiñones 1976: 43)

Muchas de sus narraciones más celebradas por la crítica versan sobre el puertorriqueño desarraigado que intenta encontrar su lugar en un entorno social adverso que no le ofrece oportunidades para su integración. En ese sentido, los prejuicios raciales, étnicos y lingüísticos, así como la carencia de trabajos bien remunerados y la violencia, se convierten en cuentos como: 'En Nueva York', 'Paisa', 'La carta', 'En este lado' y 'La noche que volvimos a ser gente', en elementos cardinales. En el caso de 'La carta', obra maestra del relato breve, un campesino puertorriqueño recientemente emigrado escribe una breve misiva a su madre que reside en un pueblo costero de la isla. En la carta, el personaje de Juan exagera los detalles de sus condiciones de vida en Nueva York, haciendo creer a su madre que en realidad está disfrutando de la prosperidad económica que describían los puertorriqueños que habían dejado la isla antes que él. En las líneas finales del relato el lector se entera de la verdadera situación de Juan: no tiene ni un centavo y para enviar la carta a su madre ha debido acuclillarse frente a la oficina de correos y fingirse tullido. De esa manera obtiene las monedas necesarias para comprar el sobre que llevará a Puerto Rico su mensaje de falso bienestar.

Paralelamente a su producción narrativa, González fue un escritor muy activo en el plano de la ensayística. Su texto más comentado en este renglón es sin lugar a dudas 'El país de cuatro pisos (Notas para una definición de la cultura puertorriqueña)', publicado en la revista *Plural*, de México, en 1979, y en una versión ampliada y definitiva en San Juan de Puerto Rico al año siguiente. En 'El país de cuatro pisos', González se ampara en una tradición de larga prosapia en América Latina, una herencia que principia con Andrés Bello en los albores del siglo XIX y que tiene como cultores a Sarmiento, Martí, Hostos, Rodó, Vasconcelos, Henríquez Ureña, Mañach, Mariátegui, Picón Salas, Paz y el brasileño Antonio Candido, entre otros; me refiero al ensayo de definición cultural. González participa de esta tradición empeñada en destacar la especificidad de lo americano.

Amparándose en un bagaje teórico de índole marxista, González remarca la presencia de cuatro 'pisos' históricos que se han superpuesto en la conformación de la cultura puertorriqueña bajo la tutela colonial de España y los Estados Unidos. En este peculiar entramado, cada piso corresponde a un componente histórico-cultural específico. La zapata sobre la cual se erige ese edificio está conformada por la herencia afrocaribeña que incorporó el sustrato indígena y sobrevivió a cuatro siglos de vasallaje político español. El segundo piso se vincula al flujo inmigratorio proveniente sobre todo de la Europa mediterránea (corsos, mallorquines, catalanes) y de Sudamérica a lo largo del siglo XIX. La invasión estadounidense de 1898 y el consecuente cambio de poder colonial marca la superposición de un tercer piso al edificio de la cultura puertorriqueña. Este nuevo nivel se extenderá hasta la década del 1940, cuando se inicia en la isla el insólito proceso de modernización a nivel económico y social que culminará con la creación del Estado Libre Asociado. A juicio de González, para el momento en que se publica la primera versión de 'El país de cuatro pisos' Puerto Rico se encontraba sumido en la envoltura cultural de este cuarto piso todavía en construcción .

El tiempo se ha encargado de atenuar la contundencia de la visión de la puertorriqueñidad esbozada por González; con todo, la magnitud del asedio a la ciudad letrada puertorriqueña y su modelo hispanófilo de cultura llevado a cabo en 'El país de cuatro pisos' ha sido tal que, a más de dos décadas de su publicación original, aún es lectura obligada en los currículos escolares y universitarios de Puerto Rico. ¿A qué se debe la calidad monumental de las indagaciones de González sobre la cultura puertorriqueña en estos tiempos? Me atrevo a conjeturar que su principalía radica en haber ubicado el surgimiento y desarrollo de las múltiples culturas que integran la puertorriqueñidad en el espacio más amplio de lo latinoamericano, y haberlo hecho en un momento en que las coyunturas políticas insulares y metropolitanas inclinaban la balanza hacia la asimilación con la matriz socio-cultural norteamericana.

La empresa hermenéutica de González se revela en franca oposición al ethos cultural puertorriqueño de raigambre hispanófila epitomizado en *Insularismo* de Pedreira. Al igual que el aventajado alumno de Federico de Onís, González legitima su posición enunciativa en la teorización tanto de las particularidades propias a un espacio cultural específico –'lo puertorriqueño', como del sujeto que alegoriza ese espacio. Lo mismo se da en el proyecto de definición cultural de Pedreira, para quien este ser nacional está definido por la figura del jíbaro, descrita en *Insularismo* como la "raíz central de nuestra cultura". (Pedreira 1973: 133) A nivel interpretativo, se puede argüir que el jíbaro pedreriano funciona como una especie de molde de base ibérica que se encarga de fagocitar los componentes culturales indígena y africano en la conformación de la puertorriqueñidad, ese "conjunto provisional de ademanes que operan convulsos en el fondo de nuestra sociedad". (Ibídem: 142) Como se ve, en la interpretación de Pedreira al puertorriqueño lo delata la gestualidad. Cinco décadas más tarde, otro intelectual antillano recurrirá al mismo ardid retórico para definir la especificidad cultural de su entorno nacional. Me refiero al narrador y académico cubano Antonio Benítez Rojo, quien, en *La isla que se repite. El Caribe y la perspectiva posmoderna*, identifica en el andar de dos mujeres negras la variable que condensa los signos de la cubanía:

> ...dos negras viejas pasaron 'de cierta manera' bajo mi balcón. Me es imposible describir esta 'cierta manera'. Sólo diré que había un polvillo dorado y antiguo entre sus piernas nudosas, un olor a albahaca y hierbabuena en sus vestidos, una sabiduría simbólica, ritual, en sus gestos y en su chachareo. (Benítez Rojo 1989: xiii)

Las visiones de González en torno a la cultura puertorriqueña se acercan más a esos 'gestos' afrocaribeños en los cuales Benítez Rojo ve cifrada la identidad cultural cubana. Más allá del modelo 'jibarista' de puertorriqueñidad teorizado por Pedreira, González apunta a la preeminencia de una "cultura popular" puertorriqueña que incluye al jíbaro blanco como elemento minoritario frente al influjo de la vertiente "afroantillana" de esa cultura en el ocaso del período decimonónico:

> La cultura popular puertorriqueña primeriza fue, pues, fundamentalmente afroantillana. El campesinado blanco que se constituyó más tarde, sobre todo en la región montañosa, produjo una variante de la cultura popular que se desarrolló de manera relativamente autónoma hasta que el auge de la industria azucarera de la costa y la decadencia de la economía cafetalera de la montaña determinaron el desplazamiento de la 'altura' a la 'bajura'.
> Lo que se dio de entonces en adelante fue la interacción de las dos vertientes de la cultura popular, pero con claro predominio de la vertiente afroantillana por razones demográficas, económicas y sociales. (González 1980: 37)

Entonces, allí donde Pedreira identifica una matriz estructuradora del ademán cultural puertorriqueño —las maneras y tradiciones del jíbaro blanco de la zona montañosa de la isla— González ubica la cultura afrocaribeña. Con todo, la exaltación del componente africano como el que define la cultura puertorriqueña es una movida retórica similar a la que siguieron ensayistas como Rodó y Vasconcelos al reclamar la 'latinidad' o el sustrato europeo como fulcro en la definición de la identidad cultural hispanoamericana.

González no es el primero en plantear este modelo alternativo de puertorriqueñidad de base afroantillana. A principios de la década del 1970, Isabelo Zenón Cruz había subvertido con garra y contundencia el ideal de cultura impulsado por Pedreira y sus epígonos recurriendo a las visiones teóricas de Frantz Fanon. Con *Narciso descubre su trasero: el negro en la cultura puertorriqueña* (1975), Zenón Cruz sacude los cimientos de la casa de la nación puertorriqueña al llamar la atención sobre la presencia predominante del negro fatigando sus salones. 'El país de cuatro pisos' se inserta en esta nueva epistemología racial y cultural de lo puertorriqueño inaugurada por Zenón Cruz. Pero el proyecto de González va incluso más allá, y reivindica la pertenencia de la cultura puertorriqueña a una identidad pancaribeña:

> Creo en reconstruir hacia delante, hacia un futuro como el que definían los mejores socialistas proletarios puertorriqueños de principios de siglo cuando postulaban una independencia nacional capaz de organizar el país en 'una democracia industrial gobernada por los trabajadores'; hacia un futuro que, apoyándose en la tradición cultural de las masas populares, redescubra y rescate la caribeñidad esencial de nuestra identidad colectiva y comprenda de una vez por todas que el destino natural de Puerto Rico es el mismo de todos los demás pueblos, insulares y continentales, del Caribe. (Ibídem: 40)

Esa 'caribeñidad' a la que debe orientarse toda discusión sobre lo cultural puertorriqueño está apuntalada en la "raíz histórica" (ibídem: 19) africana, que para González es la base sobre la cual se asienta la "cultura popular puertorriqueña". (Ibídem: 22) Ahora bien, esa continuidad de la tradición afroantillana que caracteriza la cultura de Puerto Rico y del Caribe hispano en general de acuerdo con González es un elemento problemático por razones de índole histórica. En Cuba no se recupera el componente afroantillano para la cultura nacional hasta los años de las vanguardias históricas en la década del 1920 (Nicolás Guillén, Emilio Ballagas y la *Revista de Avance*). Por su parte, en la República Dominicana la herencia africana, aun hoy, es rechazada marcadamente por la cultura oficial y amplios sectores de la población. También se hace necesario destacar que, al identificar el componente afroantillano como origen y centro estructurador de la identidad cultural, el argumento de González en buena medida repite la retórica del modelo de cultura avalado por los defensores de la puertorriqueñidad hispanófila. Delimitado ese origen, la historia cultural puertorriqueña se desarrollará con la gracilidad de un organismo o, para mantener la imaginería inmobiliaria del ensayo de marras, con la precisión de una obra diseñada y levantada científicamente.

En una de las más sugestivas recensiones de 'El país de cuatro pisos', Juan Flores se pregunta si es adecuado el principio arquitectónico para dar cuenta de la historia cultural de un pueblo:

> ¿Se parece el proceso, por no decir progreso, de la cultura de un pueblo a la construcción, camada sobre camada, de un edificio de muchos pisos? Ni más ni menos, insisto yo, de lo que se parecería a las raíces, tronco y ramas de un árbol, o a las estaciones del año. La metáfora mecánica de la estructura arquitectónica de José Luis González no es más adecuada para explicar el desarrollo dinámico de la historia cultural que aquellas metáforas más familiares, cíclicas u orgánicas. Ciertamente la imagen metafórica es válida y útil para hacer más comprensibles, desde la óptica de nuestro tiempo, aspectos de la experiencia histórica. Pero no cuando se utiliza como el principio rector de la conceptualización histórica. (Flores 1997: 64)

Si bien Flores no se equivoca al comentar sobre la precariedad de la metáfora del edificio en construcción para explicar el dinamismo de determinado entorno social con respecto a sus manifestaciones culturales, hay que conceder al propio González la sagacidad de haber intuido de antemano las posibles limitaciones conceptuales de su proyecto. Este guiño autocrítico se advierte en el subtítulo mismo del ensayo: 'Notas para una definición de la cultura puertorriqueña'. Al denominar 'Notas' a sus disquisiciones sobre lo cultural, González apela a la indulgencia del lector en lo que concierne a la validez y profundidad del análisis a llevarse a cabo, toda vez que justifica la aparente superficialidad de sus razonamientos a su empeño por contestar con algo de premura la pregunta formulada por un "grupo de jóvenes estudiosos":

> Un grupo de jóvenes estudiosos puertorriqueños... me dirigieron hace poco (escribo en septiembre de 1979) la siguiente pregunta: ¿Cómo crees que ha sido afectada la cultura puertorriqueña por la intervención colonialista norteamericana y cómo ves su desarrollo actual? Las líneas que siguen constituyen un intento de respuesta a esa pregunta. Las he titulado 'Notas...' porque sólo aspiran a enunciar el núcleo de un ensayo de interpretación de la realidad histórico-cultural puertorriqueña que indudablemente requeriría un análisis mucho más detenido y unas conclusiones mucho más razonadas. (Ibídem: 12)

Cual figura magisterial, González dirige su pensamiento a los jóvenes, como antes lo hicieran Martí, Rodó y Pedreira. La figuración autorial se presenta entonces como el maestro preocupado por formar a la futura generación de intelectuales. Asumido su rol de preceptor, González procede a conferir corporalidad a la cultura puertorriqueña para luego diagnosticar su mal: la "intervención colonialista". (Ibídem: 18) Esta imagen patológica le sirve a González para explicar la supuesta interrupción del desarrollo natural de esa cultura a causa de la injerencia colonial y sus improvisaciones en el plano político:

> La cultura popular puertorriqueña, de carácter esencialmente afroantillano, nos hizo, durante los tres primeros siglos de nuestra historia pos-colombina, un pueblo caribeño más... Si la sociedad puertorriqueña hubiera evolucionado de entonces en adelante de la misma manera que las de otras islas del Caribe, nuestra actual 'cultura nacional' sería esa cultura mestiza, primordialmente afroantillana. (Ibídem: 22)

Las oleadas inmigratorias europeas y sudamericanas a lo largo del siglo XIX y el traspaso de la isla al ejército norteamericano como botín de guerra en 1898 son los eventos que marcan ese viraje radical en la evolución de la conciencia nacional puertorriqueña, según González. 'El país de cuatro pisos' hay que entenderlo, pues, desde esa perspectiva correctiva que defiende su autor en su empeño por describir la existencia de una puertorriqueñidad concreta definida en base a su índole múltiple: "…en Puerto Rico se nos ha 'vendido' durante más de medio siglo el mito de una homogeneidad social, racial y cultural que ya es tiempo de empezar a desmontar… para entenderlo correctamente en su objetiva y real diversidad." (Ibídem: 25) Es interesante observar cómo González cae víctima de su propio andamiaje conceptual. El ensayista pretende desmantelar con su crítica el carácter homogéneo de ese mito que es la puertorriqueñidad imaginada por la élite letrada de la isla, no obstante, al postular como alternativa la intelección de ese mito en su 'objetiva y real diversidad', no se cuestiona la calidad uniformadora del mismo, más bien se refuerza la visión de la cultura puertorriqueña en tanto monumento. Ciertamente, González, sin proponérselo, construye otro dolmen cultural por más que la puertorriqueñidad defendida por él amplíe de manera efectiva el conjunto de variables llamadas a conformar esa identidad colectiva. Dicho de otro modo, en su intento de subvertir esa 'historia oficial' de la cultura puertorriqueña González erige una historia alternativa igualmente reductora en el sentido de que reafirma la existencia de una verdad que es necesario desentrañar escarbando en los archivos de la nación.

A pesar de la insistencia de González en el rigor científico de su análisis de la historia cultural puertorriqueña, en los momentos finales de su estudio el argumento se vuelve difuso. Ese 'cuarto piso' que se inicia en la década del 1940 con el proceso acelerado de modernización de la isla es el menos desarrollado, gesto que choca con la celebrada rigurosidad científica de los 'pisos' anteriores. Una de las cuestiones que más llama la atención de las mencionadas en su explicación de este último nivel es el haber pasado por alto la importante dinámica de la comunicación fluida con la diáspora. Juan Flores subraya esta inadvertencia del modo siguiente:

> Es especialmente sorprendente que González haga caso omiso de la experiencia nuyorrican y emigratoria como un nivel distinto de la historia cultural puertorriqueña, ya que fue él uno de los primeros escritores en introducir esa realidad como tema en la literatura nacional. (Flores: 61)

A esta omisión del componente diaspórico de la cultura puertorriqueña habría que añadir la de los inmigrantes cubanos y dominicanos en Puerto Rico, que a partir de los años sesenta se constituyen en pujantes minorías étnicas. La mención de esos elementos hubiese abonado a la tesis caribeña de la puertorriqueñidad propuesta en la conclusión de 'El país de cuatro pisos'. Sin embargo, tal parece que González no puede contener la tentación moderna, típica del ensayo latinoamericano, de legitimar genealogías e identidades históricas rígidas.

La ética diaspórica de Silvio Torres-Saillant

La obra ensayística de Torres-Saillant constituye el corpus más contundente de una forma importante de asedio al saber legitimador de una identidad cultural dominicana uniforme. Su estrategia se basa en el desmantelamiento de los mitos que históricamente han perpetuado esa interpretación de la cultura nacional. En efecto, los escritos que conforman *El retorno de las yolas: ensayos sobre diáspora, democracia y dominicanidad* (1999), de Torres-Saillant, parten del reconocimiento de un desfase ideológico en la definición de lo nacional dominicano. A este respecto, su trabajo crítico se va a organizar en base a un doble propósito: por un lado, la desmitificación de la visión eurocéntrica de la cultura dominicana y por otro, el reconocimiento de la diáspora en la configuración de la nacionalidad. Estos objetivos se conjugan en una propuesta de utopía política orientada hacia la elaboración de nuevas configuraciones cívicas y culturales. Con ellas se pretende subvertir el carácter reductor de las políticas identitarias operantes en el nacionalismo dominicano como discurso cultural absolutista. Con todo, si bien es cierto que el proyecto crítico de Torres-Saillant logra socavar los cimientos del archivo de la nación dominicana como saber dominante, no es menos cierto que la posibilidad de ese nuevo paradigma de acción democrática latente en su proyecto parece sucumbir ante algunas de las contradicciones que le sirven de materia argumentativa.

En términos amplios, la política democrática propugnada por Torres-Saillant aboga por la desterritorialización de la identidad nacional dominicana de forma que los participantes en ella desarrollen la "conciencia de la articulación de una nueva identidad elaborada constructivamente". (Habermas 1999: 199) La manifestación de esta conciencia depende sobre todo del surgimiento de un verdadero sentido de 'ciudadanía'. Para Torres-Saillant, el concepto de ciudadanía implica una dimensión material ausente en la noción de nacionalidad; esta última es vista más bien como una entelequia asociada a las abstracciones de una identidad nacional que articula su estatus ontológico en términos políticos. La experiencia de la diáspora dominicana viene a ser el ejemplo de una comunidad que se reconoce a sí misma en los valores positivos y supuestamente tangibles de la ciudadanía:

> Desde la diáspora podemos dar constancia de varios renglones que nos describen como una comunidad epistémica alternativa con respecto al discurso cultural y los esquemas de autopercepción vigentes en la tierra natal. Ocupan un lugar de relieve en esa diferenciación la reconsideración de los términos definidores del rostro de la nación en cuanto al papel consagrado a los valores democráticos. Dentro de ese marco global, la diáspora se caracteriza por el interés en reconciliar el concepto abstracto de nacionalidad con el conjunto de principios que se concretizan en la ciudadanía. (Torres-Saillant 1999: 96)

En su propuesta de un nuevo modelo identitario Torres-Saillant desarma el relato sobre la cultura y el sujeto nacional articulado desde la cultura política señalando sus zonas contradictorias y el modo en que éstas han desvirtuado la condición existencial de los dominicanos. De acuerdo con su interpreta-

147

ción, el nacionalismo dominicano funda su *locus* enunciativo a partir de una "visión negrofóbica, falocrática, antipopular y eurocéntrica de lo que significa la nacionalidad dominicana". (Ibídem: 324) De ahí que su actividad crítica se concentre principalmente en la disyunción entre la realidad y los mitos culturales elaborados por la intelectualidad nacionalista decimonónica que más tarde son recuperados por arcontes del trujillismo ideológico como Peña Batlle. Al destacar la vigencia de la visión de lo nacional inaugurada por esta corriente de pensamiento, Torres-Saillant destaca:

> Sus adeptos actuales han seguido rechazando al grueso de nuestro pueblo al construir su imagen de la nación. Han seguido privilegiando a una élite de blanquitos de clase alta y educación europea que ha gobernado en el país. Dada la escasez de blanquitos, la atención de nuestros doctos se ha concentrado en llorosas ponderaciones sobre nuestras pérdidas de capital humano en distintas crisis a lo largo de nuestra historia... En sus historias literarias Pedro Henríquez Ureña, Abigaíl Mejía, Max Henríquez Ureña, Joaquín Balaguer y Néstor Contín Aybar tejieron patéticas jeremiadas sobre las familias blancas y cultas que se nos fueron. (Ibídem: 334-335)

La retórica admonitoria de Torres-Saillant busca articular una identidad dominicana en su pluralidad, gesto que debilita los paradigmas míticos normalizadores que aseguran la continuidad del archivo. Como el propio autor explica: "La perspectiva diaspórica se afinca en una teoría de la nación, un razonamiento sobre la dominicanidad, que interroga la versión oficial que se ha manejado en el discurso público criollo." (Ibídem: 398) Torres-Saillant va más allá en su interpretación de la producción cultural de la diáspora para vaticinar que este posicionamiento en los márgenes hace que los escritores e intelectuales del exilio se sientan capaces de postular una nueva política democrática:

> [...] un sondeo de los escritos que actualmente produce la *intelligentsia* dominicana en los Estados Unidos—la ficción de Junot Díaz y Julia Álvarez, la obra crítica de Daisy Cocco de Filippis, la historiografía de Francisco Rodríguez de León, la sociología de Ramona Hernández y el trabajo teatral de Josefina Báez—hace pensar que la diáspora guarda un ardor social y un anhelo correctivo que encuentran muy poco paralelo en la intelectualidad de la tierra natal. (Ibídem: 65)

Torres-Saillant apela a la vivencia para acreditar su postura ética con respecto a la fragua de nuevas políticas identitarias en el contexto dominicano insular. Su razonamiento se ampara en la certeza de que la condición de sujeto de la diáspora le garantiza unos derechos democráticos que le permiten desafiar el archivo letrado:

> [...] la experiencia migratoria de los dominicanos en el exterior los ha equipado notablemente para interrogar el cuerpo de conocimientos que normalmente conforma o define los términos de la discusión de lo que somos como pueblo. La diáspora tiene el potencial para ayudar a modificar los parámetros conceptuales vigentes en el discurso sobre la dominicanidad. A esa potencialidad he optado por llamar "el retorno de las yolas. (Ibídem: 38)

Al denominar de ese modo la capacidad de la diáspora para incidir en el debate sobre la cultura dominicana, Torres-Saillant alude a 'El retorno de los galeones' ensayo en el que Max Henríquez Ureña explica el carácter paradójico del movimiento modernista hispanoamericano en tanto renovador de la literatura española. Como el mismo autor destaca, "el retorno de las yolas" "se refiere al fenómeno no menos paradójico de los dominicanos residentes en el exterior que hoy pretenden conversar de igual a igual con la misma sociedad que los expulsó hace más de tres décadas del territorio nacional". (Ibídem: 393)

Para Julia Kristeva, el 'extranjero' constituye "the alter ego of national man, one who reveals the latter's personal inadequacies at the same time as he points to the defects in mores and institutions". ["el álter ego del sujeto nacional, el que muestra las limitaciones de este último, toda vez que subraya deficiencias a nivel de las instituciones y los mores"] (Kristeva 1991: 133) Torres-Saillant identifica su actividad crítica en el contexto insular dominicano con una cualidad de extranjería análoga a la teorizada por Kristeva. De hecho, al comentar sobre la recepción de sus escritos en la República Dominicana, Torres-Saillant se autolegitima precisamente como voz 'advenediza': "Yo hablaba desde la orilla, desde el margen intelectual, desde el predio de la otredad a la que la clase media criolla relega a los que han tenido que emigrar." (Ibídem: 395) Con premisas semejantes elaboradas a lo largo de *El retorno de las yolas*, Torres-Saillant reitera esa separación radical entre los protectores del orden del archivo y el espacio periférico de la intelectualidad diaspórica a la hora de definir lo nacional:

> Quizás en la diáspora haya más elementos de juicio para detectar de inmediato el elemento suicida de la visión negrofóbica y genocida de la dominicanidad. De ahí, pues, la ruptura epistemológica de los dominicanos en el exterior con respecto al discurso definitorio de la nación generado por el trujillismo. (Ibídem: 87)

Torres-Saillant le adjudica a la intelectualidad diaspórica la tarea de afianzar esa ruptura epistemológica con el discurso cultural dominante en la isla. Comienza por desmantelar la supuesta homogeneidad del cuerpo político-cultural de la nación, sosteniendo que históricamente el debate sobre la dominicanidad ha adolecido de ribetes metafísicos cuyo resultado obligado ha sido el formular lo nacional dominicano desde una perspectiva esencialista:

> La discusión sobre la dominicanidad efectuada en el país hasta ahora se ha circunscrito al ámbito ontológico. En interés de señalar los elementos constitutivos de la nacionalidad, ese énfasis ha encaminado la pesquisa por predios primordialmente metafísicos. Se ha procurado identificar las bases de nuestra unicidad como pueblo y aislar los patrones que nos distinguen de los demás. De esa manera se ha pretendido arribar a la esencia que describe el espíritu de la nación. Debido a ese tipo de formulación, se han erigido parámetros conceptuales que arrastran la conversación a la polaridad de los unos contra los otros. Los unos, abanderados de la teoría trujillista de la historia y la cultura, configuran la nacionalidad a partir de protocolos de exclusión. Los otros, vinculados a una *intelligentsia* de raigambre izquierdista, se afanan por desmitificar las definiciones del sector dominante. (Ibídem: 37)

En resumen, la propuesta de Torres-Saillant va dirigida a la posibilidad de una cultura democrática en la cual los individuos puedan ejercer su condición de ciudadanos sin la coerción de un aparato estatal de poderes omnímodos sobre los sujetos que cobija políticamente. Ahora bien, su actividad crítica, a pesar de provocar esa necesaria revisión de lo nacional dominicano, no logra deshacerse del todo del aparato conceptual de ese mismo nacionalismo que critica. Me refiero con esto a que su labor de desenmascaramiento de las taras del proyecto identitario nacionalista se mantiene indefectiblemente atada a la retórica de la recuperación de una dominicanidad esencial. Véase por ejemplo la siguiente cita mencionada antes en el capítulo, en la cual Torres-Saillant reconoce su deuda con cierto sector de la intelectualidad postrujillista, a la vez que reafirma la necesidad de una visión "auténtica" de la identidad dominicana:

> Poseemos un cuerpo de conocimientos forjado por historiadores, sociólogos, antropólogos y literatos de avanzada con base para inaugurar una visión democrática, nativizada, *auténtica* de la dominicanidad. (Ibídem: 338; énfasis añadido).

Un ejemplo más claro de esta tendencia a enfatizar la existencia de una identidad nacional definida surge más adelante, cuando el autor cita, muy significativamente, a Juan Pablo Duarte, el ideólogo principal de la independencia dominicana en 1844. Torres-Saillant invoca las palabras de Duarte al hablar de la urgencia de auspiciar "un estado de derecho que posibilite la integración popular y plural del 'pueblo dominicano como es en realidad'" (Ibídem: 345). Salta a la vista la contundencia de esta última frase que el autor toma prestada al patricio decimonónico: "el pueblo dominicano como es en realidad." La frase de Duarte ahora trasladada al discurso de Torres-Saillant pone de relieve la materialidad de una esencia, una manera de ser que es preciso desentrañar porque está presente, aunque de forma velada. Curiosamente, esa misma 'dominicanidad auténtica' es la que se va a definir de acuerdo a parámetros contrarios a toda idea de homogeneidad, como se ve en las siguientes afirmaciones del autor al recapitular su proyecto:

> La meta por lograr en los años venideros ha de ser ayudar al pueblo dominicano a reconocerse en la *genuina complejidad de su ser*. Los ciudadanos futuros deberán ser capaces de verse y amarse en su herencia africana y multirracial, en las variadas manifestaciones de su espiritualidad, en su pluralidad genérica, en su completa sexualidad, en su criollidad lingüística, en la naturaleza sincrética de su formación étnica. Con la realización de esa meta se podrá salvaguardar la salud mental y el autorrespeto de la población. (Ibídem: 324; énfasis añadido)

Es patente que para Torres-Saillant existe una dominicanidad verdadera o "genuina" que es posible aprehender justamente reconociendo la calidad heterogénea de los elementos que la conforman, eso que en otro de sus escritos denomina "la imagen *verídica* de la dominicanidad". (Ibídem: 91; énfasis añadido) Sin embargo, el problema de su razonamiento es que, al tratar de alejarse de la dimensión ontológica del discurso sobre lo nacional que le precede, Torres-Saillant pasa a describir una dominicanidad caracterizada por una especie de metafísica de la inmanencia:

> Lo que define los contornos de la identidad nacional de un pueblo es lo vivido; es decir, la experiencia histórica compartida. El haber vivido un conjunto de circunstancias como grupo humano es lo que trae como resultado que se forje un espíritu nacional. No es una lengua ni una raza ni una misión divina, como podrían suponer ciertos herederos de alguna tradición del idealismo alemán. (Ibídem: 115)

Se puede afirmar a partir de estas evidencias que el paradigma de acción democrática preconizado por Torres-Saillant, si bien logra desmantelar la teoría de la dominicanidad defendida por la intelectualidad nacionalista, no consigue hacer desaparecer del todo el efecto interpelador de dicha ideología. Al aseverar la existencia de una dominicanidad real llamada a suplantar la visión falsa de la misma enarbolada desde el poder político, indirectamente repite el mismo esquema simbólico que se propone enmendar con su actividad crítica. Dicho en otros términos, dentro del proyecto de construcción de una cultura democrática propuesto por Torres-Saillant, la dominicanidad funciona como una matriz que confiere estructura y concreción a los individuos, toda vez que delimita los contornos de una identidad cultural a la que, por la fijeza con que es enunciada, es posible interpretar como homogénea.

En conclusión, el hecho de que tanto Torres-Saillant como José Luis González no puedan escapar del léxico propio del nacionalismo cultural que procuran desarmar es sumamente significativo. Una pregunta persiste: ¿es posible considerar un asedio teórico a la cuestión de lo cultural cuyo método no repita los errores de la tecnología epistemológica que ha institucionalizado la identidad cultural en Puerto Rico y República Dominicana hasta hoy día? Sigue faltando un instrumento crítico adecuado a tales fines. Un primer paso hacia esa nueva manera de concebir lo dominicano y lo puertorriqueño podría consistir en hacer uso de esa particular realidad geopolítica del exilio para interpretar la nacionalidad desde una perspectiva más desterritorializada, esto es, una distancia crítica tal que permita una exégesis del imaginario nacional menos dependiente de imperativos genealógicos. Puede que a partir de ese necesario distanciamiento se pueda teorizar una puertorriqueñidad o dominicanidad en la cual la geografía no sea nada más que lo que 'es en realidad': una grácil contingencia.

NOTAS

1. En Cuba, por su parte, la figura más representativa de esta corriente de pensamiento sería Jorge Mañach.
2. Los discursos políticos de Peña Batlle esbozan ideas que el autor luego desarrolla ampliamente en dos voluminosas obras históricas: *Historia de la cuestión fronteriza dominico-haitiana* (1946) y *La rebelión del Bahoruco* (1948).

BIBLIOGRAFÍA

Benítez Rojo, Antonio
1989   *La isla que se repite: el Caribe y la perspectiva posmoderna*. Hanover, NH: Ediciones del Norte.
Díaz Quiñones, Arcadio
1976   *Conversación con José Luis González*. San Juan, Puerto Rico: Huracán.
2000   'José Luis González, la luz de la memoria.' En: *El arte de bregar*. San Juan, Puerto Rico: Ediciones Callejón. 182-191.
Flores, Juan
1997   'El Puerto Rico de José Luis González.' En: *La venganza de Cortijo y otros ensayos*. San Juan, Puerto Rico: Huracán. 47-68.
González, José Luis
1980   *El país de cuatro pisos y otros ensayos*. Río Piedras, Puerto Rico: Huracán.
Habermas, Jürgen
1999   *La inclusión del otro: estudios de teoría política*. Trad. Juan Carlos Velasco y Gerard Vilar. Barcelona: Paidós.
Henríquez Ureña, Max
1930   *El retorno de los galeones (bocetos hispánicos)*. Madrid: Editoral Renacimiento.
Kristeva, Julia
1991   *Strangers to Ourselves*. Traductor Leon S. Roudiez. Nueva York: Columbia.
Torres-Saillant, Silvio
1999   *El retorno de las yolas. Ensayos sobre diáspora, democracia y dominicanidad*. Santo Domingo: La Trinitaria.
Pedreira, Antonio S.
1973   *Insularismo*. San Juan: Cultural.
Peña Batlle, Manuel Arturo
1946   *Historia de la cuestión fronteriza dominico-haitiana*. Ciudad Trujillo: Impresora Dominicana.
1948   *La rebelión del Bahoruco*. Ciudad Trujillo: Impresora Dominicana.
1954   *Política de Trujillo*. Ciudad Trujillo: Impresora Dominicana.
Zenón Cruz, Isabelo
1975   *Narciso descubre su trasero: el negro en la cultura puertorriqueña*. Humacao (Puerto Rico): Furidi, 1975.

Brigitte Adriaensen
Radboud Universiteit Nijmegen

CARAJICOMEDIA DE JUAN GOYTISOLO: ENTRE LA RISA ABIERTA Y LA IRONÍA SOTERRADA[1]

En sus trabajos sobre la obra de Juan Goytisolo, la crítica maneja con frecuencia el término de 'ironía'. La importancia de la ironía en la obra de Goytisolo se ha admitido sobre todo en relación con el Tríptico del mal[2], *una trilogía publicada por el autor entre 1966 y 1975, y respecto de las novelas que han aparecido inmediatamente después (*Makbara *(1980),* Paisajes después de la batalla *(1982)). Así, los críticos han analizado el tratamiento irónico del discurso del nacional-catolicismo en* Don Julián *(Epps 1996)[3], la revisión irónica del realismo crítico en* Juan sin tierra *(Ambrozio 1987), y los juegos metaficcionales de tipo irónico en* Paisajes después de la batalla *(Pérez 1987). Sin embargo, se observa luego una evolución hacia un desinterés paulatino por la problemática de la ironía, que se debe en gran parte al énfasis en la influencia de la mística, de la espiritualidad y de la muerte en las novelas 'de madurez'.[4] El presente trabajo quiere demostrar que la ironía sigue cumpliendo un papel esencial en una novela tardía del autor, titulada* Carajicomedia, de Fray Bugeo Montesino y otros pájaros de vario plumaje y pluma *(2000). Si bien es cierto que resulta llamativa la presencia de la burla, de la risa y de lo grotesco en el texto, se quiere argumentar a continuación que eso no impide que la ironía forme la estructura profunda del texto. Dicha ironía permite cuestionar sutilmente el autorretrato grotesco de Juan Goytisolo, igual que las muchas polémicas sobre la representación del árabe o de la homosexualidad en la obra del autor.*

A primera vista, Carajicomedia, de Fray Bugeo Montesino y otros pájaros de vario plumaje y pluma se caracteriza por una vuelta hacia la sátira, la burla y la risa, conllevando una intención abiertamente crítica. En el siguiente comentario, el narrador del primer capítulo describe el proyecto literario de un cierto Juan que vive en la Rue Poissonière, exponiendo claramente el propósito de Carajicomedia:

> Preparaba –o perpetraba– al parecer una novela –que el propio autor calificaba de armatoste, mamotreto o artefacto–, cuya realización le exigía muchas lecturas y años de trabajo. Una historia de la sexualidad a la luz de la doctrina católica por medio de un viaje por la lengua castellana desde la Edad Media hasta hoy. Quería transcribir sus experien-

153

cias de ligón en el lenguaje eclesiástico, incluido el del autor del *Kempis* moderno, a fin de parodiarlo desde dentro y poner su hipocresía al desnudo: lo que, contagiado tal vez por sus lecturas telquelianas, llamaba 'libido textual'. (Goytisolo 2000: 20)

Con el propósito paródico, el narrador denomina pues el procedimiento que permite "poner al desnudo" la hipocresía del lenguaje eclesiástico, y sobre todo la del "autor del *Kempis* moderno". Con esta fórmula, se alude a uno de los intertextos principales de *Carajicomedia*: *Camino* (1939) de Escrivá de Balaguer, fundador del Opus Dei.[5] Si bien el empleo de un lenguaje alusivo en la novela –en ningún momento se menciona explícitamente ni el título de *Camino*, ni tampoco el nombre de su autor– podría llevarnos a calificar esa parodia de irónica, es cierto también que dichas alusiones indirectas al blanco (el Opus Dei) de la parodia son tan obvias que resulta más adecuado hablar aquí de una burla o de una sátira.[6]

La hipocresía del lenguaje opusdeístico es pues el blanco principal de la novela, hipocresía subrayada además por la reescritura de otro intertexto principal en la novela: la *Carajicomedia* procedente del *Cancionero de burlas provocantes a la risa* (1519). En este texto poco conocido y recuperado por Goytisolo, la burla atañe asimismo a la hipocresía del clero y a su relación ambigua con el sexo, sin conllevar por lo tanto la dimensión homoerótica presente en el texto goytisoliano.

La cita anterior refleja también el carácter autobiográfico de la novela: no por casualidad el nombre tanto como el domicilio del autor coinciden con los de Juan Goytisolo.[7] Además, se añade que el autor de la novela quería describir sus "experiencias de ligón", lo cual es una referencia obvia a las aventuras homosexuales relatadas por Goytisolo en su segundo libro autobiográfico, *En los reinos de taifa* (1986). La alusión a la "libido textual" en el pasaje citado es un guiño irónico a la importancia de la (homo)sexualidad en ella, intensificada por la lectura en clave homosexual de *Camino*.[8] Por otro lado, esta expresión recuerda la influencia que tuvieron los ensayos de Barthes y de Severo Sarduy sobre la dimensión placentera y erótica de la escritura en la poética de Goytisolo.[9]

El presente trabajo no analizará en detalle dicha burla de la iglesia y de su concepción de la sexualidad, tal como se traduce en la parodia de *Camino*, ni tampoco la intertextualidad que existe entre la novela de Goytisolo y la *Carajicomedia* del siglo XVI. Más bien, quisiera mostrar la relación compleja que surge por la presencia simultánea de una ironía metaficcional y la auto-ironía en la novela. Conviene recordar primero que no siempre es fácil establecer un límite tajante entre la metaficción y la ironía metaficcional. Si la auto-reflexividad incluye un distanciamiento crítico con respecto a ciertas normas estéticas, en particular frente al principio mimético, no siempre es fácil determinar cuándo este distanciamiento es irónico y cuándo no lo es. El criterio para establecer la distinción consiste sin duda en el carácter implícito y lúdico de la ironía.

Desde los primeros capítulos de *Carajicomedia*, las conversaciones entre el narrador Jaime Gil de Biedma y el Père de Trennes, un cura estrafalario del Opus Dei, permiten incluir comentarios sobre la novela que estamos leyendo. Así, el narrador y el Père evalúan el nuevo proyecto de su común amigo "Juan", quien según las palabras del Père está "cada vez más encerrado en sí mismo y en su escritura laberíntica", por lo cual los demás deben sufrir sus "altibajos de humor". (Goytisolo 2000: 20) Aparte de este tipo de alusiones auto-irónicas a la personalidad de "Juan", se resume en varias ocasiones el propósito de su nuevo proyecto novelesco, como en el pasaje siguiente que se abre con una pregunta del narrador:

> "¿Es autobiografía o novela? ¿Hay un argumento, episodios, personajes reales?"
> El argumento es lo de menos, argüía de prestado el *père de Trennes*. Lo que nuestro común amigo pretende es disponer el oído a la escucha de las voces del pasado para apropiarse de ellas y convertirse en dueño y señor de su escritura, olvidándose de quienes bregan por serlo de la literatura y la vida literaria. La vitalidad de un artista se mediría así por su aptitud para asimilarse las distintas corrientes literarias de la tradición en la que se inscribe al servicio de un proyecto original, vasto y ambicioso [...]. El *père de Trennes* dudaba no obstante de la viabilidad de la empresa, y yo también. Puestos a elegir entre Forster y Bajtín, me quedo con Forster y sus razonables preceptos y pautas. Pero aguardaba la ocasión de discutir de ello con Juan. (Ibídem: 21; itálica del original)

La definición de la nueva empresa literaria de ese "Juan" (ibídem: 20) recuerda en muchos aspectos algunos ensayos de Juan Goytisolo. Son conocidos tanto su oposición al mercantilismo de los escritores, designados en otra ocasión por Günter Grass como "palomos amaestrados" dispuestos a servir el mercado editorial[10], como su rechazo de la estética à la Forster. El modelo de Goytisolo lo constituye la novela cervantina, sinónimo de la revitalización, libertad creadora, inventiva lingüística, y parodia de los géneros caídos en desuso. Al adoptar estos mismos principios, la novela cervantina de hoy en día ya no se puede definir en oposición a un género como la novela pastoril o caballeresca, sino que tiene que buscar su equivalente actual. Según Goytisolo, el código literario que ahora se presta mejor a la parodia, es la estética realista, cuyo apego a un lenguaje acartonado y cuya escasa experimentación con las posibilidades del género novelesco son fustigados con frecuencia.

No obstante, la ironía del pasaje no se produce por la formulación de este proyecto novelesco en sí, sino por el distanciamiento de los personajes con respecto a él. El Père de Trennes se va a constituir a través de toda la novela como el doble pero también antagonista de su "discípulo barcelonés" (ibídem: 26), J.G., o simplemente Juan. Pero sus dudas acerca de la viabilidad del proyecto son secundarias, puesto que el lector se da cuenta muy pronto de que su inconformidad no trasciende mucho en el resultado final. Además, la inconsistencia tanto del Père como del narrador (identificable como Jaime Gil de Biedma) se pone de relieve cuando, algunos párrafos más adelante, el Père de Trennes anuncia de repente que ha abandonado su identidad anterior para convertirse en Fray Bugeo, el autor ficticio[11] de la *Carajicomedia* del siglo XVI. Sobre este cambio repentino, afirma luego el narrador: "Los anacronismos del ex-*père de Trennes* y bisoño Fray Bugeo me encantaban. ¿Se había arrimado por fin, como yo aconsejaba a Juan, a la tradición literaria inglesa de Sterne y Swift?" (Goytisolo 2000: 21-22; itálica del original) El narrador (Gil de Biedma) da aquí un giro radical en comparación con su planteamiento anterior: su entusiasmo por la tradición literaria de Sterne (los anacronismos) y Swift (la sátira), es incompatible con su interés por Forster, demostrado en el pasaje extenso citado anteriormente.

Este tipo de rupturas de la ilusión mimética en el texto son continuas: el narrador con frecuencia se dirige directamente al lector ("cruel lector", ibídem: 22), o introduce comentarios sobre el propio texto. Así, el narrador del capítulo 9, 'En el café de los pájaros', elude un esfuerzo de descripción que él considera inútil en la siguiente frase: "Estaban sentados frente a frente en los sillones del tresillo ya descrito." (Ibídem: 197) Pero hay que darse cuenta que este tresillo no fue descrito en este mismo capítulo, sino en una de las primeras páginas de la novela (ibídem: 13), por lo cual el esfuerzo que debe hacer el lector para localizarla es considerable y se establece un contraste irónico con la pereza del narrador. Otro pasaje ilustrativo figura al final del cuarto capítulo, 'El manuscrito II: las secretas moradas', cuando el "editor" (ibídem: 95) interrumpe bruscamente el relato para añadir la nota siguiente:

> *¿Cómo se escribe un grito?, se preguntaba el autor del relato de la señora Lozana. No halló la respuesta o, si dio con ella, no la transcribió: nos dejó in albis. Pero el grito sonó y resonó: fue grabado. Su fuerza interrumpió la redacción del manuscrito que el lector trae entre manos. En una conversación con el abate Marchena, incluida en el capítulo quinto de este libro, Fray Bugeo identifica con malicia a su autor.* (Ibídem: 94-95; itálica del original)

De nuevo se observa una ruptura de la ilusión mimética mediante una referencia a la materialidad de la escritura ("el manuscrito que el lector trae entre manos"). Además, se vuelve a exhibir también la estructura misma del texto: el editor conoce el desarrollo ulterior de la novela, y adopta una actitud superior con respecto a Fray Bugeo (la reencarnación pues del Père de Trennes) al evaluar su intervención en el texto ("con malicia"). En la primera frase de la cita, llama la atención la alusión al "autor del relato de la señora Lozana", con quien se designa no sólo a Francisco Delicado, el autor del *Retrato de la lozana andaluza* (1528) sino indirectamente también al propio Fray Bugeo, el narrador en primera persona de este capítulo. En este contexto, cabe recordar que la *Lozana* es considerada por el propio Goytisolo como uno de los primeros libros que integran una reflexión metaficcional sobre el estatuto del autor, y que la misma obra inspiró a Cervantes en su juego de desautorización en el *Quijote*. Es preciso detenerse pues en el significado de la frase en cuestión: el grito no pudo ser transcrito, a pesar de las reflexiones del autor del *Retrato* (en principio, Delicado), pero sí pudo ser grabado. A través de esta alusión implícita al 'presente eterno' que caracteriza el proceso de la intertextualidad[12], el texto se burla del principio de verosimilitud convirtiéndose en un espacio atemporal en el que convergen el autor medieval de la Lozana y los métodos de la grabación sonora.

Al mencionar la malicia de Fray Bugeo con respecto a la identificación posterior del autor del grito, el editor refiere a la rivalidad permanente entre el fraile y su 'alter ego', el discípulo barcelonés o 'Juan Goytisolo'. De hecho, la última frase de la narración interrumpida ya insinúa quién es el desprestigiado autor del grito: "Podría referir incontables episodios ejemplares de sus sermones públicos y actos devotos y contemplativos de no haber metido el San Juan de Barbès su larga nariz en el tema y, con la desfachatez que le caracteriza..." (Goytisolo 2000: 94) Para entender esta enemistad entre Fray Bugeo y San Juan de Barbès conviene situarla en su contexto. En el tercer capítulo, 'Introito a destiempo', Fray Bugeo comenta sus impresiones sobre sus salidas nocturnas con Gil de Biedma y compañía en el primer capítulo (ibídem: 14-17), cuando todavía era el Père de Trennes. El narrador es ahora Fray Bugeo mismo:

> El poeta [Jaime Gil de Biedma], tras comprobar mi sequedad y desarrimo al laboreo de las zonas en que él acendraba sus naturales dones de santo, me aconsejó que siguiera el ejemplo de su colega escritor Juan Goytisolo, cuya predicación con el ejemplo le había enhestado, según el rumor público, a las cimas de la perfección. Aunque luego lamenté su fisgoneo y tendencia a apropiarse a libro abierto de algunos capítulos de mi dietario, aprendí mucho de los dichos y hechos de su misión. Él me guió a las capillas en donde encontré a mis catecúmenos más fervientes y creo que merece ser proclamado, como propuso Severo Sarduy a petición de las Hermanas del Perpetuo Socorro, San Juan de Barbès-Rochechouart. (Ibídem: 71-72)

Fray Bugeo explica aquí cómo empezó a seguir el ejemplo de Juan Goytisolo, cuyo nombre de santo le fue efectivamente otorgado por Severo Sarduy.[13]

Cabe fijarse en esta crítica del narrador respecto del fisgoneo de su colega. Con "mi dietario", Fray Bugeo se refiere a la *Carajicomedia* original. La denuncia de Fray Bugeo acerca de la apropiación indebida que efectúa Juan Goytisolo de su dietario es un ejemplo excelente de la ironía metaficcional. Supuestamente, el autor de los dos manuscritos dedicados a las experiencias santas son de la mano de Fray Bugeo/el Père de Trennes. Estos mismos manuscritos mantienen una relación intertextual predilecta con dos textos. Primero, con la *Carajicomedia* original de Fray Bugeo, que en este sentido se estaría reescribiendo a sí mismo. Segundo, con el último tomo de la autobiografía de Juan Goytisolo, a la cual alude en varias ocasiones. De hecho, Fray Bugeo afirma haber compartido varios "santos" con Juan Goytisolo y se refiere a *En los reinos de taifa* para que el lector compruebe que algunos personajes son los mismos. Con respecto a "Mohamed" (ibídem: 27), por ejemplo, Fray Bugeo dice lo siguiente: "Le conocí en Barbès en abril de 1963: es el personaje descrito en el capítulo V de *En los reinos de taifa*, obra de mi amigo y discípulo barcelonés, padrastro y no padre de su autobiografía novelada, compuesta con retazos de mis diarios y glosas a pie de página." (Ibídem: 27)

Está claro que entre Fray Bugeo y su "amigo" se establece una rivalidad cada vez mayor. El primero expresa su irritación cuando apunta que en su visita a la alhama se había topado con el "inevitable San Juan de Barbès-

Rochechouart" (Goytisolo 2000: 64). También la frase citada sobre la desfachatez de San Juan quien mete "su larga nariz" en asuntos ajenos subraya esta rivalidad. Al final de la conversación con el abate Marchena en el capítulo 7, el Père de Trennes vuelve a identificar al autor del grito: "Además, el San Juan de Barbès no podía aguantar que yo, su discípulo, le aventajara en su propio terreno. Pegó un grito y tuve que suspender la narración." (Ibídem: 173) Dicho de otra manera, "San Juan de Bargés", alias Juan Goytisolo se puso celoso por el éxito que tenía su doble ficticio el Père de Trennes/Fray Bugeo entre sus propios santos y suspendió el segundo manuscrito por medio de un grito. Hacia el final de la novela, en los capítulos 9 y 10, el narrador es aquel San Juan de Barbès y muestra a las claras su irritación ante la persecución que sufre por parte de su "doble" (ibídem: 196), sobre quien se pregunta si no se trata de "un retrato grotesco y cruel de mí mismo". (Ibídem: 198) Con el objetivo de "aclarar de una vez para siempre quién había copiado a quién, quién era el aprovechón, quién el plagiado", el barcelonés decide finalmente invitar a Fray Bugeo a resolver la cuestión con él ante sus amigos, propuesta que desemboca finalmente en otro debate televisivo en el que San Juan – repitiendo la experiencia del narrador en *La saga de los Marx*– deja una pésima impresión. En resumen, se observa un desdoblamiento bastante grotesco del autor[14], que se extiende en una fragmentación múltiple con unos límites borrosos.

Después de comentar esa ironía metaficcional, relativa a las normas estéticas mismas, conviene examinar en detalle la representación auto(r)-irónica del autor maurófilo "San Juan de Barbés". En una entrevista con Rosa Mora, Goytisolo afirmó que quiso parodiar *Camino* de Balaguer en *Carajicomedia*, "y al mismo tiempo convertirla en una autobiografía paródica". (Ibídem: 8) Para el análisis de la auto-ironía en esta novela, es preciso recordar primero el argumento que Alison Ribeiro de Menezes elabora al respecto en su artículo 'The Mystical and the Burlesque: The Portrayal of Homosexuality' (2002). Desde su punto de vista, *Carajicomedia* de Goytisolo reúne dos tendencias diferentes. Por un lado, incluye un regreso hacia la estética de oposición que estaba al origen de las novelas de la trilogía, esta vez mediante la parodia de *Camino* de Balaguer. Por otro lado, dicha estética de oposición es matizada por una estética de la ambigüedad, dado que Goytisolo no sólo subraya la soterrada dimensión sexual en *Camino*, sino que recurre también al lenguaje místico para hablar de la sexualidad. En este sentido, *Carajicomedia* se inscribe en la misma línea que *Virtudes del pájaro solitario* (1988), en la que se exploraban los límites de la ambigüedad en el discurso místico. Ribeiro de Menezes indica al respecto que la palabra "pájaro" que figura en el título completo, *Carajicomedia de Fray Bugeo Montesino y otros pájaros de vario plumaje y pluma*, ya se utilizaba en su doble significado en *Las virtudes del pájaro solitario*. De hecho, el término 'pájaro' es masculino desde un punto de vista gramatical, pero femenino según la concepción mística de un poeta como San Juan de la Cruz, al referir al 'alma', a la 'novia' en busca de Dios. Esto muestra que el concepto de género ya no se concibe desde una perspectiva binaria, de oposición, sino que se insiste en su carácter ambiguo. Es cierto que en *Carajicomedia* los santos del escritor no incluyen exclusivamente a gayanes que corresponden a la concepción viril y soterrada de la sexualidad en *Camino*, sino también a pájaros como las "Hermanas del Perpetuo Socorro" (Goytisolo 2000: 77; una referencia a Auxilio y Socorro de Sarduy) o al travestido "M.P.". (Ibídem: 108; una alusión a Manuel Puig) En este sentido, la noción de género en *Carajicomedia* es mucho más amplia que en *Don Julián*, por ejemplo.

Ribeiro apunta asimismo a la importancia de la intertextualidad con el segundo tomo autobiográfico de Goytisolo, *En los reinos de taifa* (1986):

> Goytisolo's latest novel is thus a re-evaluation of his previous textual/sexual practice and an illustration, from a personal perspective, of discourse simultaneously as power and as resistance. It is also, as the autobiographical intertext demonstrates, a reflection on the textual presentation of homosexuality. Two discursive strategies achieve this: the use of a polyvalent discourse which contains both repression and resistance, as outlined above; and a form of autobiographical intertextuality which allows for an element of self-questioning. (Ribeiro 2002: 110)
> [La última novela de Goytisolo es pues una re-evaluación de su práctica textual/sexual anterior y una ilustración, desde una perspectiva personal, del discurso a la vez como poder y como resistencia. Al mismo tiempo es también –como lo demuestra el intertexto autobiográfico– una reflexión sobre la presentación textual de la homosexualidad. Dos estrategias discursivas llevan a ello: el uso de un discurso polivalente conteniendo tanto la represión como la resistencia, tal como se destacó anteriormente; además de una forma de intertextualidad autobiográfica que da lugar también a un elemento de auto-cuestionamiento.]

Con la referencia al empleo de un discurso polivalente que combina el poder y la resistencia dentro de la novela, Ribeiro de Menezes se refiere a la debilitación de la estética de la oposición (la parodia de *Camino*) a favor de la estética de la ambigüedad (su entretejimiento con un lenguaje místico). Sin embargo, no hay motivo por el cual suponer que en *Carajicomedia* Goytisolo cuestiona su propia representación de la homosexualidad (según la estética de la oposición) en sus autobiografías, dejando intacta su exploración del lenguaje místico (según la estética de la ambigüedad). Dicha interpretación es sintomática de la tendencia de otros críticos (como Escudero 1994) a subrayar la dimensión mística en la obra tardía de Goytisolo. Al contrario, la omnipresencia de una auto-ironía en la novela –poco entrevista por estos mismos críticos[15]– lleva precisamente a un cuestionamiento de ambas estéticas.

Esto lo afirma también Ribeiro de Menezes –aunque de modo indirecto– cuando advierte que Goytisolo pone en práctica cierto "humour against himself". (Ibídem: 111) [humor contra sí mismo] Esta auto-ironía –antes que "humor"– se instaura básicamente mediante la relación intertextual entre *Carajicomedia* y el segundo tomo autobiográfico del autor. No hay que ser ningún "attentive reader" [lector atento] (ibídem: 110) para darse cuenta de dicha intertextualidad: aparte de las múltiples pistas implícitas, el narrador de 'Mis santos y sus obras' (el fray Bugeo alias Père de Trennes) menciona incluso literalmente el título de *En los reinos de taifa* para indicar que la descripción de un amante suyo está inspirada en aquel libro autobiográfico de

1986. Más en particular, se observan coincidencias en los episodios sobre Mohamed, Buselham y Lajdar. El elemento más importante es que se trata de tres casos en los que el encuentro sexual resulta especialmente violento. La relación sexual que mantiene fray Bugeo con estos 'santos', algunos –como Buselham– sujetos "a ramalazos incontrolables de violencia" (Goytisolo 2000: 31), reproduce por lo tanto el deseo hipermasculino, la insistencia en la virilidad, la violencia, y la tendencia al sadomasoquismo.

En su análisis de esta intertextualidad, Ribeiro de Menezes indica que la descripción de los santos no puede sino recordar la crítica de Epps y Smith acerca de la representación problemática de la homosexualidad en la prosa de Goytisolo. (Ribeiro 2002: 111) Sus reparos fueron principalmente dos. Primero, su idealización del físico del hombre magrebí implicaba una perspectiva orientalista poco aceptable en estos tiempos poscoloniales. Crítica tanto más justificable si se tiene en cuenta el interés de Goytisolo por la teoría poscolonial y su conocimiento de la obra de críticos como Edward Said, Hichem Djaït y otros. En segundo lugar, se le reprochaba a Goytisolo su concepción violenta de la sexualidad: no sólo Paul Julian Smith, sino también Brad Epps se ha distanciado de la representación parcial que hace Goytisolo de la homosexualidad. Sólo caben en su mundo los machos fuertes, viriles, el sexo duro y violento, y se percibe una tendencia a burlarse de los gays más afeminados.

Según Ribeiro de Menezes, Goytisolo acaba por distanciarse en *Carajicomedia* de su propia representación de la homosexualidad tal como figuraba en esta autobiografía. A este respecto, Ribeiro observa por un lado que "[i]n Goytisolo's favour one might note that he admits to this sado-masochistic view of pleasure". (Ibídem) [a favor de Goytisolo se podría notar que él reconoce esta perspectiva sado-masoquista del placer] Este comentario ilustra la tendencia entre los goytisolianistas a centrar la discusión literaria en unos argumentos a favor o en contra de la actitud personal o (in)moral del autor. Pero también añade Ribeiro que *Carajicomedia* cuestiona "the initial depiction of homosexual sex as violent and as an exchange between sexual and intellectual domination". (Ibídem) [la presentación inicial del sexo homosexual como violento y como un intercambio entre dominación sexual e intelectual] El uso de términos místicos para describir a sus santos, contribuye desde el punto de vista de Ribeiro a relativizar la violencia semiótica presente en el discurso autobiográfico. Es así como ella llega a la conclusión siguiente:

> The discursive instability thus established suggests that Goytisolo aims to move beyond an oppositional aesthetic, setting up a series of intertextual echoes which hover between the parodic and the ecstatic, the burlesque and the mystical, without either of them achieving total dominance. (Ibídem: 112)
> [La inestabilidad discursiva así establecida sugiere que Goytisolo se propone ir más allá de la estética de oposición, estableciendo una serie de ecos intertextuales que planean entre lo paródico y lo extático, lo burlesco y lo místico, sin que ninguno de ellos adquiera el dominio total.]

Sin embargo, la adopción del lenguaje místico en ningún momento adquiere una dimensión seria en la novela, ni va en contra de su dimensión burlesca.

De hecho, la novela no planea –como sostiene Ribeiro– entre la parodia y el éxtasis, ni entre lo burlesco y lo místico, sino que la adopción del discurso místico refuerza la burla y la ironía, y les es claramente subordinado. Ni siquiera cabe descartar que la integración del lenguaje místico forme una faceta más de la auto-ironía del autor, que no sólo ridiculizaría así su propia predilección por el sexo violento con árabes, expuesta en *En los reinos de taifa*, sino también la tendencia hacia el misticismo desarrollada en *Virtudes del pájaro solitario* o *La cuarentena*. De todos modos, el lenguaje místico utilizado en *Carajicomedia* es ante todo una jerga que en ningún caso tiene el mismo alcance poético que en aquellas novelas anteriores. Por eso mismo tal vez sea más acertado decir que no se parodia tanto la dimensión poética de la mística tal como figura en la obra anterior del propio autor, como el misticismo bastante más tosco del propio Escrivá de Balaguer.

La auto-ironía no implica pues necesariamente un 'mea culpa' retrospectivo tal como sugiere Ribeiro. De hecho, no se puede perder de vista la función suspensiva de la ironía: 'Mis santos y sus obras' y 'Las secretas moradas' se pueden leer como un desafío abierto planteado por Goytisolo a la crítica que le ha reprochado la representación hipermasculina de la homosexualidad, y su idealización problemática del Oriente. La manera provocadora en la que Goytisolo vuelve a repetir estos estereotipos, mediante un diario semi-autobiográfico, sugiere a primera vista que son los críticos los que constituyen el blanco privilegiado de la ironía. La dimensión auto(r-re)afirmativa de la auto(r)-ironía prevalece aquí por lo tanto a su dimensión auto-crítica.

Esta impresión queda confirmada en el capítulo ocho, 'Consejos y varapalos al Père de Trennes'. En el primer apartado, el Père de Trennes se deja aconsejar por la "autorizada opinión del Maurólogo, del Santo de Barbès". (Goytisolo 2000: 179) Éste empieza a imitar el discurso de un "profesor de Oxford", sin duda una referencia a Paul Julian Smith[16], que le pide cuentas sobre la representación de la homosexualidad en sus novelas:

> Su representación de la homosexualidad me parece cuando menos equívoca: adolece de pasividad y masoquismo, raya en la complicidad con los poderes de dominación ancestrales. Como su amigo Genet, ensalza poéticamente a los matones del hampa y guardaespaldas rudos. Es usted, o dice ser, un demócrata convencido, pero su obra literaria se alimenta de la contradicción y ambivalencia. Sus personajes carecen de la conciencia y del orgullo del militante de hoy, no transmiten al lector gay opciones políticas radicales ni le incitan a defender sus derechos: matrimonio, ley de parejas, ingreso en el ejército... En suma, dispara pólvora en salvas pues presenta la alienación de forma irremediablemente alienada. (Ibídem: 178-179)

El pastiche del discurso de la 'queer theory' se observa primero en el estilo académico: el uso de términos típicos de la crítica literaria ("equívoco", "ambivalencia"), el uso de un registro escrito elevado ("adolece de", "se alimenta de"), y en particular la afición a las construcciones retorcidas, con una predilección por la acumulación de adverbios ("presenta la alienación de forma irremediablemente alienada"). Además, Goytisolo se vuelve a burlar de la exigencia de una lucha activa a favor de los derechos de los 'gays' en sus novelas.[17] En particular, el derecho a ingresar en el ejército resulta totalmente incompatible con el anti-militarismo de Goytisolo. La ironía suprema de este párrafo consiste en que es San Juan el que le está aconsejando aquí al Père de Trennes, es decir, después de tantas críticas Goytisolo sugiere irónicamente que su propia opinión sobre estos asuntos de la crítica es la más 'autorizada'.

En suma, la perspectiva auto(r)-irónica en *Carajicomedia* sobre la homosexualidad ilustra la dificultad de fijar la interpretación de la ironía[18], reforzada por el carácter poco fidedigno de los narradores.[19] La insistencia de Linda Hutcheon sobre el carácter transideológico de la ironía resulta aquí especialmente pertinente: la ironía puede servir fines ideológicos muy diferentes, dependiendo de la interpretación que le dé el destinatario/el lector. Si Alison Ribeiro de Menezes interpreta la auto-ironía como una revisión de Goytisolo de su postura anterior, también se puede considerar al contrario como una reafirmación de su posición inicial y como un desafío a la crítica. Finalmente es el lector quien decide cuál es la interpretación que prefiere: la posición real y auténtica del autor es imposible de restablecer a base del texto, y además largamente superada por su complejo juego enunciativo que impide limitar la interpretación a la intención explícita de su autor.

Pero esto implica también que la burla del Opus Dei en *Carajicomedia* se ve afectada por la auto-ironía, y que su crítica mordaz resulta hasta cierto punto amortiguada: por mucho que la hipocresía de la concepción eclesiástica es criticada, también se destacan los problemas en la representación goytisoliana de la homosexualidad. E incluso surge la pregunta si lo esencial de una novela no es más bien la reflexión sobre este problema mismo de la representación. Desde esta perspectiva, las novelas tardías de Goytisolo denuncian el absolutismo de cualquier ideología, limitándose a reflejar –como si se tratara de un observador ajeno– todas estas disputas ideológicas. Tal neutralidad ideológica es por supuesto falaz, y lo muestra la presencia de la misma parodia del lenguaje eclesiástico que es un aspecto esencial de la novela.

La auto-ironía conlleva así un distanciamiento del autor con respecto a la crítica que cuestiona la representación de la homosexualidad en su obra, lo cual significa también que Goytisolo se desresponsabiliza en cierto sentido de las implicaciones ideológicas de sus textos literarios. Sin embargo, esta 'desautorización' se ve simultáneamente ironizada por la omnipresencia de aquel personaje de "San Juan de Barbés" (Goytisolo 2000: 94) en el texto. Al inmiscuirse continuamente en el relato y en el debate sobre la representación de la homosexualidad en su novela, demuestra precisamente que el autor no ha muerto y que el debate le sigue interesando a pesar de todo. Pero dicha 'presencia' del autor en su texto es ironizada a su vez también dado que el carácter poco fiable y grotesco de este personaje imposibilita al mismo tiempo su identificación ingenua con el propio autor. En resumen, los juegos complejos de la ironía en este texto dificultan una lectura enfocada exclusivamente en la estética de la oposición –la burla y la risa abiertas– del texto, invitándonos precisamente a que el viaje por la lengua castellana desde la

Edad Media hasta hoy nos instruya también sobre las dificultades de la escritura con las que cualquier autor –desde Francisco Delicado hasta Juan Goytisolo– se ha topado.

NOTAS

1. Para una versión más extensa de este análisis, se puede consultar *La poética de la ironía en la obra tardía de Juan Goytisolo (1993-2000)*. (Adriaensen 2006, en prensa)
2. Este título se otorgó posteriormente a la trilogía, en una nueva edición que sacó recientemente la editorial El Aleph (2004).
3. El título original de esta novela era *Reivindicación del conde don Julián*, pero fue abreviado en la última edición de Cátedra (2004).
4. Véanse en particular *Eros, mística y muerte en Juan Goytisolo (1982-1992)*, (Escudero-Rodríguez 1994) y 'Apocalipsis y ecologismo, muerte y posteridad: de *Paisajes después de la batalla* a *La saga de los Marx* de Juan Goytisolo'. (Cibreiro 2001)
5. La gran popularidad de *Camino* explica su comparación con el *Kempis*, es decir, la *Imitación de Cristo* (1472) de Tomás de Kempis, igual que el hecho de que ambos autores fueron canonizados por la iglesia. De hecho, el Papa Juan Pablo II canonizó a Escrivá de Balaguer el día 6 de octubre de 2002.
6. Es lo que hace Goytisolo en una entrevista con Wolfgang Eilenberger, donde el autor utiliza la palabra 'ironía' para caracterizar su novela *Las semanas del jardín*, añadiendo lo siguiente sobre *Carajicomedia*: "Mi tendencia actual apunta a ello [a la ironía], y también a la sátira de determinados lenguajes, como el de la iglesia con respecto al sexo en *Carajicomedia*."[1] (Eilenberger 2003: 26).
7. La referencia a la Rue Poissonière es frecuente en las novelas de Juan Goytisolo. En el tomo autobiográfico *En los reinos de Taifa* el autor comenta su relación afectiva con esta casa parisina en la que vivió muchos años con su pareja Monique Lange.
8. En su ensayo 'La libido textual de *Camino*', Goytisolo destaca asimismo la 'libido textual' del libro de Balaguer. (Goytisolo 2001: 133)
9. Sobre todo Severo Sarduy ha influido mucho en esta concepción erótica que tiene Goytisolo de la escritura. Véase al respecto su ensayo 'El lenguaje del cuerpo', en *Disidencias* (1992: 227-228). La expresión misma de "libido textual" es una referencia obvia al ensayo de Roland Barthes, *Le plaisir du texte* (1973).
10. Goytisolo se extiende sobre esta distinción de Grass entre los "pájaros que ensucian su propio nido", los escritores dispuestos a tomar riesgos en el plano estético e ideológico, y los "palomos amaestrados" en el epílogo de su ensayo de volúmenes *Pájaro que ensucia su propio nido* (2001).
11. Aunque los críticos coinciden en considerar la *Carajicomedia* del *Cancionero* como una obra anónima, en el texto mismo la autoría se atribuye a un personaje ficticio llamado Fray Bugeo Montesino.
12. La noción del 'presente eterno' se encuentra a la base de la concepción que tiene Juan Goytisolo de la intertextualidad. En el epílogo de *Pájaro que ensucia su propio nido*, Goytisolo reproduce la siguiente cita de Bajtín para explicar esa noción de 'atemporalidad': "Una obra no puede vivir en los siglos venideros si no se alimenta de los siglos pasados. Si hubiera nacido exclusivamente en el ahora, si no prolongara el pasado y no se hallara ligada de modo consubstancial a éste, no podría vivir en el futuro. Cuanto pertenece tan sólo al presente muere con él." (Goytisolo 2001: 407)
13. Goytisolo lo confirma en la entrevista con Rosa Mora: "Juan Goytisolo: "He escrito *Carajicomedia* riéndome yo solo y deseando que el lector comparta mi risa.""" (Goytisolo 2000: 8)
14. En este sentido, *Carajicomedia* se puede considerar como la continuación de *Paisajes después de la batalla*, una novela que fue denominada por el propio autor como una "autobiografía grotesca". (Pereda 1982)
15. Javier Escudero no habla en ningún momento de la ironía, de la parodia o del humor en su libro. Se centra exclusivamente en temas como el lenguaje místico, la muerte y el Eros en la

163

obra de Goytisolo. Un Eros que en ningún momento es asociado por el crítico con la subversión y la risa que se encuentra en *Carajicomedia*.
16. Véase la observación al respecto de Gould Levine 2001: 81. También es posible que el personaje sea una referencia a Brad Epps, quien publicó su libro *Significant Violence* (1996) en Oxford University Press. El propio Smith trabaja para la Universidad de Cambridge, pero el pasaje citado recuerda efectivamente más sus críticas que las de Epps.
17. La crítica de la política identitaria es especialmente patente en el cuarto apartado del quinto capítulo ('Consejos y varapalos al *Père de Trennes*') en *Carajicomedia*.
18. Ya se indicó anteriormente que la presencia de travestidos y de transexuales en la novela matiza además la presencia exclusiva de la homosexualidad hipermasculina en la novela.
19. Pienso especialmente en la posición ambigua del narrador de inspiración autobiográfica con respecto a las exigencias de Ms Lewin-Strauss. En general, los 'mea culpa' no parecen fidedignos, tal como lo observa también Gould Levine (2001: 83). La confusión que crea este narrador se desprende del mero hecho de que Ribeiro de Menezes sí interprete estos 'mea culpa' en *Carajicomedia* como "sinceros".

BIBLIOGRAFÍA

Adriaensen, B.
 2006 *La poética de la ironía en la obra tardía de Juan Goytisolo (1993-2000)*. Madrid:
(en prensa) Verbum.
Ambrozio, L.
 1987 '*Juan sin Tierra* de Juan Goytisolo: Ironia e Paródia: Criação.' En: *Revista Letras* (Curibita, Paraná, Brasil) 36: 117-131.
Anónimo
 1841 *Cancionero de obras de burlas provocantes a la risa*. Con advertencias de Luis de Usoz y Río. [1519] Madrid, Luis Sánchez, (U/1932).
Cibreiro, E.
 2001 'Apocalipsis y ecologismo, muerte y posteridad: de *Paisajes después de la batalla* a *La saga de los Marx* de Juan Goytisolo.' En: *Anales de la literatura española contemporánea* XXVI, 2: 29-60.
Eilenberger, W. et alii
 1998 'Nacionalidad cervantina. Una entrevista con Juan Goytisolo.' En: *Espéculo* 11 <http://www.ucm.es/info/especulo/numero11/jgoytiso.html>: 7.
Epps, B.
 1996 *Significant Violence: Oppression and Resistance in the Narratives of Juan Goytisolo, 1970-1990*. Oxford: Clarendon.
Escrivá de Balaguer, J.M.
 2001 *Camino*. [1939] Madrid: Rialp.
Escudero-Rodríguez, J.
 1994 *Eros, mística y muerte en Juan Goytisolo (1982-1992)*. Almería: Instituto de Estudios Almerienses.
Gould Levine, L.
 2001 'De San Juan a Sor Juana: controversias feministas en la obra de Juan Goytisolo.' En: VV. AA. *Encuentro con Juan Goytisolo*. *Imprévue* 1-2, CERS-Université Paul Valéry de Montpellier III: 79-96.
Goytisolo, J.
 1998 *En los reinos de taifa*. Madrid: Alianza, [1986].
 2000 *Carajicomedia, de Fray Bugeo Montesino y otros pájaros de vario plumaje y pluma*. Barcelona: Seix Barral.
 2001 *Pájaro que ensucia su propio nido. Artículos y ensayos*. Barcelona: Galaxia Gutenberg/Círculo de Lectores.
 2004 *Tríptico del mal*. Barcelona: El Aleph.
Hutcheon, L.
 1994 *Irony's Edge. The Theory and Politics of Irony*. Londres/Nueva York: Routledge.

Mora, R.
2000 'Juan Goytisolo: 'He escrito *Carajicomedia* riéndome yo solo y deseando que el lector comparta mi risa''. En: *El País: Babelia*, 19 de febrero: 8-9.
Pereda, R.
1982 'Juan Goytisolo: "*Paisajes después de la batalla* es mi primera novela de humor".' En: *El País*, 16 de noviembre.
Pérez, Genaro J.
1987 'Construcción y destrucción en *Paisajes después de la batalla*.' En: *Ínsula* 484: 7.
Ribeiro de Menezes, A.
2004 'The Mystical and the Burlesque: The Portrayal of Homosexuality.' En: *Romance Studies* 20, 2: 105-114.
Smith, P. J.
1992 'Homosexual Desire in Goytisolo's Trilogy of Treason.' En: *Laws of Desire. Questions of Homosexuality in Spanish Writing and Film 1960-1990*. Oxford: Clarendon Press: 55-90.

RESEÑAS

Rita De Maeseneer y An van Hecke (eds.), *El artista caribeño como guerrero de lo imaginario*. Iberoamericana: Vervuert, 2004.

Cuando después de un sinnúmero de debates sobre el 'fin de los Grandes Relatos' y el postmodernismo muchos críticos abandonan el tema del compromiso social, otros comienzan a preocuparse por la reformulación de posibles resistencias contra las injusticias de los irrefrenables procesos de la globalización. Tal es el caso de *El artista caribeño como guerrero de lo imaginario*. Rita De Maeseneer y An van Hecke presentan un libro que reflexiona sobre el arte caribeño como campo de batalla. Más que un deseo nostálgico por el compromiso social del escritor y del crítico de hace algunas décadas, las editoras reactualizan el tema dentro de un contexto contemporáneo.

El libro es el resultado de un coloquio multilingüe sobre 'Injusticia e insubordinación' celebrado en la Universidad de Amberes en 2003. La pregunta inicial partió de la expresión 'guerrero de lo imaginario' del escritor martiniqueño Patrick Chamoiseau, quien refiere al artista que lucha en contra de los universos cerrados del etnocentrismo, nacionalismo y otros 'ismos'. La propuesta de los organizadores del coloquio fue la de analizar cómo los escritores retoman esa lucha hoy, en un mundo complejo y global en el que ya no se identifican tan fácilmente los lugares de los colonizadores y los de los colonizados.

En la primera sección del libro opinan tres escritores sobre sus propias obras. La puertorriqueña Mayra Santos-Febres reflexiona sobre el travestismo como estrategia de resistencia en el Caribe, mientras que la preocupación central de René Vázquez Díaz es más nacional que caribeña. Él habla de Cuba, de su historia peculiar: su identidad cultural y su Revolución. El curazoleño Denis Henríquez, por el contrario, se identifica claramente con lo caribeño al tematizar la relación entre Europa y el Caribe, el carácter insular y nómada de la región y el conflicto entre negro y blanco.

En la segunda sección nos desplazamos a otra disciplina: el arte plástico. Ineke Phaf-Rheinberger nos ofrece un ensayo sobre el arte del pintor curazoleño José María Capricorne y explora la relación entre sus obras y la literatura oral en papiamento. Gracias a los dos ensayos anteriormente mencionados, este compendio tiene como gran mérito que el lector hispanohablante tenga acceso a la cultura de las antillas neerlandófonas, algo que no ocurre muy a menudo. Christoph Singler sigue a continuación con una reflexión conceptual sobre el arte más abstracto del dominicano Vicente Pimentel, cuya instalación *"Azúcar, algodón, cadena"* sale en la portada del libro y recuerda la dolorosa historia de la esclavitud del Caribe a través de la representación de una ausencia.

El cuerpo de la publicación está constituido por la tercera sección. Este apartado contiene seis ensayos académicos en los que se libra una 'guerra a los textos' caribeños contemporáneos. La literatura puertorriqueña es la más comentada por la presencia de escritores como Ana Lydia Vega (análisis de Magdalena Perkowska-Álvarez), Luis Rafael Sánchez (los análisis de Salvador Mercado-Rodríguez y de Iván Jiménez Williams) y Mayra Santos-Febres (análisis de Rita de Maeseneer). La literatura cubana se encuentra representada por Reinaldo Arenas (en el análisis de Erwin Snauwaert) y por Pedro Juan Gutiérrez quien aparece en un texto sobre la cultura marginal junto a la escritora dominicana Rita Indiana Hernández (en el análisis de Myrna García-Calderón). También Iván Jiménez Williams trasciende las fronteras nacionales al comparar textos de Luis Rafael Sánchez con los de Derek Walcott de Saint Lucia. En el epílogo, Silvio Torres-Saillant nos ofrece algunas reflexiones sobre 'el Caribe frente al discurso occidental' que se podrían considerar como el marco teórico que dialoga con las introducciones de De Maeseneer y Van Hecke.

Todos estos ensayos constituyen un diverso e interesante conjunto. Los escollos que afrontan los estudios caribeños, sin embargo, están también presentes en él. Por un lado, la heterogeneidad del área: este compendio se limita a comentar las culturas de las islas (no de tierra firme) de habla hispana y neerlandesa del Caribe. De Maeseneer añade que los textos en inglés y en francés serán recopilados en otro volumen por otras editoras y publicados por otra editorial. El dato es relevante porque el lector se queda con la curiosidad de comparar las diversas experiencias literarias y artísticas entre las heterogéneas culturas isleñas. También, en lo que se refiere a la región de habla hispana, se nota un desequilibrio a favor de Puerto Rico, y la República Dominicana es apenas visible. Hablando de heterogeneidad, ¿es comparable la Obsesión y la Revolución, de las que habla un escritor cubano como René Vázquez Díaz, con las cicatrices de la historia de la esclavitud que los dos curazoleños mencionados inscriben en su arte o sus textos? ¿Los escritores hablan realmente del mismo Caribe? El 'campo de batalla' (Rotker citada por Perkowska) en muchos de estos ensayos resulta ser un espacio de construcción de identidades y las relaciones de poder son tan diversas que el tiroteo de estos 'guerreros de lo imaginario' dispara hacia múltiples blancos.

Con esto llegamos a otro problema, que es frecuente en los estudios culturales, en este caso los del Caribe. Existe el peligro de fijar el objeto de estudio al nombrarlo, tal como hace sospechar el título 'el artista caribeño' o algunas frases (aquí algo descontextualizadas) que parecen querer captar el alma caribeña, como "[...] nos parece que la amargura no es un sentimiento tan dominante en la literatura latinoamericana del continente como parece serlo en el Caribe [...]" (Van Hecke: 22) o "Sus mentes y sus almas retendrán para siempre la inquietud tan típica de la psique caribeña" (Henriquez: 57). Toda representación es una reducción. Pero, claro, tal como nos muestra la cita de Caraig Calhoun que nos regala Iván Jiménez Williams en uno de los últimos ensayos del libro: "No conocemos gente sin nombre, ni lenguas o culturas en las que no se establezcan de alguna manera distinciones entre yo y el otro, nosotros y ellos" (166). Con el intento de no fijar y generalizar la imagen del Caribe, y no ubicarlo en el lugar del 'Otro', muchos de los críticos y escritores juegan con los antagonismos. Van Hecke toma la imagen del azúcar amargo para trabajar con dos sentimientos opuestos en la literatura caribeña. También en el poema 'El Caribe' de Denis Henríquez con el que se abre el libro, el sujeto lírico canta que el Caribe es una enumeración de antagonismos: razón/corazón, blanco/negro/ pobre/ paraíso de lujo, etcétera. Hay sólo una excepción: "El Caribe es esclavo" sin que aparezca que sea "amo" al mismo tiempo. El hecho de que este poema venga de Curazao, isla que sigue manteniendo una peculiar relación con la antigua metrópoli colonial, puede ser la explicación por la cual no se deconstruye también este binarismo. Estas imágenes hacen pensar en un postcolonialismo que choca con la imposibilidad de superar determinadas dualidades por el bien del compromiso social. No en todos estos textos se difuminan el lugar del 'amo' y el del 'esclavo', tal como se supone que ocurre en las sociedades globalizadas, sino que de vez en cuando éstos reaparecen en su lugar habitual. Silvio Torres-Saillant afirma en el último ensayo que "Los aprestos de ayer son los de hoy. Los oprimidos no han escapado de su condición de indefensión, aunque los desarrollos políticos, económicos y tecnológicos que han desembocado en la llamada sociedad global hacen más difícil que ayer precisar los agentes que conducen los hilos de la opresión" (184).

¿Cómo mantener el compromiso social sin caer en fáciles opuestos y con eso en la victimización inscrita dentro de un postcolonialismo simplificado o generalizado? Este volumen no da la respuesta al problema, pero lanza una buena discusión. Resalta el agudo estudio de Mayra Santos-Febres que nos muestra el laboratorio mental del cual es producto su novela *Sirena Selena vestida de pena*. Santos reflexiona sobre la treta del travestismo y supera los límites del área caribeña al constatar que "el oprimido no es nadie reconocible", "tan sólo puede nombrarse, aparecer en escena a través del discurso diferido y distorsionado del Otro" (40). Santos logra nombrar su Caribe, y su dolor, sin caer en la trampa de generalizar, reducir, fijar o victimizarlo tal como lo hacen a menudo los estudios culturales. Su Caribe no tiene fronteras, porque:

> Nos proclamamos herederos de culturas que no nos pertenecen, negamos identidades que nunca llegamos a conocer, nos sentimos ciudadanos y nativos de países en los que nunca hemos vivido. Éste es nuestro defecto, que ahora con la globalización y la discusión de culturas híbridas se nos hace más compartido con otros seres del planeta. O sea, que se nos hace menos defecto. Pero por lo mismo, nos seduce el discutir nuestra anomalía, redefinirla como estrategia de brega y supervivencia. Ahora somos muchos los travestidos en el mundo, debemos arriesgarnos a nombrar la treta (39).

De Maeseneer y An van Hecke han hecho un buen trabajo dejándonos sin respuesta pero con el debate, con un enriquecedor diálogo que nos hace sentir presentes en el coloquio. El compendio deja una diversidad de voces para que los lectores mismos decidamos de dónde vienen y adónde van esos tiroteos globalizados que no pueden llegar de otro lugar que del choque entre el deseo y el dolor.

Nanne Timmer
Universiteit Leiden

Luz Rodríguez-Carranza y Marilene Nagle (eds.), *Reescrituras*. Amsterdam-Nueva York: Rodopi, 2004.

Reescrituras es a primera vista un libro desconcertante, no sólo porque se trata de dos libros en uno, marcados además por la heterogeneidad, sino también porque entre los muchos temas tratados, hay varios que evocan cierta inquietud, pesimismo y hasta angustia. Así, por ejemplo, el lector se ve confrontado con "el espanto del fin" proclamado por el milenarismo (19), la extrema pobreza de los países de la periferia (23), los traumas de la conquista (53), el canibalismo en México (44) y en el Perú (107), el eterno conflicto entre civilización y barbarie (97), la amnesia (19) o el "silencio selectivo" (121), los llamados "monstruos" de Borges (151), y finalmente el "malestar" en la cultura contemporánea, que llama la atención por ser una de las ideas con las que el libro se abre y se cierra (23, 310). Sin embargo, *Reescrituras* no sólo es esto, es mucho más.

Empezamos por aclarar la división del libro. El carácter misceláneo y heterogéneo del libro no es tan insólito por tratarse de actas de un coloquio, y queda claro que las editoras, Luz Rodríguez-Carranza y Marilene Nagle, persiguieron cierta coherencia en la presentación de los textos. Tal como ellas explican en su 'Postdata de 2003', este volumen es el resultado de un coloquio doble, *Reescrituras I y II*, organizado en Leiden en mayo de 2001. La primera parte recoge las actas del primer coloquio cuyo tema fue *Imagen y memoria*; en la segunda parte se publican las ponencias del segundo coloquio titulado *Jorge Luis Borges y la cultura popular*. Ambas partes van precedidas de introducciones esclarecedoras. Marilene Nagle presenta la primera parte, 'Imagen y memoria', dando un resumen de cada uno de los textos. La segunda introducción está a cargo de Luz Rodríguez-Carranza, quien justifica el orden particular de los textos, no cronológico, sino temático, siguiendo como hilo conductor la idea de la escritura de Borges "como mito, como estereotipo de las *Reescrituras* de lo popular" (151). El libro se cierra con una conclusión, bajo forma de 'Postfacio', escrito en primera persona por Iris Zavala quien enfrenta el tema de la memoria y el olvido desde un enfoque muy personal y original.

El primer texto de *Reescrituras I*, de Jesús Martín-Barbero, se distingue bastante de todos los demás por los diferentes enfoques teóricos (semiótico, sociológico, filosófico...) en su análisis de las transformaciones actuales en la visualidad y los des-centramientos culturales. Así por ejemplo, el autor revela la paradoja de la amnesia histórica y la actual "explosión de la memoria" que se manifiesta por ejemplo en la expansión de los museos o la restauración de viejos centros urbanos (20). Al mismo tiempo el mercado y los medios de comunicación, las llamadas "máquinas de producir presente" (Monguin citado en Martín-Barbero), producen "diversas formas de amnesia" ya que todo se vuelve desechable. Cabe señalar también el análisis penetrante que hace el autor de la memoria en la imagen, tomando el caso de México para ilustrar la "guerra de imágenes", y basándose en los estudios clásicos de Paz, Bartra y Gruzinski (32-33). Martín-Barbero observa una radicalización de "nuestro malestar en la modernidad" (23) causado por los vacíos de sentido, retomando la idea de Benjamin del "tiempo homogéneo y vacío" (22), y por una "profunda crisis tanto de los modelos de desarrollo como de los estilos de modernización" (23). En este aspecto, el texto de Martín-Barbero se relaciona con el 'Postfacio' de Zavala quien también advierte el "nuevo malestar en la cultura" de nuestro mundo posmoderno (310) refiriéndose a los maestros de la pintura, Goya, Picasso y Munch que ya sintieron "esa angustia, esa desolación y vacío" (312).

Los otros ocho textos de la primera parte elaboran todos el tema de la reescritura desde una perspectiva literaria, aunque la interpretación del término varía mucho de un texto a otro, tal como lo aclara Marilene Nagle: "desde el tratamiento de varios niveles de intertextualidad hasta la cuestión compleja de la presencia simultánea de múltiples memorias en la literatura" (13). Parece que para la organización de estos ocho textos se ha seguido cierto recorrido geográfico por América Latina: de México (Fabry) y el Caribe (De Maeseneer) pasamos a Argentina (Perkowska) y Chile (Cuadros), para regresar por el Perú (Lasarte y Churampi), y terminar finalmente en el Brasil (Nagle, Simon).

Fabry analiza tres reescrituras de *Naufragios* de Alvar Núñez: la de Abel Posse, la de Eduardo Galeano y la de Juan Gelman. De Maeseneer, por su parte, nos cautiva con los ritmos del bolero que se 'reescriben' en las novelas bolero. Además de su análisis de la ambigua relación entre bolero y género ('gender'), son reveladoras la perspectiva postcolonial y postmoderna con la que De Maeseneer se acerca al bolero. El título sugestivo de la siguiente colaboración, a nombre de Perkowska, 'Constelación Mariposa: textos, nombres e imágenes en *Santa Evita* de Tomás Eloy Martínez' (71), anuncia un análisis muy profundo de la novela de Eloy Martínez, inspirado por Benjamin y Adorno. Una interesante reflexión es la de Cuadros sobre Antonio Gil, en particular sobre su novela *Cosa mental*. Además de la fragmentación, de la narración inacabada, de la parodia (o el pastiche), se destaca aquí la posición desafiante elegida por el autor "en los límites de la novela" (95). Los dos siguientes textos establecen un diálogo implícito por reflejar dos visiones muy distintas del pasado indígena del Perú: la de Vargas Llosa y la de Scorza. Lasarte nos habla de un Vargas Llosa "en el laberinto" en su análisis de la novela *Lituma en los Andes*, y se detiene sobre todo en el discurso "híbrido" de Adriana, "mujer de la Sierra, con fama de bruja o hechicera" (98), un discurso que crea una "disonancia" (108). En la búsqueda de una interpretación ocupan un lugar importante los 'demonios' de Vargas Llosa. La otra visión del Perú, la de Scorza, examinada por Churampi, consiste en un intento de subvertir la historia oficial y de recuperar la memoria perdida. Los dos últimos textos de la primera parte se dedican al Brasil. Nagle interpreta la autobiografía/ensayo, *Verdade Tropical*, de Caetano Veloso, como una construcción de una "teoría del Brasil y del pueblo brasileño" (17). Simon, finalmente, ofrece un panorama de la poesía contemporánea brasileña a partir de los años 80. Según Simon, los jóvenes poetas del 'boom' de los 90 están más movidos por el deseo de inserción en el mercado, que por intereses estéticos (144).

La segunda parte del libro, *Jorge Luis Borges y la cultura popular*, empieza con un texto de Kadir sobre Tlön, seguido por un análisis de Antelo en el que destacan los conceptos de la máscara, el rostro y el monstruo. A continuación, Mattalia explora la dicotomía amor-odio en Borges, Sarlo enfoca a Borges como autor de cuentos policiales, y Pellicer indaga el tópico del Sur. Rodríguez-Carranza a su vez percibe en Borges una "teoría de la imagen", elaborada en el centro de la "lucha entre fugacidad e identidad" (229). Almeida centra su análisis en 'La fiesta del Monstruo' de H. Bustos Domecq, y también Parodi se dedica a la colaboración entre Borges y Bioy Casares. La aportación de van Delden se ocupa de *El Túnel* de Sábato, situando el análisis en el marco de la relación conflictiva entre Borges y Sábato. Fishburn, finalmente, nos explica la función de las notas en pie de página en Borges.

No hay duda de que *Reescrituras* es un libro valioso que incita al diálogo, y como muestra, nos permitimos lanzar ya un primer tópico de discusión. Nos detenemos en el texto de Mattalia, texto "clave" según la lectura de Rodríguez-Carranza (151), "porque es el único, no sólo entre los de este volumen sino por lo que sé, también en la selva de textos sobre la modernidad, que distingue 'tres' monstruos –tres pasiones– y no dos" (152). Además del amor y del odio, Mattalia destaca en Borges "la pasión de la ignorancia, la otra pasión humana, aquella que nos lleva al no saber, la que trabaja el olvido" (190). Es interesante esta tríada como alternativa para la famosa dicotomía, y si bien es posible que dentro de los textos sobre la modernidad, el de Mattalia sea 'el único' por optar por una triple división, el hecho es que los autores de ficción desde antes ya han jugado con la posibilidad de un tercer camino. Augusto Monterroso, por ejemplo, gran admirador de Borges, en su novela *Lo demás es silencio* de 1978, ya nos decía que sólo tres cosas rigen el mundo: "Amor, Odio e Indiferencia". Tal vez no sea tan sorprendente que un autor como Monterroso añada como tercer elemento la "indiferencia", concepto algo más lógico por situarse en el mismo campo de las emociones y de las pasiones. En cambio, con la "ignorancia" de Borges se observa un desplazamiento de lo emocional a lo cognitivo. Borges nos obliga a enfrentarnos a la ambigua y compleja cuestión epistemológica del olvido –"estoy falseando y perdiendo, bajo la trágica erosión de los años los rasgos de Beatriz" (citado en Mattalia, 190). Sin embargo, parece que no todo termina en el olvido, porque, tal como sugiere Rodríguez-Carranza, "*todos* escribimos sobre Borges, contra Borges o como Borges, incluso sin saberlo", provocados por un "comezón irresistible de re-escritura" (154). Y así participamos todos en un movimiento infinito de reescritura sugerido también por la espiral de la portada del libro.

Podemos concluir que Rodríguez-Carranza y Nagle han hecho un trabajo excelente y enriquecedor. Cada uno de los textos de *Reescrituras I* constituye una contribución particular e innovadora a los estudios de la intertextualidad. Las colaboraciones de *Reescrituras II*, sobre Borges, a su vez forman un conjunto notable, de autores que sobresalen por ser casi todos especialistas de renombre en Borges, y si bien los estudios borgeanos han conocido un crecimiento impresionante las últimas décadas, a tal grado que parecía que ya no se podía decir nada sobre el autor, como apunta Fishburn (285), estamos aquí ante unos textos que sin duda serán tomados en cuenta por los futuros investigadores del escritor argentino.

An Van Hecke
Universiteit Antwerpen

Robin Lefere, *Borges entre autorretrato y automitografía*. Madrid: Gredos, 2005.

Este libro constituye probablemente el primer estudio enteramente dedicado a la dimensión autobiográfica de la obra borgeana (aunque se haya aludido a ella en otros trabajos). La omisión se debió hasta ahora, quizás, a la dificultad de lidiar con la omnipresente negación del yo y de la personalidad. Lefere asume el escollo, y lo confronta sistemáticamente con su propia tesis, la existencia de un sujeto textual. La apuesta es valiente, porque los argumentos esgrimidos por 'el abogado del diablo' resultan a veces más convincentes que el hilo rojo al cual regresa el analista, como él mismo lo subraya.

El punto de partida es la contradicción entre la frecuente descalificación del yo y de la hermenéutica en la obra de Borges y la 'vida literaria' del autor argentino, en la que "el hombre amenaza la obra" (8). "El hombre" es el personaje público, y la tesis es que la contradicción sólo es aparente, porque se resuelve estéticamente gracias a un proyecto deliberado de creación de la propia imagen. Solitario en un panorama crítico postestructuralista, pero muy consciente de él e incluso compartiéndolo, Robin Lefere apuesta por la existencia –mejor dicho, por la esencia, como se verá a continuación– del sujeto, porque esta opción acuerda con sus intuiciones (2). Como él mismo lo afirma, "la concepción del sujeto del crítico va a condicionar los términos de su metadiscurso" (16); la suya es que un sujeto es "un ser que goza de una indeterminación/autonomía/libertad suficiente para que se pueda considerar una persona" (15). Esto se encuentra en las antípodas de la vulgata foucaultiana, en la que un sujeto está precisamente 'sujeto a algo', constituido por discursos que lo identifican, le adjudican oposiciones y le otorgan un lugar en una 'bio'-grafía, escrita por él o por otros.

El error del "textualismo", explica Lefere, "no fue tanto negar al sujeto como negarlo en hombres tan altamente individualizados, lúcidos y emancipados como suelen ser los escritores. Si es verdad también que éstos son especialmente sensibles a los condicionamientos exteriores e interiores, esta pasividad es activa, a menudo provocada y en todo caso dominada en la escritura" (16). El Super-yo se articula en el lenguaje y crea en el texto una imagen: el autor implicado, transtextual –el 'Career author' de Booth– , una identidad estilística a la que se suman, para el lector, las informaciones de la 'vida literaria'. Cuando esta imagen está lograda, es el símbolo del escritor (62).

El estudio es cronológico, y está estructurado en 7 capítulos, metabiocapítulos, podría decirse, ya que ordenan las referencias autobiográficas en la obra de Borges de acuerdo a períodos en su producción literaria: 1) Los primeros poemarios ; 2) Los ensayos (1925-1952) ; 3) Los cuentos (1933-1953) ; 4) 'El hacedor'; 5) Después de 'El hacedor': 1961-1985; 6) Autobiografía y autobiofonía y 7) Los paratextos de las *Obras completas*. La enumeración permite percibir un hilo argumentativo no sólo genérico, sino teleológico: los tres primeros capítulos tratan textos paralelos –y los reenvíos son frecuentes para explicar los unos con los otros– que narran la trayectoria y constitución del sujeto borgeano. 'El hacedor' es el pivote, la obra magna, y los tres capítulos siguientes amplían y concluyen la vida literaria. Es exactamente la estructura de la biografía clásica y la causalidad, como en ese género, es retrospectiva: la trayectoria de un sujeto logrado a través de su obra, cuyas primeras publicaciones interesan en la medida en que se perciben en ellas los rasgos definitivos. Muchos textos hoy recopilados fueron abandonados en ruta por el escritor, quien los desechó de sus *Obras Completas*. Lefere acuerda con la selección, ya que eran muy poco 'borgeanos' (30). Cabe preguntarse entonces por la legitimidad de incluir *Inquisiciones* (1925), libro sistemáticamente negado y eliminado por Borges. Una cita sobre Quevedo – cfr. infra, Cap. II– es imprescindible, sin embargo, para sostener la tesis de la automitografía. Sería mejor entonces utilizar una pirueta también muy borgeana en un ensayo de *El Hogar*, aunque invalide la tesis del Super-yo que lo controla todo:

> Se dice que a un autor debemos buscarlo en sus obras mejores; podría replicarse (paradoja que no hubiera desaprobado Unamuno) que si queremos conocerlo de veras, conviene interrogar las menos felices, pues en ellas –en lo injustificable, en lo imperdonable– está mas el autor que en aquellas otras que nadie vacilaría en firmar. ('Presencia de Miguel de Unamuno', 29 de enero de 1937)

Lefere analiza muy delicadamente en el primer capítulo –que es, a mi juicio, una excelente contribución a la teoría poética borgeana –la constitución de un yo lírico con gran unidad de voz. Sólo el conocimiento sedimentado de esa voz en infinitas lecturas y análisis puede lograr, como aquí, identificar estilísticamente a un enunciador transtextual que se desliza de los poemas a textos anónimos como el de 'Ultraísmo' en *Nosotros* (diciembre de 1921). En este yo temprano está ya la contradicción fundante (o se la percibe, mejor dicho, a la luz del sujeto posterior): el yo invita a la lectura autobiográfica (topónimos, deícticos), pero simultáneamente se despersonaliza y universaliza, afirmando 'la nadería de la personalidad'. Lefere releva en ese mismo ensayo de *Inquisiciones*, sin embargo –anticipándose al capítulo siguiente– la "certeza de ser una cosa aislada, individualizada y distinta que cada cual siente en las honduras de su alma", y, en 'Final de año' "el azoramiento ante el milagro/de que a despecho de alternativas tan infinitas/pueda persistir algo en nosotros/inmóvil". Ambas citas lo autorizan a inferir que para Borges "puede existir una identidad esencial" y que "[e]l sentimiento de la interioridad apela a la exploración de la vida interior, de la misma manera que el presentimiento de la identidad conlleva la exigencia de descubrirla" (24). Aquí me permito disentir suavemente: 'algo' no es 'alguien', y hay que leer los ensayos borgeanos contextualmente, en el marco de las lecturas del escritor en esa época y de sus reseñas en la prensa periódica: Bergson, Berkeley y, sobre todo, Schopenhauer. La Materia no es Memoria, vale decir, no es interioridad sino exterioridad.

Lefere plantea la cuestión de la naturaleza del sujeto lírico: "¿será autobiográfico o ficcional ? (..) ¿quién es el 'yo' de *Fervor de Buenos Aires* ?" (25). La voz es artificial, es una postura: el 'yo' es un nosotros, hecho de retazos literarios. El autor, sin embargo, se inventa al expresarse. Es así como, gradualmente, se forjan palabras que "representan definiciones indirectas del enunciador" (28). Esas palabras son "adjetivos" del yo lírico y constituyen –paráfrasis del ensayo sobre Carriego– "el idiosincrásico sabor que llamamos 'Borges'". (Ibídem) Dicho de otro modo, son los primeros ladrillos de una construcción, una imagen deliberada que el escritor pulirá y reescribirá posteriormente.

En los ensayos (Capítulo II) sobre otros escritores, vale decir, en las heterobiografías el proyecto es explícito: la creación de un mito de escritor. Es el caso de Quevedo, de quien, según Borges, "sólo debe interesarnos el mito [..] aquí está su labor, con su aparente numerosidad de propósitos, cómo reducirla a unidad y cuajarla en un símbolo?" (*Inquisiciones*, citado en Lefere 45) Lefere interpreta el planteamiento como "la idea de que es preciso reducir la multiplicidad de una obra a una esencia (en el caso presente, entre personal y textual) que valga como símbolo" (45-46). Se trata de un destino, y este destino, símbolo o esencia, es literario. Así, con la presentación de los destinos de otros, y en la fijación del propio por repetición de 'autobiografemas' en cuentos (con el juego de instancias narrativas, cap. III) , en 'El Hacedor' (IV) , en entrevistas y paratextos (V) o en fotografías (VI), se va forjando la 'imagen o símbolo' que es el retrato de sí mismo que Borges quiere dejar –y deja– a la posteridad. Esa imagen está hecha con autobiografemas, con retazos de otros, de personajes, y de modelos. Se vuelve mítica, pero no en el sentido "personal y narcisista" (184) sino clásico. Es el mito del hombre de letras, la 'ecclesia invisibilis' de Evaristo Carriego, y cuaja definitivamente en 'El hacedor'; en los poemas el destino del literato es trágico, pero en las entrevistas hay ya una imagen modesta y feliz. Al mismo tiempo, advierte Lefere en la conclusión, no hay que olvidar las salidas inesperadas que rompen con todos los estereotipos, como la imagen de "vieillard terrible" y políticamente incorrecto, "figura anacrónica pero querible de humanista" (186).

Sería posible cuestionar el empleo de conceptos opuestos como sinónimos – imagen y símbolo, por ejemplo, están en las antípodas, un mito no es una esencia ni reduce multiplicidades– pero Lefere le adjudica el problema a Borges (47). No es este el lugar de discutir sobre eso ni sobre cada uno de esos conceptos, sino para apreciar un trabajo de largo aliento y serio compromiso filológico que sistematiza un caudal de referencias. Es, además, una apuesta interpretativa audaz, una pespectiva que parecía tabú. Una vez más, la obra del autor argentino resulta profética. Lo fue leída desde la 'muerte del autor' o desde la deconstrucción derrideana, hoy lo es respecto a un tema en el candelero, las historias de vida, las autoficciones, las intimidadesespectáculo. El sujeto que salió por la ventana, sin embargo, no es el que regresa por los portales de la circulación mediática. No es 'el Otro', pero tampoco es 'el Mismo'. "Yo he sido Homero; en breve, seré Nadie, como Ulises; en breve seré todos: estaré muerto." Son las últimas palabras, en primera persona, de un personaje de *El Aleph*: el Inmortal.

Luz Rodríguez-Carranza
Universiteit Leiden

COLABORAN

Brigitte Adriaensen, Radboud Universiteit Nijmegen, Faculteit der Letteren, afdeling Romaanse Talen en Culturen, Erasmusplein 1, 6525 HD Nijmegen, Nederland.
Email: b.adriaensen@let.ru.nl

Ana María Amar Sánchez, Department of Spanish and Portuguese, 322 Humanities Hall, University of California, Irvine, Irvine CA 92697-5275, United States.
Email: aamarsan@uci.edu

Efraín Barradas, Center for Latin American Studies, Florida University, 309 Grinter Hall, Gainesville, Florida, 32611, United States.
Email: barradas@rll.ufl.edu

Soledad Bianchi, Departamento de Literatura (hasta el 2005), Universidad de Chile. Dirección personal: Casilla 7, Correo 58, Santiago, Chile.
Email: soledadbianchi@vtr.net

Leo Cabranes-Grant, Departments of Spanish and Portuguese and Dramatic Arts, Fourth Floor, Phelps Hall, University of California, Santa Barbara, CA, 93107, United States.
Email: cabranes@dramadance.ucsb.edu

Rita De Maeseneer, Universiteit Antwerpen-Campus Drie Eiken, Departement Letterkunde, Universiteitsplein 1, B-2610 Wilrijk, België.
Email: rita.demaeseneer@ua.ac.be

Juan G. Gelpí, Universidad de Puerto Rico, Recinto de Río Piedras, Facultad de Humanidades, PO BOX 23342, San Juan PR 00931-3342, United States.
Email: jgelpi@coqui.net

Frauke Gewecke, Universität Heidelberg, Romanisches Seminar, Seminarstr. 8, 69117 Heidelberg, Deutschland.
Email: frauke.gewecke@urz.uni-heidelberg.de

Ignacio Rodeño, Xavier University, Department of Modern Languages, 3800 Victory Parkway, Cincinnati Ohio, 45207-5184, United States.
E-mail: rodeno@xavier.edu

Néstor E. Rodríguez, University of Toronto, Deparment of Spanish and Portuguese, 73 Queen's Park Crescent, Toronto, Ontario, M5S 1K7, Canada.
Email: nestor.rodriguez@utoronto.ca
Sitio personal: http://www.chass.utoronto.ca/~nrodrig

Luz Rodríguez-Carranza, Universiteit Leiden, Opleiding Talen en Culturen van Latijns-Amerika. Postbus 9515, 2300 RA Leiden, Nederland.
Email: L.Rodriguez@let.leidenuniv.nl

An Van Hecke, Universiteit Antwerpen - Campus Drie Eiken, Departement Letterkunde, Universiteitsplein 1, B-2610 Antwerpen, België.
Email: an.vanhecke@ua.ac.be

Nanne Timmer, Universiteit Leiden, Opleiding Talen en Culturen van Latijns-Amerika. Postbus 9515, 2300 RA Leiden, Nederland.
Email: N.Timmer@let.leidenuniv.nl

Títulos publicados de *Foro Hispánico*:

FORO 1 (1991): La nueva novela histórica hispanoamericana. (agotado)

FORO 2 (1991): Exploraciones semánticas y pragmáticas del español.

FORO 3 (1992): Contactos entre los Países Bajos y el mundo ibérico.

FORO 4 (1992): Discurso colonial hispanoamericano.

FORO 5 (1993): La mujer en la literatura hispánica de la edad media y el siglo de oro.

FORO 6 (1993): Aproximaciones a cuestiones de adquisición y aprendizaje del español como lengua extranjera o lengua segunda.

FORO 7 (1994): La sociedad andalusí y sus tradiciones literarias.

FORO 8 (1994): Lingüística y estilística de textos.

FORO 9 (1995): Literatura chicana.

FORO 10 (1996): Iberoamérica y el cine.

FORO 11 (1997): El relato breve en las letras hispánicas actuales.

FORO 12 (1997): Periodismo y literatura.

FORO 13 (1998): Sociolingüística: Lenguas en contacto.

FORO 14 (1999): Literaturas de España 1975-1998: convergencias y divergencias.

FORO 15 (1999): Asimilaciones y rechazos: presencias del romanticismo en el realismo español del siglo XIX.

FORO 16 (1999): 'Hechos diferenciales' y convivencias interétnicas en España.

FORO 17 (2000): Estudio analítico del signo lingüístico. Teoría y descripción.

FORO 18 (2001): Cambio de siglo. Ideas, mentalidades, sensibilidades en España hacia 1900.

FORO 19 (2001): En torno al teatro breve.

FORO 20 (2001): El pensamiento literario de Javier Marías.

FORO 21 (2002): La oración y sus constituyentes. Estudios de sintaxis generativa.

FORO 22 (2002): El laberinto de la solidaridad. Cultura y política en México (1910-2000).

FORO 23 (2003): Aproximaciones cognoscitivo-funcionales al español.

FORO 24 (2003): La literatura argentina de los años 90.

FORO 25 (2004): En el centenario de Alejo Carpentier (1904-1980).

FORO 26 (2004): Textos y discursos de especialidad: el español de los negocios.

FORO 27 (2004): Textos y discursos de especialidad: el español de los negocios.

FORO 28 (2006): Fronteras e interculturalidad entre los sefardíes occidentales.

Para suscripciones y para pedidos de números atrasados, dirigir correspondencia a la casa editorial Rodopi.

Títulos en preparación de *Foro Hispánico*:

Antes de la salida del próximo volumen se comunicarán a nuestros suscriptores cambios importantes en el concepto y la presentación de *Foro Hispánico*.
(El consejo de dirección)

Títulos publicados de *Portada Hispánica*:

- Jean O'Bryan-Knight, *The Story of the Storyteller: La tía Julia y el escribidor, Historia de Mayta, and El hablador by Mario Vargas Llosa*.

- Antonio Pérez-Romero, *Subversion and Liberation in the Writings of St. Teresa of Avila*.

- Rita Gnutzmann, *La novela naturalista en Argentina (1880-1900)*.

- Catherine Raffi-Béroud, *En torno al teatro de Fernández de Lizardi*.

- José Aragüés Aldaz, *Deus Concionator. Mundo predicado y retórica del 'exemplum' en los siglos de oro*.

- Margot Versteeg, *De Fusiladores y Morcilleros. El discurso cómico del género chico (1870-1910)*.

- Otto Zwartjes (ed.), *Las gramáticas misioneras de tradición hispánica (siglos XVI-XVII)*.

- Joan Ramon Resina (ed.), *Disremembering the dictatorship: The politics of memory in the Spanish transition to democracy*.

- Jesus Torrecilla (ed.), *La Generación del 98 frente al nuevo fin de siglo*.

- Mercedes Maroto Camino, *Practising places: Saint Teresa*, Lazarillo *and the early modern city*.

- Ilse Logie, *La omnipresencia de la mímesis en la obra de Manuel Puig. Análisis de cuatro novelas*.

- Carmen De Mora, *Escritura e identidad criollas. Modalidades discursivas en la prosa hispanoamericana del siglo XVII*.

- Alexis Grohmann, *Coming into one's Own: The Novelistic Development of Javier Marías*.

- Paul Allatson, *Latino Dreams. Transcultural Traffic and the U.S. National Imaginary*.

- Maria Antònia Oliver Rotger, *Battlegrounds and Crossroads. Social and Imaginary Space in Writings by Chicanas*.

- Ken Benson, *Fenomenología del enigma. Juan Benet y el pensamiento literario postestructuralista.*

- Isabel Cuñado, *Espectros del pasado. La narrativa de Javier Marías.*

- Mercedes Maroto Camino, *Producing the Pacific. Maps and Narratives of Spanish Exploration (1567-1606).*